U0039896

passion
of the books, by the books, for the books

用功知道
So lernt man lernen

Sebastian Leitner　著　　蔡嘉穎・林宜燕　譯

實踐！實踐！實踐！

　　這本書是在憤怒中完成的，這憤怒是因那蠻橫、自以為是的傲慢所引起的，以這種傲慢的姿態歧視並侮辱世界上、學校中那些所謂沒天分、沒才能、「愚蠢的」或是「懶惰的」學生，並且也剝奪了他們的希望，好像他們是一群天生無可救藥的錯誤設計、是人類的失敗品。本書最重要、也是最終的目標在於克服這種如此不人道的偏見，特別是那些深植於人心與大腦中的偏見。

　　即使外界環境因某些成見和無能之故而拒絕提供任何支援的情況下，這本書仍然可以帶給他們勇氣，並且指導他們如何自我學習。

　　這本書是為所有的男女老少而寫；為每位具有閱讀能力、可以了解書中關聯性的人而寫；為中學生與大學生、但也為那些沒有學校壓力的在職人士而寫；為所有努力學習、卻擔心學習會失敗的人而寫，當然也為那些想要比現階段更快、更有系統學習的人而寫。

　　這本書獻給那些認為學校的學習過程就像是卡夫卡《審判》一書中的審判程序的人，一個從頭到尾充斥著不清不楚的指控與令人無法理解的判決程序；一個完全毫無意義、令人不解的審判程序；一個他們自己必須在其中扮演可憐的罪人、令人害怕的審判程序。

　　在此，我要先向本書的女性讀者們致歉。這本書的撰寫方

式讓「學習」看起來像是男性的專利，文中「學生」一詞大部分都是用陽性名詞來代替，這點也許是我的疏忽，但這純粹是基於語言上的簡化，就如同我們以「總理」、而非「女總理」來稱呼印度的甘地夫人，或以色列梅爾夫人的理由是一樣的。

所以在此我嚴肅地、強烈地呼籲所有女性：拋開數百年來認為女性是愚昧的、不聰明的、學習低能的迷信，簡單地說就是：女性天生就比男人笨，只適合做侍候別人的工作。雖然在某些方面女性與男性的確有所不同，但這並不表示女性在智力上就不如男性；女性也許只是在許多方面上較欠缺學習的機會，這只能證明女性缺乏學習和練習而已。

儘管如此，女性在高度文明社會的學習過程中所扮演的角色卻愈來愈重要。陪伴孩子做功課的大部分是母親；現今女老師的數目也要比男老師來得多出許多，教師這個行業將來會是一個女性居多的工作。

所以我深信，反而正是女性最能從本書中學習到東西，即使她們「只」是家庭主婦而已。一位家庭主婦（在辛勞之餘）總有安靜、也許甚至無聊的一個小時的時間、一個她可以有系統、有明確目標的學習時間，她應該有規律地利用這段時間。

我的書可以告訴她如何在不需要出門、花大錢上課，以及不對自己的選擇絕望的情況下達成學習的目標。

所有的小孩、青少年和成人在書中一律都統稱為「學生」，之所以這麼稱呼是有其原因的，因為實際上這些人並無差別，他們的目的都在於學習。無論是學徒和高中生或是學生和博士，如果他們突然必須學習一門新的、不熟悉的知識時，基本上，他們之間的差距是微乎其微的。所不同的只是他們到目前為止是透過什麼方式學習與學到了多少東西而已。當他們

想要記住完全陌生的資訊時，他們所必須克服的學習過程基本上與一名剛開始學習數學或一種外語的小男孩並無二致。

基於上述原因，我稱呼所有的人為「學生」，並請四、五十歲的讀者不要因此對我心生怨懟。

書中某些地方似乎予人有攻擊教師以及所有教育工作者之嫌，但事實並非如此。我認識不計其數在各級學校從事教育工作的老師，他們試著拿出自己最好的知識、盡心盡力教導學生，他們不只教授學生們知識，也教導學生「學習」這件事。

此外，我要特別感謝維也納大學心理系的教授G.古特曼（Giselher Guttmann）博士以及他的助理海克納（Werner Herkner）博士。他們提供我許多寶貴的意見，我希望可以藉由他們的幫助避免一些外行人會犯下的思考邏輯上的錯誤。

出版社請我在序言中告知讀者本書的「使用說明」。關於這點，正文中已有說明，在此不再贅敘。「使用說明」只有一點、也是唯一的一點，就是：讀者所要做的不只是閱讀這本書而已，而是在閱讀之後必須付諸實踐。

如果以閱讀其他書籍的方式來閱讀本書的話，讀者受益不多。本書的重要部分在第二章所描述的「學習卡」、第六章的「學習耐性」與第七章中所提到的學習卡的規劃說明。

可惜我無法幫讀者省去製作學習卡所必須花費的功夫、書寫學習卡以及之後的學習，就如同我完全無法幫忙讀者減少學習所必須付出的功夫。

如果本書可以帶動幾百個人去學習、如果本書可以消除許多人的錯誤觀念，認為自己太懶、太笨或是太老以致無法學習的話，我就心滿意足了。

目錄
用功知道

1 學過了就不會忘記

學習的寂寞

　　這位年輕人坐在一處充滿陽光的咖啡庭園裡看書。這家咖啡廳座落在咖啡廳林立的維也納大學附近。這些咖啡廳成了維也納大學的助教和學生的休憩場所，他們都來這裡約會或看報。

　　這位出身良好的年輕人正在看一本膠板印刷的小冊子。若不特別留意他，你會以為他是神學院的學生，因為他每閱讀幾分鐘，就會將眼神望向天空，口中還念念有詞像是在祈禱似的。

仰望天空的學習方式。

　　他並不是在跟任何人對話。在他眼前的那些文字也並不神聖，它只是一堂法律課的講義，就如它封面所標示的，這是一本有關奧地利破產法的講義。

　　這位年輕人正在學習，至少他相信用這種方式可以學習。

　　所謂的學習就是記住最重要的部分。為了能更輕鬆地學習，這位年輕人在他認為重要的每一個字上畫線。

理所當然地，這些教書匠在寫講義時會儘可能地精簡，他們只擷取與考試有關的資料，因此講義上的每一個字都很重要，幾乎每個字都被學生畫了線。

然而破產法中的重要程度也有所不同，所以他使用各種不同顏色的筆，最重要者用紅色，次要者用綠色，最後為了安全起見，再用黑色。

這位年輕人還在講義上橫放一張吸墨水紙，每當他仰望完天空，就將紙往下挪幾行，為的是重新複習整個唸過的片段。

雖然這位年輕人可能會經歷幾次考試失敗，但我們必須很不情願地承認，這位勤勞的年輕人有朝一日會成為一位「博士」，也就是德文中所謂的「學者」。

一種全世界普遍存在的痛苦。

他可以成為一位一般的法律人、一位普通的律師、一名中規中矩的法官，或是一位忠誠的公務員。不過若是他真的成功了，那也一定是和其他成千上萬的學生一樣，是靠運氣而不是靠努力學習而來的。光憑他頭腦裡的那幾條破產法法條，想要成功是不可能的。這是人類腦力無限的最佳證明，就像是用糖水取代汽油、用焦油取代機油卻可以讓一輛汽車發動一樣的奇蹟。

不管是在地球上的哪個城市、哪個國家，都會有這種努力用功唸書的學生。他們或坐在圖書館裡、自己的租屋裡、赤道、北極圈、英國海德公園、以色列的柯布茲、莫斯科公園管理區的長板凳上、陽光下或在桌燈前，所有的人都不停地

在學習、學習、學習。

他們學習歷史、古德語單字或猶太單字、本國憲法、數學與宇宙航行的奧祕、如何建造房屋和橋樑、如何治癒人類或動物，以及如何使無信仰者信仰宗教，又或是研讀列寧的著作、毛澤東語錄，以及林肯在蓋茲堡的演講，或者學習精密的量子力學、雷達科技及火箭推進器。

重點不在於他們學習什麼，而是他們如何學習。

更讓人訝異的是，有些人甚至是學教育學與心理學的，他們正好有一個這麼寶貴的機會自己親身去學習「學習」這門課題，但很可惜他們並沒有利用這個機會。他們的學習方法和那位學習破產法的年輕人一樣，都是採用那種斷斷續續仰望天空並喃喃自語的祈禱方式學習。

就如同偏僻地方的印度農夫用木犁耕種田地一般，他們耕種的是他們腦袋裡的那塊田，他們用中世紀的古老方式學習：勤奮，但不求甚解；持久，但不用大腦。

>> 教育家失敗了：我們的學習方式和古代一樣。

他們那種不符合經濟效益的學習方式，足以讓二十一世紀的學術界因憤怒、絕望而哀號，但從來沒有任何人敢說出來。

雖然他們像農夫一樣辛勤地耕作，但卻浪費了他們自己的時間和我們這些納稅義務人的金錢；他們毀了自己的前途，也因此毀了我們的未來，這個未來可能是一種充滿理解力的未來，更確切地說，是一種理性學習的未來。

>> 理解力的未來，在於理性的學習。

無意義的「學習指導」

這不全然是因為學生不善於表達所學，或是表達的方式太過時。坊間充斥著具有現代教學實務經驗的補習班，和一些教人如何有效、真正將教材融會貫通的課程與遠距教學，但當碰到某些核心的觀念時，這些東西就不管用了。

在我面前放著一家遠距教學機構的廣告，他們的會計講義清晰易懂，無疑是個值得褒揚的好範例。

但在他們的「學習指導手冊」裡，卻對「學習」隻字未提。

「開始工作了！」這份指導手冊的作者指的當然是「開始唸書了」。這本指導手冊所做的以下建議幾乎不值得一提。

》⋯⋯⋯⋯⋯⋯⋯⋯⋯
「開始工作了！」──
空洞的陳腔濫調。

● 先擬訂一份時間計畫表：但學生還是不知道，在他規劃出來的時間表中該做些什麼。讀書嗎？當然。可是這份指導手冊對此卻未多做說明。

● 規律性的唸書是很重要的：這句話只對了一半。假如一個人能夠自動自發地規律唸書當然是件好事，但是如果只是乖乖地有規律唸書，卻沒有考慮到系統化學習的話，這種學習是達不到功效的。就像學游泳的人不僅要規律地練習，還要知道如何以正確的姿勢游泳。

● 寧可採用漸進式的學習，也不要一次唸太多：有道理。可是「漸進式」是什麼意思呢？指導手冊沒有說明。

● 請你依序仔細研讀指導手冊：如同上述的情況一樣，手冊也未對「研讀」多加解釋。

≫⋯⋯⋯⋯⋯⋯⋯⋯
「仔細研讀」──可是要怎麼做呢？

● 建議最好在安靜無干擾、照明良好的地方學習：多偉大的智慧啊！或許，作者指的是那些未刻意選擇讀書地點，而在昏暗燈光和干擾的環境下學習的學生。

● 然後，開始專心地將每一章節反覆閱讀：現在，我們終於（並不完全肯定）知道：「反覆」。但到底要反覆多少遍呢？三遍？五遍？還是十遍？那「專心」的定義又是什麼呢？應該端坐、縮腹、目不斜視嗎？還是必須像練瑜珈一般，經由控制身體來放空自己的精神。

≫⋯⋯⋯⋯⋯⋯⋯⋯
「專心」──請問這到底又是什麼？

學習指導手冊應該提供更多學習方法才對。

用腦不代表頭痛

「必須唸書」聽起來像是一種懲罰、一種被迫勞役的宣判。而加重刑罰就是讓他在沒有任何外力及學習指導的協助下，獨自一人學習，好像如此他就比較能克服困難似的。

就連那些能夠激勵人心、意圖使我們變得聰明些的諺語也幫不上忙。無論是跟著一位優秀、先進的老師學習，或是在一個團體中學習，「學習」這件事是多麼的緊張，而且是千變萬化。

也正是因為如此，所以就會產生思考邏輯上的謬誤，這個謬誤抹煞了太多人的學習能力：他們相信可以從老師那裡學到東西。

就大多數現況而言，學生從老師那兒學習到

的東西幾乎是微乎其微，老師頂多是教導學生而已。

儘管有許多有效的學習方法，但就算是再有效的方法也不可以與真正的學習混為一談。即使是最優秀的老師也只能以口述、解說與示範的方式教導學生他想要學生學習的知識。

當然老師也會幫學生複習所學，但基本上，複習只是要監督學生是否有乖乖地努力學習，但「學習」這件事本身（這個將知識牢記、印在腦海中的過程）還是要留給學生自己去做，這是他寂寞的家庭作業，就像是在一片沒有道路的沙漠中察覺到自己失去方向，不知所措、近乎絕望地努力尋找出路。

「必須學習」，是一種處罰嗎？

我們不得不欽佩許多學生明知不可為而為之的勇氣，與他們為追求目標所付出的驚人努力。

他們振作起來，坐在書桌前，翻開要學習的東西，可能是一本書、一堂函授課程，或是課堂的筆記。

他們非常「專心」，但對於專心到底是什麼，他們根本一點概念都沒有。

他們閱讀，並且嘗試將所閱讀的東西印在腦中。他們根據某些法則將一些東西印在大腦中，但他們完全不知道自己是根據哪些法則，儘管長久以來大家一直在探究這些法則。

他們認為，唸書與努力有關。他們認為努力是一種身體的勞動，他們繃緊他們頭皮、頸部以及肩膀的肌肉。花腦力的工作必定讓人頭痛。

有些人邊學習邊揉著太陽穴，有些人是邊學習、眼珠邊骨碌碌地轉，有些人則是邊扯著頭髮，嚴重的還會呼吸困難或是咬牙切齒，這時候他們就需要能夠提神的東西，也就養成了抽煙或酗咖啡的習慣。而有一些人則像被關在籠子裡的猛獸一般來回踱步，導致連大腿的肌肉也非常疲勞。這種過程被稱為「記憶」甚或是「思考」，這些稱呼比「腦力工作」要來得簡短。

有些人靠大腿完成腦力工作。

　　「思考」對他們來說似乎特別重要。他們寧可盯著一個與他們為敵的陌生單字數分鐘之久，就好像他們可以催眠這個單字一樣，也不願意直接去查字典。

　　了解情況的學生都知道，如果要一直記得學過的東西，複習是免不了的。甚至有些人還聽過，複習七到十五次本來就在所難免，而複習的次數則取決於個人的聰明才智和記憶力。

　　於是，他們便開始反覆複習。天真的學生可能就真的連續複習七到十五遍，並且相信自己已經全部記得了。

　　有時，他們會採用一些荒謬的方式來「思考」複習書本或講義的內容。那位學生打開書本的某一頁，看了第一句句子後，便努力回想第二個句子，然後再下一個句子，一直繼續下去。

　　有意系統化學習的學生，會複習前一天的東西，然後在隔天會複習前天的東西，然後在後天還是會複習大前天的東西。

　　頂多三個星期之後，他除了複習之外，根本

沒有時間去學習任何新的東西，然後這種沒系統的學習系統終於告吹，要不然的話，就是這名學生必須求助於精神病治療。

「懶惰、愚笨、不專心……」

一條魚通常都是由頭部開始發臭。因此罪魁禍首就是教育學(這門教導自我與他人的學習學科)的無能，而最需要這門學科的人就是老師與學生。

雖然「學習」應該被當作是一個主要科目，而且是所有科目中最重要的一科，但學校卻完全不教導學生「學習」這個科目，而且大家也幾乎不曾深入研究這個科目。

這種忽視「學習」的行為導致我們在國中、高中時就開始自食惡果。雖然學生已經花了六、七年、甚至八年的時間學習一種外語，但當他們真的初次來到使用那個外語的國家時，卻半個字也聽不懂。

同樣的情況，學生花了很多年苦讀數學、物理、化學，可是他們現在還記得些什麼？

即便德文是十歲到十八歲的學生的主科，但大部分十八歲的年輕人卻無法用自己的母語在婚宴上不急不緩地致上一小段詞。

提到「學習」，在大學裡的情況更是來得糟糕。因為在上「大講堂的課」時，所有的學生都坐在那裡抄筆記，就像是在中古世紀印刷術尚未發明前，所有的學生都買不起書本似的。但要如

> 即使在學校苦學了八年的外文，但多半還是不會。

> 在中、小學和大學裡是不會教授如何學習的──可惜！

何消化這些筆記，卻沒有人可以告訴他們。

或者他們選擇翹課，不過他們大多數都認為自己是在有效地節省時間。他們不去上課，卻願意將錢砸在很貴的補習課程與講義教材上，然後躲在家裡儘可能地「學習」。

他們當然學不會。

這個責任不在老師，因為他們本身對學習也並沒有比較了解，該負起責任的應該是我們教育界的領導階層、是站在講台上的與在教育研究機構的那些人，也就是希臘文所謂的「少年領導」。

大學裡糟糕的學習情況：像中古世紀一樣的講課、堆積如山的昂貴講義。

他們熱情、固執而盲目地研究教學工具、新的教學方法和教學替代方案，但卻幾乎忘了教學唯一與最終的存在理由是為了學習。

經過數百年的努力，我們的教育學界終於培養出一些尚可的師資，他們的教學方式與教育方式（有時候）甚至也變先進了。

現在他們知道利用影片和幻燈片、利用一般的邏輯架構、利用笑話（無論好笑與否）來使自己的教學清楚生動、易於理解、簡明扼要、增強理解力與達到成效。

教育學界因此而心滿意足。他們覺得自己問心無愧，高高興興地讓學生回家，並且認為自己已盡了最大的努力。

但至於那些花腦力的反覆咀嚼和消化所學的過程（沒有經過這個過程就沒辦法記住知識）就留給那可憐的學生、留給偶然與幸運、留給家長

教育學界認為自己問心無愧。

制式化的努力、留給那畫滿顏色的講義、留給在隨堂筆記與講義中漫無頭緒的尋找，以及留給那仰望天空的視線。

除非奇蹟發生，否則學者們很少對學習做出任何建議，即便他們提出了建議，那些建議一定也是非常愚蠢的，有時候甚至是近乎可笑的建議。

老師被提醒要勸告學生將書桌擺放在光線充足的地方，文具也應該放在書桌上方便取用的位置。

又說適當的溫度有助於學習，所以書房不可過冷或過熱，而且還要注意保持書房的安靜，要不然的話，就無法集中注意力。

所有與學習有關的建議都認為白天是學習的最佳時段，但最佳的學習時段應該是因人而異才對，有適合白天學習的人，當然也就有喜歡在半夜學習的人。

一個特別可笑的建議：入睡前學習的東西記得最清楚。

還有，為了學習之故，學生當然要有充分的休息，但是如果學生很快就累了，那應該怎麼辦呢？對於這個問題，他們沒給任何的答案。

當然，學生不能餓著肚子學習。但同樣地，肚皮撐得飽飽的對學習一樣沒有任何幫助。

一些師長所給的關於學習的觀念看似科學，但卻都相當不合理。

學生會被告誡，別一次學習太多東西，因為

如果你所學習的東西超過了某一個特定的量，只要超過一點點，你忘記的比率就會大幅地提升。

因此，為了達到學習的最大效率，學生便以「分配學習」取代一次學習，並將此牢記在心。

如果所有的建議都照單全收，我們根本完全無法學習。如果達不到學習的成效，教育界就會相當輕率地將其原因歸罪於不努力、缺乏天分、不專心，以及天資不夠聰穎。

» 錯誤建議所造成的傷害。

只有少數學生在非常偶然和不自覺的情況下，發現了許多將學習有效化的竅門中的一些技巧。他們所做的正是美國心理學家史金納（Burrhus F. Skinner, 1904-1990）認為所有的成功學習所必須具備的先決條件：就是在腦袋中建立一個屬於自己的學習計畫。

如果這個屬於自己的學習計畫成功，那麼他就會被讚揚為有才能、有天賦，甚至被喻為天才，整個教育系統都幫他背書，證明他是個比較優秀的人。

其他的學生只要還抱著一絲希望，就會不斷地學習，但是無論使用哪個學習系統，他們的努力很快就付諸流水，毫無成效可言。然後他們就只能不停地痙攣、抽搐，像一個不會游泳的溺水者不斷地拍打四周的水面，像一連串的驚慌與昏厥。這情況可以類比為一名酒精中毒的西部牛仔，試圖在昏暗的夜晚射中一頂黑色的墨西哥寬邊草帽。

一些學生可以類比為不諳水性的游泳者。

讓人非常訝異的是，即使在種種不利的情況

下他們還是能命中目標。這只能以大數法則來加以解釋，學生以不合乎經濟效益的方法浪費了他們大量的精神子彈。

活到老，學到老

十年算是一個時期，人類的知識大約每十年就會倍增，並且在每個時期中，世界的變遷也愈來愈快，無論是在政治、社會以及經濟層面。

也許從我們的下一代開始，每個人都會被迫一生中至少要轉換一次職業跑道，沒有轉換跑道的人就會被認為是愚笨的傢伙、需要社會救濟的人，或是以人道照顧做為幌子的社會寄生蟲。

不過，現在年輕的這一代仍有機會。他們的優勢是，雖然他們費了很大的勁兒去學習，但至少他們在學習。他們並非不勞而獲，他們的付出會有所回報，但也因此被迫去學習，以一種相當微妙的強迫方式，新左派稱之為「操控」的強迫方式。

但誰會在乎這些功績呢？只有事實才是重要的。上了年紀的人很難學習和改變觀念、上了年紀的人無法徹底調整自己，這是一個不爭的事實，但原因何在？因為他們從未學習過如何改變自己。

他們會倍感壓力，這個必須自我改變的壓力會愈來愈大。時下那些所謂利用閒暇之餘上課又悠閒快樂的「成人教育」將會供不應求。學習將成為四、五十歲人士的生活必需品。

» 這種情況會愈來愈糟：不願意終身學習的人，就會面臨被「降級」的命運。

» 輕鬆的「成人教育」將供不應求。

呼籲「終身學習」和「進修教育」的要求，出現在所有教育學者的祝賀演說當中。

教育學者認為「可以透過『學校爆增』的方式、透過成立成人專屬學校的方式、透過將義務教育（至少在道德上）年限延長至五十歲的方式來解決這個問題」，這種想法非常幼稚，而且不切實際。

為了要教導另外百分之五十的成人、小孩以及儲備終身教育所需的師資，有半數的成年人必須變成老師。如此一來，除了教師與學生之外，社會上就沒有其他的職業了，學校取代了所有的工廠與公司，成為社會上唯一的職場。

如果可以教導小孩、成人以及老師（他們可以將這種教學方式用在自己的教學上）如何正確地學習，那麼就可以避免現在那種逆來順受的自虐學習方式。

學習不該是件自虐的事情。

每個人都可以學十種語言

如此一來（至少以實務層面而言），學習上最主要的問題已經解決了。

我們已經了解了控制這個奇特的、不久前還像一團謎似的過程的原則與法則。

雖然我們還不完全了解這會在人類的頭腦中發生什麼樣的變化，但我們知道如何能夠在很短的時間內學會說一種外語、計算出數字、釐清一些未知的關聯性，以及作出正確的判斷。

我們現在幾乎可以確定，所謂的天賦、才能

以及與生俱來的聰明才智是非常少的，前題是如果這些東西真的存在的話。

我們有充分的理由認為這些才能都是可以經由教導與學習來獲得，也許這些能力早在他們童年時期就已經學會了，在遊戲當中不小心學會的，但當然他們的這些能力也很有可能是年紀稍長後所培養出來的。

發現特洛伊城的商人施里曼（Heinrich Schliemann）因為一生中學會了許多語言而被視為天才。不過我們敢打賭，如果每一個人都可以用合理有效的方式學習，那麼每一位資質中等的常人也都能達成與施里曼一樣的成就。

我們沒有理由認為，比較有天分甚或是比較聰明的天才的頭腦就與一般大眾的所有不同。

當然，他們之間是有所差異，有人的腦容量大，有的則比較小；或者有些血液循環比較順暢，有的則較差，這些都有可能影響智力。有些人反應較快，有些人則需要較長的時間才能做出反應，但這並不能解釋為什麼有人是文盲，而有人則識字；為什麼有人完全不會算術，但卻有人可以輕易地解開最複雜的數學方程式。

每個人（只要是正常人）天生的智力差異在於各有高低，就像有些人的身體比較強壯，而有些人則比較虛弱。

根據這個道理，他們的成就應該不至於有太大的差別：一名百米賽跑奧運選手短跑的速度頂多比一位健康的郵差快兩倍；一名游泳健將的游

泳速度頂多比一位受過訓練的花花公子快上兩倍；甚至於像林德特（Jochen Rindt）這類不怕死的賽車手在義大利莫查的賽車道上所開的車速頂多也只不過比一位受過幾天訓練、開同一輛跑車的誠實老爸快兩倍而已。

不會騎馬的人，就算是騎在馬上也不會比騎在蝸牛上快，因為馬匹根本不會前進。

只有在競爭對手沒有學過與練習過該競賽項目時，雙方的表現才會產生很大的差距。沒有學過走和跑的人就連走個十公尺也不可能；不會游泳的人一下水就沉下去了；不會開車的人連發動車子都不會。

學會二十種語言也許可以證明他的腦袋血液循環比較好，可是對一位常人來說，學會十種語言並不能證明他天生具有特殊天分、優秀的素質或是得到上帝的厚愛，這只顯示出他學習過如何去學會一種語言。

»
就算學了十種語言，那又如何？

重點只是在於他的學習方法和學習動機。

重大的變革

只有所有的人都如此認知時，人類歷史才會發生重大的變革。

這項變革既不是政治權力的革命，也不是像發明車輪、蒸汽機，或是原子能這類科技－經濟革命。

這是自人類發明語言與文字以來最重大的思想革命，這場革命將大大地改變世界的面貌，這場革命也比先前的任何革命都要來得更加劇烈與持久。

只有在每個人都學過「如何學習」、只有停止那種毫無章法、毫無成效、又浪費時間的努力（現今所有的人都誤解了這個名詞），每一個人至少都可以成為半個施里曼，而不是像這位德國的自學者只有一字不漏的死記才能：雖然富創造力的思考方式的規則截至目前為止很少被徹底地研究過，但很明顯地，這種思考方式也是一個可以透過學習獲得的過程。

這一切聽起來可能太過理想化，甚至有點離奇，但是我們不可忘記在一千年前所發生的事情，一段在人類歷史上的短暫時期。

閱讀與書寫這種簡單的能力在當時被視為是天資聰穎的證明，只有被挑選出來的人才能具備這種讀寫的能力。但今天每一位小學生都具備這項能力。當時的國王與皇后多為文盲；今天任何一位成績中等的高中生都會的簡單算術運算都會讓當時最優秀的學者瞠目結舌。

通向未來的門現在已經被打開了，我們只要向前邁進，並且將已被找出、並通過理論檢驗的學習規則實際地運用在學習上。

但是到目前為止很少人會這麼做，或是根本沒有人曾這麼做過。眼前的機會總是一再地被忽視，但這並不完全是「學習學科」的錯。

「學習」是一門剛萌芽的學科。與其說它是內容充實、多樣化的理論，不如說它是一個戰場。其中可分為許多學派，各學派間唇槍舌戰。對於相同的現象，他們所使用的表達方式完全是

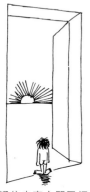

通往未來之門已經打開了：現在的學生會的是幾百年前只有學者才會的東西。

>> ·············
「學習學科」還處於初期發展階段，不同的「學派」互相攻訐。

南轅北轍；但對於完全風馬牛不相及的事實，卻又使用同一個名詞概念表達。他們經過精確規劃所做出的實驗相互間也無法做一比較。

它是一個擁有各式各樣偏見的專有名詞的遊戲場。即使如此，在這個需要時間理解的學科的懷抱當中，人類的面貌將有所改變。

我們會在本書中針對這些議題加以討論。

無疑地，為了解其中的關聯性、為自私地想要發掘一些仍不為人知的寶藏，我們會竭盡所能地討論。

本書的主旨不在於讓讀者大眾對於現代的學習理論有一個全面性的概念，甚至連粗略的概要也不會出現在書中。它不是教科書，而是一本學習工具書；本書是一本目標導向的書，為了達到讓讀者能更輕鬆地學習的目的，而剽竊了一個學科。

>> ································
我們剽竊了一整個學科。

帕夫洛夫的狗實驗

「學習」這門學科通常被視為心理學下的一個次學科。「psyche」一字源自於希臘文，可譯為「心靈」，因此心理學可以說是一種合情合理的學說、一種心靈邏輯的學說。

現代學習心理學之父中的一位是俄國人帕夫洛夫（Petrowitsch Pawlow, 1849-1936）。他對於「心靈」這個字眼深惡痛絕。對他而言，心理學只有生物、吸引、反應、刺激和障礙。

帕夫洛夫的「消化腺研究」讓他於一九〇四

年獲得諾貝爾獎。他在行為心理學上所作的貢獻才更應該獲頒更多偉大的獎項才是。他的經典實驗「帕夫洛夫的狗」獲得全世界的讚賞。

實驗中，帕夫洛夫先幫實驗動物動了一個小手術，他在實驗動物的唾液腺上割一個小洞，並經由導管導出分泌液。

唾液不會再流到喉嚨，而會流到外面的玻璃量杯中。

接下來的實驗過程如下：

世界著名的帕夫洛夫的狗就是這麼學習的。

● 帕夫洛夫讓小狗旁邊的鈴發出聲響，這隻小狗就會豎直身體，並且目不轉睛地、興致勃勃地瞪著這個不尋常的聲音來源。至少對牠的唾液腺而言，這個鈴聲是個不重要、也毫無任何意義的刺激，是一個「不感興趣」的刺激。對這個不具任何意義的刺激，小狗的反應是豎起耳朵。對帕夫洛夫而言，小狗的這個反應也一樣不具任何意義。即使如此，他還是給這個反應取了一個名字，帕夫洛夫稱呼這個反應為「這是什麼？——反射動作」。

● 在實驗的第二階段，他給這隻小狗一塊肉，但不會搖鈴，當小狗看著那塊肉時就開始流口水，之後他就測量這些流入玻璃杯裡的唾液量。

下定義這件工作對科學家來說就如同實驗本身一樣是非常重要的。帕夫洛夫將這塊肉定義為「非制約刺激」，連帶產生的唾液被定義為「非制約反射」（現今的心理學稱之為「非制約反應」，

「反射」這個名詞則用於描述其他的現象）。

帕夫洛夫想要藉由「非制約」一詞表達刺激與反應間的關係、肉塊與唾液之間的關係。看到和嗅到肉塊後就必定會流口水，這是小狗與生俱有的天性，基本上，這點是不會改變的、遺傳而來的本能。

● 在實驗的第三階段，當那塊肉出現時，鈴聲也會同時響起。和第一階段一樣，這隻狗也會流口水，這個過程（肉塊加鈴聲）會大約重複做二十五次。

● 實驗的第四階段，帕夫洛夫只是搖鈴，但不給肉塊。原本這隻狗在第一階段對鈴聲並不會產生分泌唾液的反應，但在第四階段，牠只要聽見鈴聲就會流口水，鈴聲對牠的影響就像是一塊肥美多汁的肉塊。

一種新的、到目前為止尚未存在的刺激（原本是不感興趣的刺激）和反應間的關聯因此被創造出來了。這個轉變的先決條件是，重複地將原先毫無意義的鈴聲變成了一個食物的信號。

帕夫洛夫在他新的、刺激唾液腺的角色中將鈴聲定義為「制約刺激」，而緊跟著這個刺激而來的唾液則定義為「制約反射」（也就是現今所說的「制約反應」）。

≫.................................
我們必須記住這兩個名詞：「制約刺激」和「制約反應」。

我還記得非常清楚，當時高中老師第一次對全班同學講解這個經典實驗的情形，儘管老師只是在黑板上講解。

但我們當時並沒有察覺到自己所聽到的是非常了不起的知識。

每一個十歲的小孩都知道，當媽媽把烤肉端上桌時，嘴巴就會開始流口水，很快地，廚房裡鍋盤碰撞所發出的聲響也會引起同樣的反應，連食物都還沒看到就有反應了。

然而，一門學科並不只是由實驗與實驗的結果所組成。

更重要的是學者用來描述其實驗過程的文字，以及他經由實驗所得出的、放諸四海皆準的系統、理論以及觀點。

學者是最偏激的理論家，他們經常比思想家與宗教創始者還要來得偏激。

》》⋯⋯⋯⋯⋯⋯⋯⋯⋯⋯
帕夫洛夫的學術成就並不是建立在他的實驗，而是實驗所導出的知識，這對每位學者都適用。

因此，帕夫洛夫的學術成就並不是只建立在這個「鈴聲、肉塊、小狗唾液」無聊的交互作用中。他的偉大建樹在於他為這實驗所創造出的文字與概念，以及他根據實驗結果所建構的知識。

帕夫洛夫認為：

● 一個非制約刺激（如同肉之於狗）永遠是非制約的，不需要任何其他的先決條件就可以引發一個非制約反應，它也因此而得名；

● 一個原本不感興趣的、沒反應的刺激（例如鈴聲）可以轉變成一個有效的刺激，然後引發一種反應（分泌唾液）；但必須有先決條件，就是先讓這個刺激多次與一個非制約刺激同時發生，因此被稱為「制約」刺激和「制約」反應。

刺激與反應

讀者們必須見諒，當這本關於將學習實際運用在生活上的書探討到一些理論說明時，還請讀者耐著性子看下去。

因為這些說明有助於了解「學習」。

如果要了解「學習」這門現代學科，那麼了解「刺激」與「反應」這兩個名詞是絕對必要的，而了解「被制約」的過程也同樣重要，這個「被制約」的過程是使「學習」成為可能的最主要步驟。所以，也是因為「制約」這個字的拉丁文為「conditio」，因此現今在「學習學科」中這個「被制約」的過程的專門術語在德文中為「Konditionieren」（被制約）或是「Konditionierung」（制約化）。學理上要說明一個學習過程，這個名詞會不斷地出現在說明當中。

在帕夫洛夫那個著名的實驗過程中，那隻狗所做的事和我們每天所做的或是應做的事一模一樣，這行為的背後是一種學習的過程。

這隻狗在嘗試過幾次之後學到，鈴聲就是肉塊出現的信號，這隻狗就會有所行動，雖然所謂的行動就只是流口水而已。

那隻狗（在牠的頭腦中）將一個無意義的事件和另外一個對牠而言很重要的事件連結在一起，換句話說，這隻狗被鈴聲給制約住了。

將原本毫無關係的刺激與反應相互結合、因環境刺激而學會的新的行為模式，這些種種在從前並未獲得任何解答或是另有其他的答案。就連

我們的反應改變與「被制約」，對人類的「學習」而言，也是相當重要的。

如果有人問我們義大利文的「madre」德文怎麼說，而我們又不會義大利文時，那麼我們的反應就會跟帕夫洛夫的狗第一次聽到鈴聲時的反應一樣。當我們聽到這個字時，我們會豎起耳朵，但我們並不知道這個字是什麼意思。

但當我們終於知道，並且正確地說出「Mutter」（媽媽）這個字時，我們也就學會了這個義大利字。

雖然人類比狗高等，但最後我們所做的行為卻是和帕夫洛夫的狗是一樣的。

一隻狗所做的也正是我們該做的：牠學習。

我們將原本在我們的腦袋中完全不相干的一個刺激和一個反應相互連結在一起。這個刺激就是義大利文「madre」，而（正確的）反應就是這個德文字「Mutter」。

因環境刺激而學會新的行為模式，這也是人類學習的本質。

當我們的學習是正確的時候，我們就會一直學習下去，我們會對特定的刺激做出正確的反應。

至於這個刺激是否是一題考題、電話鈴聲或交通號誌的紅燈，這個反應是否是正確答案、拿起聽筒或是煞車，這些已經不重要了。在所有的情況下，只有在我們相對應地被「制約」（用專業術語）了，我們才能做出正確的反應。

只有正確地被「制約」，才會有正確的「反應」。

因此所有的學習技巧充其量也不過就是一種能力而已，一種對某特定刺激所產生的一種新的、到目前為止尚未發生過的反應的能力。

這種情況也適用於當劇團的負責人邀請一位男高音首次擔任奧塞羅的角色時，就產生了這種這種「刺激」，或是赫德出版社委託作者寫一本有關學習的書時，就產生了這種「刺激」。

雖然這些成就和帕夫洛夫的狗的流口水要來得複雜多了，但基本上它們並沒有什麼不同。不管在哪一件事件上所做出的反應都是要透過學習掌握的，只有透過學習，這些反應才能夠執行。

帕夫洛夫不朽的成就在於他可以將學習的原因透過實驗與理論清楚地表達出來，雖然是以它的最原始形式，但如果沒有帕夫洛夫，就不會有今天的「學習」這門知識。

除了帕夫洛夫的理論之外，還有帕夫洛夫方法，這是現代心理學派所使用的方法。

帕夫洛夫厭惡一切推測與空想。

他不相信每一個經由所謂的反省（也就是人性的自我觀察）所得到的嘗試與自我認識。他深信透過這種方式只會產生自我欺騙。

所有學習的原因都會被發掘出來。

想法、思索、概念、決心、願望、理解、看法、決定、渴望與意願、愛情、羞愧和害羞，所有這些對他來說某一程度上只是一種想像，因為這些東西不像小狗的唾液是可以測量的。這些東西對詩人、夢想家和招搖撞騙者而言相當好用，但對科學家來說則什麼都不是。

連痛苦也是「學習」而來的

帕夫洛夫是個正直、有進取心、而且不輕易

就連痛苦也必須經由「學習」而來。

妥協的專業人員。他想要把他的專業變成像物理或化學一樣的精密科學；他也是一個不被收買的人，他只相信、接受被實證出來的東西。

可惜他有點太求好心切，他的專有名詞定義開始出現一連串的錯誤，直到今天，這些錯誤都還一直是他研究中的原罪。

所以我們現在知道，他對「非制約（天生的）」反射（反應）與「制約」反射（反應）的嚴格教條式的區分一定有其疏漏之處。當然帕夫洛夫所想像的許多東西是學自於動物（與人類）的行為，也因此是「被制約的」。

所以在非常謹慎推估的動物實驗中，就連應該是最基本的反應（例如疼痛感）都必須要經由學習獲得。一九六〇年，美國人梅爾札克（R. Melzack）將猴子和狗完全隔離飼養，並且很驚訝地發現，牠們對疼痛毫無感覺。

帕夫洛夫對於刺激（環境事件）與反應（生物對此事件的回應行為）的區分，也是相當不合理的。

許多刺激是來自內在的，來自內在的刺激往往比來自外界的刺激更能掌控動物與人類的行為。

為了簡化問題，但卻可讓問題更能一目瞭然：帕夫洛夫應該以情色刊物作為外在刺激，並且將其視為引起性慾的原因，而將性衝動本身視為後續作用、視為隨之而來的「反射動作」、視為反應。

但實際上，正好相反。首先必須要先有（可能是無心引起的）慾望，然後受到這個慾望的驅使有些人就會去閱讀情色圖片與刊物。因此情色刊物應該是反應，而非原因。

很明顯地，帕夫洛夫的最大錯誤來自於他使用「回應-變化」一詞，之後以「回應-行為」一詞取代，但這個新的用詞還是錯的。光是帕夫洛夫的的用詞中就包含了一個看法，一個錯誤的看法，這些用詞明白地表示，所有動物（與人類）的行為都是外在刺激的結果、都是對環境事件的回答。

但事實剛好相反。動物（與人類）突發行為的發生比例要比「回應-行為（反應）」來得更為頻繁。先要有肚子餓的感覺，才會有想要吃東西的「刺激」，最佳的情況是兩者相互影響、相互作用。

儘管如此（違背所有經驗與理性），「反應」一詞在今天還是被心理學界繼續延用，就像是一面老舊的代表旗幟，儘管這面旗幟早已不能再起任何作用。

帕夫洛夫厭惡學術上的空想。因為這種空想對研究員造成了阻礙，他們會用一些空洞的猜測來從事研究；因為這種空想會限制住最簡單的假設的形成。

如果我們研究在帕夫洛夫那個年代被所謂心理學家偽裝成「知識」的大膽幻想時，就可以理解帕夫洛夫為什麼那麼厭惡這種學術上的空想。

≫..................................
大錯特錯：情色刊物是反應，不是原因。

「反應」是一個過時、被取代的名詞，就像是一面老舊、毫無作用的代表旗幟。

但是對於那些帕夫洛夫的虔誠追隨者來說，這「禁止空想」卻變成一個意識型態上的禁忌，就如同牛隻在印度被視為聖獸一樣。

這個意識型態將學界分為兩派，他們像對立的宗教一樣互相攻訐。

» ....
「頑固、不知變通的農夫」與「浪漫的騎士」間的學術論戰。

就像一位英國學者所形容的，一邊是頑固、不知變通的農夫，完全拒絕與任何想法或點子有所開始或交集；另一邊則是浪漫的騎士，騎在他們幻想的飛馬上，為了一些無法想像的假想戰而奮鬥。

這些農夫（特別是盎格魯薩克遜的「行為主義」的理論家）著迷地盯著四處亂竄的老鼠所造成的紊亂、實驗籠裡的鴿子，以及顯示研究結果的圖表和表格。

但是對於人類，他們幾乎漠不關心（只有在極少數、著名的例外情況下），他們將被禁止的空想與動物實驗的結果用在人類身上。

相反地，那些幻想過了頭的騎士們都圍繞著德國發展出來的「完形心理學」打轉。完形心理學中充滿幻想式的臆想實驗，產生出許多輕率和無法實證的想法。這些想法中的極少數一直到今天才被證實是有用的（以另一種呈現方式），不過這些有用的想法可能是無意間被證實的。

雙方都忽略了他們絕大部分只是在做語言上的爭辯，但真正受害的是那些外行人、學生和自學者。心理學家的爭辯只會阻礙我們去學習目前現存的「學習」。

要不就全部，要不就沒有

另一位著名的、對學習研究具有卓越貢獻的學者是美國學者格思里（Edwin R. Guthrie, 1886-1959）。

一九三五年，他因創造出一個理論而聲名大噪，他將其命名為「全有或全無法則」。

他的論點是：如果一個刺激與一個反應同時在短時間內先後發生，即使只發生一次，但這兩者會產生立即且強烈的關聯。反之，若這個刺激沒有引發這個反應的話，那麼兩者之間就完全不會產生任何連結。因此，這種刺激與反應的連結不是一開始就產生，要不就是永遠都不會產生。

為了使格思里的這項主張明瞭易懂，我們可以拿懷孕來作為比喻：一個女人不是懷孕就是沒有懷孕。沒有所謂的「比較強的」懷孕，或是「比較弱的」懷孕，或是「一點點懷孕」，這種情況是不可能出現的。

» 一點點懷孕，這是完全不可能的……

換句話說，我們將這個想法延伸到人類對學習的渴望上，格思里的理論就是：有心想要學習的人，他的學習是立即且全面的，或者是他根本就不學習。

這個「全有或全無法則」馬上陷入很大的矛盾之中，因為它似乎與我們日常的經驗和不計其數的動物實驗相左。

帕夫洛夫的狗也必須經過多次的「練習」，直到他的唾液分泌腺「學會」將鈴聲視為食物的信號。同樣地，人類的學習也不是一蹴可幾，而

» 一點點學習，這倒是常發生。

是慢慢地、逐步地，透過持續地努力與反覆嘗試。

雖然沒有人可以只是懷孕「一半」，但是卻有許多人學東西只學到一半。

我們暫時先不討論格思里為自己開脫的解釋（下一章對此將有詳細說明）。首先，對我們而言，這個事實很重要：一些大腦生理學（中樞神經系統學科）最新的知識似乎可以佐證格思里的理論。

學習是動腦的工作。

當我們學到了一些反應和記住了一些資料時，我們的（動物的）大腦就必須進行一個儲存的過程。

關於這個儲存的過程是如何進行的？長久以來，有太多離譜的假設。這些假設完全掩飾不了當時人們對大腦的真正運作過程完全一無所知。所有解釋學習與記憶的嘗試都將人腦比喻成機器，比喻成由人類所發明建造的機器。

舉例來說，他們將儲存過程想像成是帶電或電磁的有機體，學習到的資料會被輸入到腦神經細胞（就像是非常微小的電池或是電容器）內。

也有人猜測大腦的運作類似一部有聲電影，不停地記錄所有看到和聽到的東西。

自從電腦發明後，人類的中樞神經系統就常常被比喻為資料處理器，這也是為什麼人們把它叫做「電腦」的原因。每當人類發明一個新的資料記錄器時，就會馬上嘗試以他個人的思考機器

又是一個陳舊的錯誤想法：人類的腦中有一部有聲電影。

的工作方式來類比這個新發明的機器。

　　個性謹慎的學者則滿足於以這種無須負責的看法：只要曾經記住的資料都會在大腦中留下「痕跡」與「踪跡」。

　　但所謂的「痕跡」是什麼呢？草地上蹄印，或是雪地上的熊掌印，還是像爬行在大腦細胞壁間的小螞蟻的足印？

　　而且：這些螞蟻一定要不斷地重複走過它們留下的腳印，這樣這些腳印才會深深地烙印在腦中。但印在哪塊沃土上呢？哪種風會將這些足印吹走呢？

吃進去的知識

　　一九六三年，墨考涅（McConnel）以一個轟動實驗揭開記憶奧祕的一角。他的實驗動物對象是渦蟲，也就是所謂的扁蟲，一種有一套稍具發展的神經系統的低等動物。

　　在實驗的第一階段，有一組渦蟲被訓練成懼光，因為牠們在有光線的地方會被電擊。

　　在牠們學會懼光之後，就會被剁成小塊，當作飼料拿去餵其他那些燈光對牠們並不具任何意義的渦蟲。對這些渦蟲而言，光線與危險之間是毫無關聯性的，以學術用語來說就是「不感興趣的刺激」。

》..........................
渦蟲有助於解開大腦記憶之謎。

　　這項實驗的結果非常驚人。

　　那些吃了「失敗的」同類的第二組渦蟲，吃下去的不但是第一組渦蟲的身體，同時也吃下了

牠們的知識。第二組渦蟲不必經由學習就會自動避開光源。

另一個引起更大轟動的實驗是由美國研究員安嘎（Georges Ungar）在德州休士頓所做的實驗。

他的實驗對象是天生怕光的黑老鼠與白老鼠。安嘎將關黑老鼠的實驗箱分成兩個小隔間，一間是伸手不見五指、一片漆黑，另一間則是燈火通明。然後他以電擊的方式將黑老鼠由黑暗處驅趕到有亮光的地方，這個動作會不斷地重複直到黑老鼠們學會只有待在光亮處才能得安寧。

接著，安嘎將這些懼怕黑暗的黑老鼠殺死，並將牠們的腦萃取物注射到白老鼠的腦中，這些白老鼠還沒有被制約，因此這些白老鼠就像那些黑老鼠在尚未接受「特別處理」之前一樣天生懼光。

經由這個方式使懼光的老鼠愛上亮光。

這項實驗成功的結果刊登在各大報上。這些沒有因黑暗嚐到痛苦經驗的白老鼠們的行為，突然和那些受過電擊疼痛而趨向光亮處的黑老鼠一樣，牠們害怕黑暗，並且停留在有亮光的地方。

這個實驗讓人聯想到紐倫堡灌注式教學的故事。這個實驗奇異到使它的結果馬上被寫成科幻小說。書中卑鄙的歹徒搶奪天才的諾貝爾獎得主或是文學獎得主的大腦萃取物，並且將這萃取物賣給智商低下的華爾街的貪婪者。

接下來的實驗結果也許已經超出了作家的想像力。

安嘎的實驗小組分析這個把黑老鼠腦中懼怕黑暗轉移到白老鼠的精神層面的作用物，他們並且成功地用人工的方式製造出這個作用物。

這種在實驗室中、完全不是從老鼠（既不是從懼光、也不是從害怕黑暗的老鼠）萃取物製造出來的人工化學藥劑，也可以達到一樣的效果。

將這化學藥劑注入到一隻從未受過訓練的實驗動物的腦內會產生一樣的效果，好像牠們曾經在黑暗處受過電擊的驅趕似的。

我們現在暫且不討論那些描寫未來的幻想文學，例如在蒸餾瓶中製造學習教材，用人工方式製造拉丁文課和數學課，並將它們裝瓶、分送，再以打點滴的方式「學習」這些知識。

>>........................
瓶裝的拉丁文和數學，就和之前一樣仍然是一個空想。

大腦中的化學變化過程

對我們的目標來說，我們必須要了解到學習以及所有我們認為是「練習」、「制約化」、「記憶」與「聯想」的東西都是一個化學變化過程。

關於「痕跡」（心理學界一直到不久前還說得很模糊、不願觸及的名詞）與「土地」（痕跡留下的地方）的涵義現在已經比較可以確定。

無疑地，它們是腦細胞結構內的分子變化。

很長一段時間，一些頗受矚目的學者甚至嚴肅地主張，我們一生中學到的資訊會在同一個腦細胞中、以同一種方式被記錄下來，就像是我們被遺傳的特性一樣；拉丁文單字與數學公式會被記在同一書寫材料（例如像紙張）上；我們眼睛

的顏色、骨骼的結構，以及鼻子和耳朵的形狀都是一輩子不會改變的。

由於一直無法證明這種假設的真偽，因此不久前，這種假設又再次受到冷落。

基因密碼的相關資訊（就是本性與個體的遺傳特徵）就像電傳打字帶上那些飛舞的小洞一樣印在螺旋狀的去氧核醣核酸（DNA）的巨大分子上，DNA被認為是對外來作用特別具有抵抗力的物質。

» ....
遺傳特徵：在DNA的巨大分子中飛舞。

但是正是這個不尋常的持久性（DNA只有透過最粗暴的暴力、高溫加熱，或是以放射性照射才會被摧毀或改變）讓人很難去理解為什麼像感官感受、學習過程或是思想這麼敏銳、細膩的輸入，如何能夠在DNA上留下持久的「痕跡」。

儘管如此，「DNA不只是遺傳的記憶，也是個人學習的記憶」的這個假設直到目前為止還是無法被完全證實。

這個假設（一直）有其相當重要的演化史上的根據。

首先，如果我們將較高等生物的演化時間拿來做一比較，會發現一個像學習過程與個人適應過程這樣如此精緻、複雜的過程可能只需要一天（「經過一夜」）的時間就可以形成，這點是令人無法置信的。

所以人類的記憶（情感、思考與學習的機器）也幾乎不可能一下子就從無到有吧！很有可能我們的記憶力扮演的作用是深化與精緻化一個早就

存在的「記憶」。

從原始細胞到可以適應環境與獨立學習的動物物種，都只有唯一一種吸收資訊、儲存資訊、稍後重新輸出資訊的方法：就是遺傳的記憶，基因密碼。

》⋯⋯⋯⋯⋯⋯⋯
「遺傳的記憶」也有可能是記住的記憶⋯⋯

可書寫其上的材料和文字早在遠古時代就已經存在，而且只以這種方式存在，所以會產生這個幾乎是必然的結果：雖然也許在記錄時所使用的文字是不同的，但是利用大自然當作「紙張」記錄下所要學習與記憶的資料是一樣的。

沒有任何東西會被遺忘

另外還有一個同等重要的提示：愈低等的動物，牠們的行為就愈受本能的操控。演化程度愈高的物種，本能會逐步消退，並且透過個別的學習提高適應能力，這些演變的過程就像帕夫洛夫的狗的唾液分泌一樣的簡單。

演化到最後，人類的本能幾乎已經不存在了，或無法證明其存在。

尼安德塔人和二十世紀的人類之間的發展過程相差數萬年。

本能是會遺傳的，遺傳在DNA鏈中、遺傳在基因中、遺傳在遺傳記憶中。

如果這些遺傳而來的記憶慢慢地被（一生中）所學習到的資訊取代，這不就也正說明了它們是如出一轍？

但這個假設是無法證實的，至少目前尚未被證實。

但至少這點是無庸置疑的：人類長期記憶的

記入動作是人腦裡的化學變化，而且是相當持久的；大家都認為這種記憶和遺傳的資訊一樣（或幾乎一樣）對外來的影響有抵抗的能力。

只要腦細胞還活著，資訊一旦被記入就不會再流失掉。

對於每一個學習的理解，這個事實要比乍看之下來得重要多了。

這項事實支撐了格思里備受爭議的「全有或全無法則」。這項事實讓他的論點變得可信：不是立即、全部學習，就是根本不學習。

這個事實迫使大家要為「忘記」找其他的解釋，比如說記憶就像是沙中的符號一樣會被時間沖刷掉。

還有一點必須要強調：我們記憶的生化紀錄資料，以及我們的記憶公證處既不是學校的老師，也不是道德家。

它不只記錄我們在學校被灌輸的單字、公式、歷史資料和其他類似的學習教材；它所記錄的也不僅止於我們如何學習跳舞、騎腳踏車、跳繩，或是射擊。

透過這個公證處中的藏書，我們同樣也學習到勇氣與害怕、幽默與魅力，以及禮節、禮貌或是粗魯。

這句經常被人譏笑的蘇格拉底格言：「道德是可學習的」，透過最新的生物化學發展竟出乎意料地被證實了。

如同學習九九乘法表和文法規則一樣，我們

» ························
只要腦細胞活著，它的「記憶」就不會死。

我們大腦內的「公證處」記下所有事情：習慣和生字、跳舞和道德、騎腳踏車和划船、咬指甲和挖鼻孔。

也學習熱愛自己的國家或一位女子。但是，我們也同樣學習一些令人厭惡的習慣，例如咬指甲或是挖鼻孔、喜愛狩獵或是酗酒、貪財、詭計多端、吝嗇、浪費、傲慢、性異常。所有這些壞的行為都跟好的行為、我們想要擁有的才華，以及之前還被視為是人類不可改變的命運的「智力」（詳見第八章）沒有什麼不同。

因為我們還不是很清楚地知道要如何掌控這種學習的偶然，所以我們大部分是經由偶然來學習的。

除此之外，我們學習我們想要學的東西。

這全取決於我們個人的意願。但所謂的意願又是什麼呢？

當我們說一個人有強烈意願時，通常我們會說：「他知道他要什麼。」

這句話說明了意願是如何形成的。這是一種非常特殊的知識；人類的意願就是他的能力，只要他願意，這個能力可以讓他立刻、並且清楚地記住一些東西，也只有如此，他才知道自己做了什麼。

知識就是力量？

知識可以是廣義的，包括個性。

» 「意願」是一種特殊的知識。

「忘記」這個詛咒

我們想要學一種外語，例如像是義大利文。儘管德國人和奧地利人去義大利的次數遠比去英、法兩國來得頻繁，但我們的學校幾乎沒有開義大利文課。

雖然我們並不知道教育部反對這個有用語言的理由是什麼，不過我們還是帶著愉悅的心情開始學習這個語言。

我們認為，義大利文應該不是很難學。於是我們去報名義大利文課，也買了課本和單字本。

我們都知道，最好跟一位好老師學習正確的發音（義大利語音學）。不過語言的組成是以單字和句子為主，因此我們最主要還是學習詞彙和慣用語，老師只能把單字與句子唸給我們聽，讓我們跟著唸，並且解釋意思，至於牢記這些東西則必須靠我們自己。

30
30
30
30
30
30
30
30
30
30
30
30
30
30
30
30
30
30
30
30
30
30
30
900 WORTE

因此，我們又再次成為一位陷入困境的寂寞學生、一位必須獨自克服最重要學習過程的學生。

我們估計，每天應該可以輕鬆地學會三十個單字。

我們再進一步計算，每天三十個單字和慣用語，那麼三十天下來就可以學會九百句義大利文的表達方式了。

對習慣於走馬看花、照相、吃吃喝喝、睡覺的一般觀光客來說，這種方式是一種很好學習語言的基本方法。「Dov'è un albergo?」（請問哪裡有旅館?）、「Quanto ho da pagare?」（多少錢?），累積下來，一百天後我們就學會三千個詞彙和慣用語；一年三百六十五天就正好學了一萬零九百五十個單字，正好可以開始悠閒地瀏覽但丁《神曲》。

一年後就看得懂但丁？這是不可能的！

推算一下吧！

不過只要曾經使用過這種方式學習語言的人，就會知道自己到底能學到多少。

最多幾個星期之後，這位學生就會發現，所有這些表達方式和文法規則光只是學習還不夠，必須要不斷地複習，不然就會忘記。如果他沒有持續地仔細複習，他一定（不只是「不然」）會忘記大部分的東西。

只為了要確定自己忘了什麼，他必須每十天就重新複習之前的二百七十個舊單字，另外還有三十個新單字是他必須要學習的。

在他努力學習的第一百天時，他必須再反覆複習之前的二千九百七十個舊單字，為的只是要

找出他所忘掉的單字。

他一定也忘記了，他還得有時間在這種情況下去學新的單字，而且他也已經忘記自己想學義大利文的企圖，而只是想在日後的義大利之旅中去光顧那些享有盛名的餐廳，這些餐廳的義大利麵被譽為「有醬汁的義大利麵」。

≫ ···········
無法應付單字的人，還是停留在欣賞「有醬汁的義大利麵」比較好。

只要必須學習（與複習）所學的人都會碰到同樣的情況，而且這些教材都不是能夠以輕鬆簡單的方式就可以了解、學習的。很遺憾地，大部分教材都屬於此類型教材。

帶有一定程度的遊戲性與強調趣味性的學習被視為解決之道。

在《癡漢艷娃》（*Never on Sunday*）這部電影裡，當在港口從事特種行業的梅蓮娜‧梅爾庫麗（Melina Mercouri）被問到是在哪裡學會那麼多語言時，她的答案是：「在床上」。觀眾大笑，並且相信她的答案。

然而這種學習方式是間接、辛苦又沒效率的。如果有大學女生使用這種方式學習，那麼她們所會的也只是很貧乏、刻板的表達方式。此外，我們也不知道她們透過這種方式與船長、造船工程師與清潔人員交往是否可以學會一些值得一提的知識，例如造船的知識、航海學，還是只是得到船上的一些東西而已。

儘管如此，大多數所謂的現代教育學家基本上似乎都至少同意美麗的瑪琳娜的看法。

雖然不是在床上，但是這些教育學者也儘可

在床上是絕對不可能學習得很好的。

能讓他們的學生在遊戲中學習，因此甚至連BBC電視台都製作一個《脫衣舞語言課程》的節目。

與健忘競賽

上述所有方式都無法讓人精通「學習」，反而讓人離「學習」愈來愈遠。

因為學習的主要部分，也是最辛苦最困難之處並不在於學習教材（這裡指的是以輕鬆的方式就可學習的教材），而是在於不斷地與人類的健忘做對抗。

≫ ⋯⋯⋯⋯⋯⋯⋯⋯⋯⋯
這是什麼──「忘記」？

學術上也經由動物實驗（如同帕夫洛夫的狗）記錄、分析與定義這種健忘的習性。

在被制約之後、在經過成功的學習過程之後，這隻狗只要聽到鈴聲就會流口水。但如果接連很多次只有鈴聲、卻沒有肉塊時，這隻受過訓練的野狗就很快地又停止流口水。

心理學家稱這種現象為「滅絕」或「去除」。

這個專有名詞的意思就相當於我們平常所說的「忘記」或是「荒廢」。那隻狗忘記了鈴聲響時就要流口水，牠忘記了鈴聲曾經是有東西吃的信號。

儘管如此，「滅絕」這個名詞在這裡仍然是不適當的。事際上，沒有任何東西是會被「去除」的，也沒有任何東西是學會了後卻又可以完全被忘記。

≫ ⋯⋯⋯⋯⋯⋯⋯⋯⋯⋯
沒有任何東西是學會後，卻又可以完全被忘記。

每個人都有這樣的經驗，那些我們以為早已忘記的東西、名字、長相和事件常常非常突然地

出現在腦海中；它們突然浮現，而且似乎完全沒有任何特別的原因與徵兆。

同樣地，大家也都知道那些「被忘記的」記憶可以經由人工催眠，或是無聊的警方密集審訊方式被喚起。

有時人類的記憶會以最奇特的、像變魔術一樣的方式呈現。比如說，幾年前在維也納一家事故急救醫院裡一名車禍傷者接受治療的經歷。

這位因骨頭斷裂、頭蓋骨受傷躺在病床上的車禍傷者喪失了語言能力。

幾天後，他的情況逐漸好轉，他又能說話了。只不過，他所說的話與句子片段很顯然不是德語。

這位車禍患者的太太被請到醫院，她斬釘截鐵地說，她先生除了德文之外從來不會說其他任何語言。

一位語言學家也被請到醫院，他認為這位車禍患者所說的語言屬於斯拉夫語系，但是他不能確定是哪一種語言。直到一位清理病房的老清潔婦才解開謎底，「他說的是我們的家鄉話」。這名婦人是來自加利西亞（Galizien）的魯提尼人。

經過深入調查這位傷患的家庭，真相終於大白：原來他小時候曾有一位保母是魯提尼人，雖然這位保母照顧他的時間相當短暫。

這位病患在痊癒康復之後又開始說德文了。

當有人問他是否會魯提尼語，他則否認說連一個字也不會。這個他童年經歷的外語、在他記

>> 突然會說一種外國語言的男人。

53 用功知道

憶深處潛伏數十年之久的語言再次被遺忘。

真的被遺忘了嗎？

學界透過無數的動物實驗來探究「忘記」現象和「滅絕」的定律。這些實驗證實完全滅絕（忘記）是不可能的。

就連那隻已經幾個月或是幾年都不再因為聽到鈴聲而分泌唾液的狗，當牠聽到鈴聲時，有時候也會（似乎沒有任何合理的理由）又開始分泌唾液。

心理學家稱呼這個過程為「突發性復原」。這個過程證實完全的消除，一種真正的滅絕是不可能的。

被掩埋的知識

上述所言都符合下面的這個理論：就像刻在石頭上古老的日耳曼文字一樣，我們的記憶是刻畫在堅固、耐久的材質上的微小圖案，是無法去除的。

所以我們必須要從別地方找出那個壞蛋，也就是我們健忘詛咒的原因。那些保存我們記憶的細胞不像有破洞的罐頭一樣不能密封，只要我們放進儲存細胞內的東西，就不會再溜走。

因此，這種健忘現象並不是起因於有瑕疵的儲存過程，而是一個整齊、秩序與否的問題，一個適合的、便於使用的保管歸檔問題。

關鍵問題不在於我們所學到的東西是否已妥善地被分類儲存（它們會被妥善地儲存），而是

記得的祕密：大腦中要多一點秩序。

我們能否在不穿越目前所不需要且有可能造成阻礙的其他大量資料的情況下，快速、又正確地將它們找出來。

當我們在腦中找不到曾經記住的東西時，就會面臨像一名雜亂無章的商人在他堆滿信件、訂單與稅單的桌子上，尋找一張記有代理商電話號碼（他今天正好需要這電話號碼）的紙條一樣的窘境。

這張紙條當然存在，沒有人會把它拿走。但是這張紙條到底在哪裡呢？

我們想像一下：在某個夜裡，一間圖書館裡的索引卡全都被偷了，不僅如此，所有藏書也都被搬動過位置，這間圖書館已完全無法正常運作，就像是被一把火燒過全部都付之一炬般。

第二次世界大戰後期，祕密警察組織企圖將所有猶太人驅逐出佛羅倫斯，因此命令戶政機關將所有信奉猶太教的市民名字造冊。

雖然這戶政機關的主管是一名法西斯主義者，但是他卻將所有與戶籍相關的索引卡片全都混在一起，所有人名與其居所的住址全都亂成了一團。

這讓佛羅倫斯的猶太人逃過一劫。但直到今天，那間戶政機關仍然為這次人為過失所造成的後果所苦。

類似情況也會日復一日在我們大腦的檔案室內進行。

我們於每一小時、每一分鐘所看到、聽到的

東西都會被不斷地混合記錄下來，新的索引卡不斷地增加，這些新的索引卡會散落在已存在的索引卡中，隱藏在深處，突然又冒出來，然後又似乎消失得無影無蹤。即便如此，這些索引卡一直都存在，只是不是隨時隨地都唾手可得。

我們忘記的東西絕對不會「消失」，它們只是被掩埋了。如果我們沒有辦法（或是馬上）找到這些東西，那只是因為我們找錯了地方、找錯了書本、找錯了紙條、在錯誤的腦細胞裡尋找這些東西；那只是因為我們在找尋被遺忘的資料的同時，我們迷失在自己雜亂、藏書豐富的圖書館迷宮內罷了。

合乎科學的心理學也針對這個糟糕的現象詳細地加以研究與描述。

因此，長久以來一直困擾那些努力用功學生的問題（為什麼唸的東西多了兩倍，但是記住的東西卻無法也多出兩倍）將透過精確的實驗來論證。

假設一名學生一天之內不只唸一課，而是前後接連的兩課。

我們會發現：第二課中的教材會對第一課的教材產生部分排擠作用。若這位學生只學習第一課的東西（這也會讓他自己比較輕鬆）的話，那麼他就比較能記住所唸的東西，而且第一課所學的東西也不會被第二課的教材所覆蓋。

由於新教材會對舊教材的記憶產生干擾，因此學界稱呼這種現象為「倒攝抑制」（retroactive

>> ....
我們大腦的檔案室每天都是一團混亂。

唸的東西多了兩倍，並不代表知道的東西也多出兩倍。

inhibition）。

反之，也是一樣。

學生是記住第一課的東西之後，才唸更難記住的第二課，因此第二課就好像是這天第一個也是唯一所學的東西。

由於前面所學的東西會對後面所學產生干擾，因此學界稱呼這種現象為「順攝抑制」（proactive inhibition）。

這兩課的同質性愈高，所產生的「干擾」就愈強；負面的相互影響使得干擾的情況愈發糟糕。如果第一課是數學，第二課是拉丁文，那麼干擾的程度遠遠小於連著兩課數學或拉丁文。

因此，心理學中也有一種現象稱為「相似性干擾」。

若學生學到的是許多錯誤資訊時，會使「學習」益發困難。為了能正確地學習，學生必須要先學著剔除錯誤的資訊，這要花上比平常多出兩倍以上的功夫。由於錯誤的聯想會對正確的聯想產生排擠作用，因此學界稱其為「聯想性干擾」。

當德國人學習這個義大利字「caldo」（暖和的）時，會碰到一種介於「聯想性干擾」與「相似性干擾」的令人討厭的重疊現象。雖然義大利文caldo的意思不是「冷的」，而是「暖和的」，但它和德文「冷的」（kalt）的發音相似度很高，相似的程度大到必須透過長時間的練習才能扭轉這種錯誤的聯想。

» 一個重要的提示：千萬不要嘗試連續學習兩課！要不就在兩課中間學一些其他的，要不就去散個步！

最後，還有一種會對記憶形成障礙的現象，就是所謂的「情緒干擾」。

當一個人情緒激動時；當一個人處於憤怒與痛苦、害怕與恐懼，或是過度興奮時，就會產生所謂的「情緒干擾」現象。

大腦「一片空白」

曾發生過車禍的人都受過這種驚嚇。車禍發生的當下，甚至連最聰明的人都會忘了自己保的是哪家保險公司的車險，有些人必須想破頭才能想起自己的電話號碼。

除了其他的現代學習理論家之外，美國心理學家格思里相當切實際地（前一章中「全有或全無法則」的創造者）將所有「忘記」歸因於上述的各種干擾、歸因於因學習內容的差異所引起的相互排擠作用。

格思里認為，如果前後所學習的東西之間不會產生相互干擾與對立的話，就根本不會有所謂的「忘記」。

如果我們自我反省（篤信實證主義者所不能接受的方法）、捫心自問的話，我們可以認同他的說法。

當我們嘗試著記起一個人名（這個人名被另一個類似、但錯誤的名字所「阻礙」）時，有時候我們的身體會直接地察覺到思想與記憶之間的相互排擠。

我們察覺到這個錯誤名字大剌剌地霸佔著我

» 許多干擾和障礙妨礙了學習和記憶。只有真正了解這些干擾與障礙的人，才能避免它們，克服它們。

» 有時身體會察覺到思想間的相互排擠。

們的思想，阻擋了我們的嘴巴說出正確的名字。

這種伴隨經驗而來的不確定感會讓敏感的人非常緊張，而且這種緊張並不僅限於人類而已。

著名的帕夫洛夫讓這些狗處於一個無所適從的痛苦狀況，這些狗因而變得神經質。

他教導這隻狗兩種完全不同的反應：即聽到高音的鈴聲就走近；聽到低音的鈴聲就走遠。

只要能夠分別讓高音的鈴聲與食物連結在一起，而低音的鈴聲與鞭打結合在一起，然後再將食物與鞭打移除，只剩下鈴聲時，這個實驗便可以很輕易達成。

接著，實驗者逐步地縮小高音與低音之間的音階，一直到這隻狗無法辨識這兩種聲音的不同，這隻小狗再也不知道該如何是好，是要跑過來呢？還是要逃跑？

其實牠大可坐著不動，但牠的反應卻是陷入恐慌，好像是遭受到極大的威脅一般。

也許這種經常發生的行為障礙可以回推到當年輕的男性在面對陌生女孩時心理上所會產生的必然過程：這是一種吸引（在女性魅力之外的另一種吸引），也正是這個吸引（刺激）會使年輕的男性產生兩極化的反應：一方面想要親近這位女孩，另一方面又想遠離她。

也許這位男士所產生的親近反應是源自於一些和女性愉快的交往經驗，而逃跑反應則是出自於一些不愉快的經驗。但當他面對一位陌生女子時，他完全不知道自己應該如何反應。

≫ 不確定感和緊張會妨害正確的學習。

≫ 年輕男性的煩惱：他應該接近這位女生或是遠離她。

因此他會緊張，大家就會稱呼這個緊張是「害羞」。

他當然可以不用像那隻被實驗的狗一樣無所適從，他可以有第三種反應，讓自己脫離這種折磨。

他開始走向她，寫情書給她；他變成一位熱衷創造或是誤入歧途的詩人。

>>
內心衝突可造就一位天才，或是一名罪犯。

我們可以想像得到，許多才華洋溢的人和天才就是如此產生的，當然也造就了一些罪犯。

當因此而產生天才時，心理分析稱之為「本能驅力的昇華作用」。對於上述兩種現象均沒有美麗的名詞。

「累積式」學習與「分攤式」學習

首先，這只會讓我們感到沮喪：想多學一點的人，反而忘得更多。

正在準備解剖學考試的學生以他的專業一定知道在同一天內持續學習超過一個鐘頭、頂多兩個鐘頭是不對的，因為「倒攝抑制作用」會使後面所唸的東西「干擾」前面所學的東西。

他也知道，如果他只唸解剖學的話，他就會犯下學習上的錯誤，因為如此一來會引起「相似性干擾」，容易忘記所唸的東西。但這些考量並沒有讓他因此避開這個陷阱，因為這種種的考量並不能對考試日期或是教材的型態與多寡產生任何影響。

>>
讓我們避免學習上的錯誤。

那他該怎麼辦呢？除了解剖學之外，還要再

唸其他不同的、在這個考試中不會考的科目嗎？
也許是中文句法，還是無調性音樂的特性？或是
為了讓他能將這些少量的東西記牢些，他應該儘
可能地少唸一點？

我們在努力研究學習法則之後得出一個相當
負面的道理：所有的學習不外乎是一場與學習障
礙的競賽。

問題不在於我們最好如何學習，而是我們如
何能夠最有效、又最節省時間地阻止令人討厭的
忘記。

從經驗中，我們得知只有透過練習和不斷地
複習才能達成學習的目的。

學習是一場跨越忘記
的持續障礙賽。

與帕夫洛夫同期的美國古典心理學家桑代克
（Edward L. Thorndike,1874-1949）在做了無數
的實驗（以貓為實驗對象）後，將其實驗結果稱
之為「練習律」（law of exercise）；之後又將其
細分為「使用律」（law of use）和「非使用律」
（law of disuse）。

這些定律指出：一個刺激與反應的連結愈常
被練習，它們之間的連繫就愈強；反之則否。

» ⋯⋯⋯⋯⋯⋯⋯⋯⋯
複習是非常重要的⋯
⋯

譬如我們想記牢義大利單字，我們就必須儘
可能經常地複習它們。這根本就是陳腔濫調。

而且這個陳腔濫調也完全稱不上睿智。

一位信奉桑代克的年輕學生滿腔熱情地一口
氣就將同一個單字連續複習二十次或三十次，但
這個單字並不會因此就比一個只複習六、七次的
單字更能被牢記在腦袋裡。

相反地，早在十九、二十世紀之交就有一些專業的心理學家（艾賓豪斯、尤斯特、梅伊曼）透過精確的實驗得知，相較於所謂的「累積式學習」，將複習分攤在一段長時間內進行會更加容易記住所學習的東西，而且記得更牢。

要複習多少次呢？一段長時間又是多久呢？

》……………………………
……問題是：複習的頻率應該多頻繁？

對於這個唐突、但合理的問題，學界不是沒有任何答案，要不就是不知所云。此外，若誰提出這個問題，就會馬上被捲入所謂「過度學習」的適當性的爭論當中。

舉例來說，一名學生想要背下三十個拉丁單字，而且他一直不斷地回想、記憶這些單字，直到他能正確無誤地記住它們為止。這個過程我們稱呼它為「學習」。

》……………………………
「過度學習」的優、缺點。

如果他不以此為滿足、想更進一步做到完全有把握不會忘記，而不斷地把已經學過的單字重新複習時，我們就稱呼它為「過度學習」。

長久以來，這種過度學習（直到讓人產生厭惡的操練）都被認為是獲得紮實知識最好、也是唯一的方式。從前的教書匠們相信這種過度學習的成效就像體罰一樣有效。

現今，有些教育學家認為過度學習是毫無意義的；就像在沒有穀粒的稻草上打穀一樣，徒勞無功。

這場爭論尚未有任何結論。

但可以確信的是，僅只一次的過度學習是不會帶來任何幫助的。只有將要學的同一樣東西，

以相同的方式在較長的時間裡分次學習，才可以記得比較牢、比較久。

這種過度學習絕對需要花費許多的時間和精力，因此它只適用於記誦特別重要的東西。過度學習絕對不是一個將學習有效化的方法，而是一個完全背道而馳的學習方式。

一種無聊的系統

那麼，我們應該如何做呢？學習、學習、再學習嗎？難道沒有任何學習系統可以讓我們在努力、毫無意義的埋頭學習中，至少保留一點可以記住一些東西的微小希望嗎？

不過現在有一些還算可以的建議，告訴大家如何比較有系統地學習。

所有這些建議都是以此為出發點：按照一個固定的時間計畫，每隔一段特定的時間就複習所學習過的教材。

> ≫⋯⋯⋯⋯⋯⋯⋯⋯
> **每項教材都必須複習。**

譬如在學習單字上，建議學生每星期複習單字本上最新的十頁、每個月將最新學的四十頁，以及每三個月就將整本單字本複習一遍。

他必須重新將所有那些在複習時無法掌握的單字寫在他最新的單字簿中最新的一頁上，就當它們是新的一課中不認識的單字來學習。

> ≫⋯⋯⋯⋯⋯⋯⋯⋯
> **⋯⋯但是，所有教材都必須不斷複習嗎？**

如果這位學生以這種方式將一頁的單字重複複習五遍而沒有任何錯誤後，就可以將這頁從複習循環週期中剔除。這種方式也適用於數學公式、歷史事件、解釋名詞與其他的學習上。

如果可以嚴格執行這個學習方式，這套系統的確可行。然而真的要做到這個學習方式，所需要的耐力要比想像中的多出許多。

如果年輕人必須一再地按順序重複複習同樣的單字、同樣的文字、同一頁的教材時，會讓他們感到厭煩的不是達到目標所需要花費的時間，而是過程中的無趣、令人麻木的單調與不耐煩。

就心理學的角度來說，這個方法就像是讓學生去學習中國的水刑一樣枯燥、痛苦，是達不到任何成效的。

我們可以想像得出會發生什麼事：學生會搜尋已學習過的舊資料。

正是因為這資料過於老舊，已經無法滿足學習者的好奇心與對學習而言最重要的學習動機。

對於那些他已經牢記不忘的單字，他也不想再複習；其實對於這些單字，他應該就要像對待老朋友一樣，愉快地和它們打招呼、和它們聊天，以及和它們一起做些什麼。但是，實際上卻非如此。

再三反覆複習單字：
一件令人作嘔的事。

對這位學生而言，這些單字就像是梗在他胃裡的沒有生命、冰冷的石頭令他極為不舒服，它們只會讓他感到厭煩，並且也加強了他認為這種令人厭惡的複習是毫無意義的念頭。

這位學生在這堆碎石裡尋找他已經忘記的單字，這也是他努力的目的。

然而，如果他真的找到了一些忘記的單字，他就會被懲罰，更糟的是，這是一種自我懲罰。

》
錯誤的複習是無意義的：學生必須自我懲罰。

他必須另外做一些會耽誤其學習的抄寫工作；他必須翻開最新的單字本的最新一頁；這個動作會中斷他學習的思路，即使那只是一條極盡無聊的思路。

最後，他必須將那些他費盡千辛萬苦挖出來的單字重新寫進單字本，並且很厭煩地再背一次；但很悲哀地，我們可以確信，最多一個星期這種自我折磨的瘋狂行為就會再次發生。

古板的老師會不屑地皺起鼻子大發牢騷地說，這都怪他懶惰、缺乏學習熱忱、個性上有所缺陷。

額頭上流不停的一定是努力的汗水；沒有辛苦的努力哪來的收穫。

老師們會說：「就是這個努力將好學生與壞學生區分開來；就是這個努力將認真、聰明的工作者與草率、哭哭啼啼、一無是處的人區分開來。」

這種論調又將學習熱忱解釋為被虐主義的一種變相的美德，並且將教育學無能的過錯推到學校的學生身上，認為是學生沒有能力貫徹這種反覆自虐的反常行為。

除此之外，這種學習方式（就像其他類似的變相美德一樣）不只會扼殺學習動機，而且本身也有相當嚴重的缺失。

因為當學生認為他終於將所有學過的單字背得滾瓜爛熟時，他還是常常會很驚訝地發現到，雖然他很確實地將這些單字複習了五遍，但是還

》學習無效不是學生的錯：學習方法本身就有嚴重的缺失。

是有許多單字沒記牢。

這個道理很簡單，因為這些單字是按照一個特定的順序寫在單字本上的，學生也以相同的順序背誦與複習這些單字。所以當這些單字最後可以很輕易地按同樣的順序魚貫地被背誦出來時，沒有任何人會覺得驚訝。

»............
一直只按順序背誦單字的人……。

但是如果學生在其他情況下（跳脫原有的順序）需要使用這些單字時，他就忽然想不起來許多單字，有時候甚至是一些最重要的單字。

»............
如果排列順序改變，就常常開始結結巴巴。

就像一些士兵，只學會在縱隊中和大家一起行軍，若自己一個人就會失去方向。

還有其他好的建議嗎？

先進的教育學家會說這種嚴格訓練是沒必要的。他們所推崇的最佳學習方法是理解和頓悟。

»............
理解對記憶、背誦毫無任何幫助。

但他們忽略了（常常是故意忽略）可以以理解學習的東西少之又少，同時也忽略了頓悟對記憶、背誦並無任何幫助，既不能幫助一般東西的記憶，對別的單字、數據和公式的背誦也毫無幫助（關於這點，稍後會說明）。

也許一些先進的教育學家會讚揚學習技術的最新成就，也就是學習機器，但那是不切實際的空想，而且代價昂貴。

如果我們當中有誰突然興起要學西班牙文、義大利文、或是史瓦西利語，或是兩位數乘法表，他可以很有把握地以項上人頭作為賭注，他絕對無法弄到任何相關的學習機器。

這可比贏得賭馬，或是變成王子的家庭教師

坐領高薪來得困難得多了。

記憶衰退是可測量的

因此，這兩位難以接近的女老師（心理學與教育學）到現在還欠我們一個清楚的答案：我們該如何阻擋「忘記」，換句話說：我們應該如何進行必要的複習，並且將不必要的部分排除。

不過，關於這個問題的答案還是有跡可循。

我們可以從研究「學習」的大師，也就是德國心理學者艾賓豪斯（Hermann Edding-haus, 1850-1909）那兒找到最佳的答案。這位偉大的學者大約與俄國學者帕夫洛夫在同一時間開始研究「學習」的祕密，不過是以他自己的方式進行。

他的實驗對象不是動物，而是人類，且多半是以他自己做為實驗的對象。

» 一位德國教授富有教育意義的自我嘗試。

由於他的實驗對於學習的實際運用相當重要，所以我們在這裡有必要探討一下他所使用的方法。

艾賓豪斯一生花了很多時間去背誦一系列無意義的音節（例如fap、fep、jis、mib，與其他類似的音節），然後實驗看看可以記得這些音節多久時間。

他之所以選擇讓自己傷透腦筋與無意義、無用的東西來學習是有其道理的：因為面對無意義的教材，人類的記憶力會比較中立些，不會受以往所學影響。

>>·······························
具有意義的東西易於
記住。

只要一連串的字母或是數字有一點點意義時，它們馬上就會被牢記在腦中，比其他無意義的字母或數字要來得簡單十倍、記得的時間也要長上十倍，艾賓豪斯的發現也與這種說法相符。

如果所背誦的東西是有意義的，那就無法測出人類的記憶力，而只能測驗出這個東西對學習者的意義與重要性。

光光這點就已經是學習科學上相當有趣的一個認識：這東西有什麼重要性、有什麼意義，以及到底是什麼東西被理解了。相較於其他的東西，這東西會更快速、更牢固地深植在記憶中（關於這點，我們稍後會說明）。艾賓豪斯的實驗如下：

艾賓豪斯背了一連串無意義音節之後，接下來的半個小時、一天、一星期，或一個月他都不再學習或背誦這些音節。之後，他試著將這一連串音節完整地背出來。

如果失敗了，而且是重複地失敗，那麼他會重新計時，開始再次背記那些音節，直到他可以正確無誤地說出那些音節為止。

>>·······························
每次複習所需的時間
越來越少。

他發現，當他第二次背這些音節時，所花的時間比第一次少，因此重複學習跟節省時間是有關聯的。

艾賓豪斯以第一次背誦音節順序所需要的時間為基準，用百分比來表示複習時所節省下的時間的多寡。

比如說，第一次背誦時他花了一小時，第二

次花了三十分鐘，因此「學習節省」為百分之五十。

相反地，如果他在第二次背誦花四十五分鐘去背這些音節，那麼「學習節省」就只有百分之二十五。

當然，我們也可以別的方法測量人類記憶力衰退的情況：在經過一段時間後，測試原本所學的東西還記得多少、又忘記了多少。艾賓豪斯教授的這種測量方式曾經在他另一個「命中方法」的資料中出現過。

被節省下來、不需要再次背誦的部分，就是我們記住的東西。

所以，艾賓豪斯的「學習節省」就是：還留在學習者大腦中的東西；也就是，他還沒忘記的東西。

我們所有的人（至少就這個層面而言）都覺得自己是一個優秀的時間節省者。只有少數人會坦率地承認自己的記性很差。

艾賓豪斯教授的親身實驗揭露：我們的大腦就像一件破洞比緊密處要多的「節省褲襪」。

只要二十分鐘之後，我們學到的東西就有百分之四十二會消失、忘記，只有百分之五十八可以「學習節省」。

只要過了一小時之後，「學習節省」就剩不到百分之四十四。

一天之後，百分之六十六的東西會從這件很棒的「節省褲襪」的小洞中流失，只剩百分之三

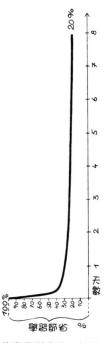

艾賓豪斯曲線：記憶衰退是以這種方式測量出來的。

十四還留著。

六天後，只剩百分之二十五，其他的四分之三都忘記了，似乎我們能夠永遠記住的東西只有百分之二十。

這張圖表所顯示的是艾賓豪斯的實驗結果，這條曲線代表人類的健忘程度。

乍看之下，這個對照表似乎很令人沮喪，很想最好永遠都放棄學習。那種感覺就像努力節省的人碰到節省的通貨膨脹是一樣的。

尤其讓人驚訝的是，我們在前幾個鐘頭裡所忘記的部分。這讓我們覺得自己好像是股票散戶，所有的投資都血本無歸。

它最後的結論更是讓人震驚。我們辛苦學來的東西只剩百分之二十會留在大腦裡幾個星期而已。

不過我們還是要安慰大家，對照表上這些可悲的數字是無意義的；我們所學的那些合理的、有意義的東西是不會輕易地從小洞中流失掉，它可以在大腦中保存很久。

不過，這只是個聊勝於無的安慰。

「艾賓豪斯的遺忘曲線」經過適當的修改與擴展，也適用於有意義的學習內容。以上述複雜的方式去忘記具有意義和內容的東西，所需要的時間更長。

假設我們將圖表底下的天數改成星期，那麼我們就會對所學的東西（即使是容易理解又有趣的東西）是以哪種速度從洞隙中流失掉大致有個

概念。

　　這點完全不需要被證明。當一個成年人被要求再考一次他幾十年前以卓越成績通過的高中畢業考時，對於他當時駕輕就熟的教材內容，他能想起的一定不到的百分之二十。

那能記住的五分之一是什麼呢？

　　在克服第一次驚嚇後，我們接下來就要思考我們可以從瀕臨破產的記憶力中挽救些什麼、該用何種方法挽救。

　　存留在記憶中的比例剛好是學習結果的百分之二十，與艾賓豪斯這位破產管理者的實驗結果一樣，我們因此可以說存留在記憶中的東西的數量甚至是一個固定的百分比。即使幾年之後，這條遺忘曲線也絕對不會掉到百分之二十以下。

　　總是會留下些什麼。

　　如果能夠知道這記住的百分之二十是我們所學的哪個部分，我們就可以安心地把它像契約一樣放在一邊，而去複習那些沒記牢的百分之八十。

　　然後，在這百分之八十中又會有百分之二十永遠被記住，如果我們照這樣的過程重複幾次，將已記住的部分放在一旁，然後不斷重新學習忘記的部分，我們就可以逐一地將我們所學的東西百分之百地記住。

　　可惜這種方式在執行上有其困難在。

　　為了確實知道是哪些幸運的資訊已被歸入在

》》·····················
遺憾，太遺憾了，即使是有意義的知識在經過一段時間後還是會被忘記。

不會被遺忘的那五分之一裡，對於無意義的東西，我們必須耗上幾個星期；對於有意義的知識，我們要等上幾個月或幾年的時間才能找出那不會被遺忘的五分之一。

唯有如此，我們才能確定是哪些資料完全被記住了，哪些則沒有。如果學生以這種方式攻讀博士學位的話，他們所需要的時間不是幾年，而是要好幾十年。

≫
誰願意等上幾年後才確定知道他知道什麼？

因此，我們必須在這兩種極端中尋求出一個折衷方法；在令人傷神、學習者必須固執地將整個學習材料一再複習的學習系統與曠日廢時、卻可以省下許多學習的系統（大約每半年才能將確定記住的百分之二十從無法牢記的百分之八十資料中分離出來）間找出折衷方法。

如果我們再次仔細研究艾賓豪斯的遺忘曲線，會發現這所謂的折衷方法。

對於無意義的教材，這條遺忘曲線在最初的幾個小時內會下降得特別快；對於有意義教材（當然我們只想學有意義的東西），這條遺忘曲線在最初的幾天內會下降得特別快。

這告訴我們，在最初的幾天內重複複習教材是絕對必要的。

之後，這條遺忘曲線為會愈來愈平坦。

這顯示在接下來的幾個星期和幾個月內這些教材被複習到的次數愈來愈少，直到這些教材被完全放到一邊為止。

儘管如此，（如果可能的話）我們一開始就

不會去複習所有學過的東西，之後也不會常常複習所有的教材。如此一來，我們又會重蹈第六十三頁中那種讓人厭煩的單字本學習方法的覆轍。我們試著只常常去複習那些比較難記的部分，至於其他部分則儘可能少複習，只有在必要時才去檢查。

這個方法可以透過一種系統來執行，這裡我稱呼它為「學習卡片箱」，一種適合每個人的「學習機器」。

DIY學習卡片箱

首先，我們先買一包A4大小的紙張（像我們一般信紙的尺寸），紙張不能太薄，必須耐用。現在我們開始將一張紙（最好同時好幾張）對折一次、兩次、三次，然後用銳利的裁紙刀將它裁成一張張高7公分，寬10.5公分大小的小紙片。

這些紙片將作為學習卡之用。之後，我們會在卡片上寫下要背誦的東西。

接著，我們就開始動手製作適合放這些卡片的卡片箱。

這個卡片箱必須長30公分，寬11公分，側高大約5公分左右，這樣我們才可以看到學習卡的上半部。

這個卡片箱千萬不能是木頭製的或是黏合得很完整的；用那種薄薄的、但很堅固的紙板就夠了，旁邊用釘書機釘起來的就可以了。

當這個卡片箱做好時，不要忘記用相同的紙

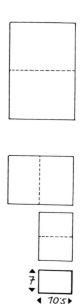

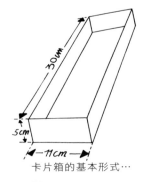

張做隔板，將卡片箱隔成五格。

第一格（格子1）最窄，從卡片箱的側面看過去，它只有一公分寬，第二格約兩公分寬，第三格五公分寬，第四格約八公分寬。

最後一格，也是位於最後面的格子（格子5）應該要有大約十八公分寬。

我們現在完成了一個有五個大小不同胃袋的思想消化道。

這個奇特的工作就要開始了。

卡片箱的基本形式……

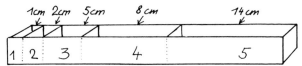

……箱子會被這樣區分。

假設我們正在學義大利文，為此我們買了一本學義大利文的課本。

我們把在第一課裡的單字和慣用語寫在我們的學習卡片上。

德文字寫在卡片正面，相對應的義大利單字與慣用語則寫在背面。

當我們寫了大約三十或四十張卡片後，就將這一堆卡片放在第一個、也是最窄的格子裡，而且要將寫有德文的正面朝我們放置。

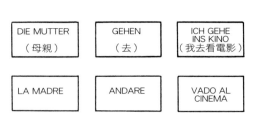

然後，抽出最前面的卡片，我們先看德文，然後試著看看是否知道相對應的義大利字。

現在，我們已經身在學習的過程當中了。

但是我們絕對不可以將下面所有愚蠢的想法當真，這些想法很可能是一些氣急敗壞、愛發牢騷的學習者灌輸給我們的觀念：學習是一件辛苦的工作；學習的成功與否與所付出的努力成正比；或是學習的時候必須不停地（甚至令人痛苦的）思考。

這些說法就像一些德國薩克森邦的老祖母的觀念一樣荒誕無稽：削馬鈴薯一定要站著削；一定要能令人痛苦的工作才是真正的工作。

我們不想折磨自己、不想有負擔、更不想屈服於不正確的學習之下。鍛鍊肌肉難免會出現酸痛的情形，但是大腦並不是肌肉，而且我們也可以選擇在不頭痛的情況下鍛鍊我們的大腦。

抽出第一格裡的第一張卡片：一個新的學習過程就這樣開始，一個可以達成目標、又不會感到辛苦的學習過程。

不要只有緊張的學習

當然，我們不疾不徐地思考。

這也是相當普遍的錯誤觀念：當學生想不起來一個單字或是其他東西時，他就以自我虐待的方式去折磨自己的大腦。

我們不會這麼做。我們會看著這個德文單字，然後等個二到三秒鐘看看是否可以想起相對應的義大利生字，一點也不需要激動、辛苦與痛苦。即使想不起來這個單字，也不用因此而氣餒。

我們只要把這張卡片翻個面，看一下就知道好了。何苦折磨自己呢？

》 想不起單字？但這也不是世界末日。

接著，我們將這張雖然是不久前才寫的、但卻已經忘記的單字卡放進這個一號格子內，不過這次是放在這一疊卡片的後面。

≫ ....
一個重要原則：不要生氣。

當我們這麼做的時候，我們完全不失望、不生氣，也完全不自責。

相反地，我們繼續抽出第二張卡片（這時這第二張卡片已經變成最前面的一張卡片了），細看上面的德文字，然後試試看能否想起它的義大利字。

這次我們想到了。我們把卡片翻過來，看到我們記得的是正確的，因此這次我們不是將它放回第一格，而是放到第二格裡。

現在，我們可以暫時把這個字放在一邊，不去管它。

我們就這樣將第一格裡的卡片一張一張地檢查，記得的字我們將它放到第二格裡，不知道的就將它放回第一格。

≫ ....
以學習卡的方式學習可以大大節省許多討人厭的時間上的浪費與辛苦。

如此一來，那些我們在寫卡片時就記住的單字可以暫時放在第二格裡不用去複習它。

這也正是我們的目的：把不必要的複習降到最低。

最後留在第一格裡的卡片都是我們記不起來的單字，是在第一次的複習中被放回至同一格中。

現在，以同樣的方式重頭再來一次：會的字就放到第二格，還是不會的就把它再放回到第一格內。

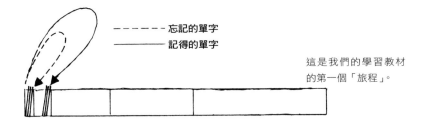

忘記的單字

記得的單字

這是我們的學習教材的第一個「旅程」。

　　我們現在可以很清楚地知道這種方法所帶來的兩種好處。

　　第一種好處是我們可以省下一些不必要的複習；第二個好處是我們可以一直複習那些一時間想不起來的單字或片語，直到它們被烙印在我們的腦子裡。

» ································
難記的部分會被自動地複習。

　　對於特別難記的單字或片語，我們用這種方式把它們複習個三、五遍，甚至十次或是更多。對於較容易消化的單字或片語，我們只需要複習個一、兩遍即可。

　　我們一直不斷重複這個學習過程，一直到原本放在第一格裡的第一課的三十或四十張單字卡只剩下三張為止。

　　這些單字就像是特別頑劣、不學好的少年一樣，它們沒資格進入第二格中休息，我們讓它們留在第一格裡繼續被操練。

　　隔天或是有時間的時候，我們可以開始著手寫第二課的新卡片，將它們放到第一格內，並且按照之前的方法開始一個新的學習過程。

　　前一天留下來的那些難背單字片語又會再次被複習到，直到它們被記起來之後，才能被放到

第二格裡。

把好的放在一起

當我們以這種方式學習了三、四課的單字之後，對於原本那些悠閒地留在第二格的單字來說，第二格的空間變得太狹小了，連一張小小的卡片幾乎都擠不進去。

這正是我們的用意。

因為即使我們把這些義大利字背起來了，但也不代表它們就不會被忘記。對於「忘記」來說，這些單字只是變得有點抵抗力了，但並不是完全對「忘記」免疫；我們還是有可能會忘記它們。

我們從艾賓豪斯教授的實驗得知，經過一段時間後我們還是會忘記。期間，我們除了複習以外，還會學一些新的義大利單字，而且現在我們也知道這代表著什麼：會出現所謂的「倒攝抑制」，也就是說原本已經背起來的那些單字中有一部分一定會被遺忘。

我們的學習卡箱的第二格只有兩公分寬，這迫使我們在第二格太擠時想辦法挪出一些空間來，同時也可以檢查看看有哪些單字有可能會已經被忘記了。

≫ ⋯⋯⋯⋯⋯⋯⋯⋯⋯⋯

進攻第二格。

這次，我們抽出第二格的第一張卡片，檢驗看看自己是否還記得這個單字。

如果還記得就把它放到第三格，這格比第二格大多了。被放到這格的卡片可以很光榮地多休

息一下，甚至可以休息幾個星期，端看我們的學習速度而定。

但是，如果我們無法記起卡片上的單字，那麼就把它再放回到第一格。很明顯地，這張偽裝成順從、無辜天使的卡片其實是一個壞心的學習魔鬼。

所以，現在我們從頭到尾把第二格的單字仔細檢查一遍，一直到第二格被清出大約一指寬的空間，剩下的卡片我們就不再去動它，一直到第二格被再度被填滿為止。

如果因要求完美而想將整個格子清空，那就犯了大錯，因為這會干擾接下來的檢查過程。

》................
完美主義無容身之地。

因為這很重要，所以在此再次重複中：

● 只有在第二格已經沒有空間的情況下，才需要清理。

● 第二格只需要空出大約一指寬的空間即可。

● 把第二格中仍然還記得的單字放到第三格的最後面。

● 把第二格中已經忘掉的單字放回第一格。

當第二格空間夠大時，我們可以繼續將新的單字卡放進第一格，然後重複之前的過程。

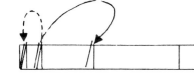

記憶卡片的旅程：記住的單字往前進，忘記的字往後退。

當第二格太滿時，我們就照前面所述，清出一些空間來。

經過一段時間之後，也許一星期後或更久（這要看我們的學習進度而定），第三格也會變得太滿。

重複一樣的動作：我們依照第二格的方式，清出一些第三格的空間，把那些忘記了的單字卡放回到第一格，還記得的單字卡就會被放到第四格裡。

同樣地，第三格我們也只需預留大約一指寬的空間出來。

大約幾個月後，第四格和第五格也會變滿，就以同樣的方式進行。到此，這些遊戲規則應該都清楚了：

» ....
想不起來的單字，退回第一格。

● 會的單字卡就放到下一格裡。
● 所有不會的單字卡將會被留在或必須被放回至第一格裡。

有個規則可以讓這個過程更清楚：「好的東西放進小鍋子裡，不好的就把它放到腫瘤裡！」

「小鍋子」就是下一個格子，「腫瘤」就是第一格，放著那些必須一再被複習、難記的單字的格子。

這種遊戲在某種程度上和一種稱為「叫你不用生氣」的遊戲很類似。只是我們這種學習卡的操作規則較簡單：犯了錯就將卡片放回第一格

裡，答對就往前一步將卡片放到下一格裡。

當最後的第五格滿到（同樣只留一指寬）必須被清理時，那些我們已經記住的單字或片語卡就可以拿去丟掉或燒毀。

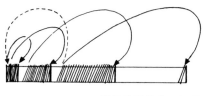

這是移動路線：記得單字的路線（──▶）與忘記單字的路線（◀┄┄┄）。

這些單字現在已經在連續幾個月內接連五次地通過考試，而且每個考試之間的時間間隔越來越長。這些單字不會輕易再被忘記了。

>> 複習過五次的生字幾乎都能牢記在心。

學習卡的優點

學習卡當然無法直接告訴我們這些外語詞彙的正確發音以及音調的細微差別。通常人們並非透過閱讀，而是藉由聆聽及口語練習來學習一種語言的語音學符號系統。

這過程中需要教師、CD或錄音帶的支援。

當某人事先聽過一種語言的音調並進行過口語的練習，又多次聆聽如何正確發音時，那麼學習卡對他就能大大派上用場，幫他牢記每個單字的正確發音。在每本實用字典中都會標示音標，學習卡上除了標明單字外，必要時可將音標寫在卡片背面。

這時可能會有些熱心的教師會舉起食指不客氣地指責說，上述關於學習卡的描述中完全遺忘了文法部分。

當然利用小紙片不僅能讓我們學習生字，也可讓一些資訊用書面方式擬出問題與解答——如

化學及數學方程式、疾病的症狀、大屠殺及國王被謀殺的年份、交通規則、登月火箭的組成零件及金龜子的腳的形狀的種類和數量等。

這也包含文法規則。它們是針對特定問題提出解答。否則，我們的教師可能無法測驗學生的文法觀念。

儘管如此，我們得在此警告教授文法時須避免過量。文法規則本身並非學習的目的，當人們能利用它的規則輕鬆且快速尋找正確的字句時，它才具有意義。

當人們迂迴地繞著文法規則學習時，經常會碰到阻礙。有些教育程度很高的人雖然對文法規則毫無概念，卻能説一口流利的外語。當某人學習了足夠的字句後，自然而然會順帶習得文法觀念。相反地，先學會文法並不表示你已掌握足夠的字句。

文法佔據了中學生的一半學習生涯。

話雖如此，文法是學校教育中一門非常重要的課程，它的重要性在考試時更為彰顯。

它扮演著具權威性的監督角色，似乎它正是一個為了證明學生地位弱勢的發明。

下述案例可説明一個有趣的現象，有些年輕人從小在英國度過童年歲月，幾年後回到德國入學並開始上英文課。他們能説一口流利的英語，成績卻只是中等，因為他們缺乏文法觀念。

學習卡對這些陷入此種狀況的學生也是最好的建議。學生可利用卡片學習任何事物，無論是巫師的基本乘數表、某種隨意發明的夢幻語言的

詞彙，甚至並非那麼重要的文法規則。

我們之前將此卡片稱為「每個人的學習機器」，它的確具備許多優點，如同一部裝有學習程式的電腦，其優點如下：

●它有辦法將學習內容分解為最小的組成。

●這些最小的學習單元在學習機器的術語中被稱為「架構」，可以利用一本好的教科書進行客觀且邏輯正確的層次建構。

●學習的速度及複習的次數與學生的智慧及勤奮息息相關。

●控制學習內容能確實牢記的複習次數最多為五次。

●但遺忘的內容可視情形需要不斷複習。

●學生可因此省去最惱人的學習負擔，及不斷複習已熟習教材時產生的無聊，影響學習興趣。

●學生不需中斷學習過程（這對學習機器來說並不那麼容易），可自行在幾週後輕鬆地找出新的學習起點：學習卡上記載著學習單元並依序排列，重新複習時也需按此順序進行。

●每個人都可自行製作學習卡，這是無法利用電腦完成的工作。

●學習卡價廉物美，電腦價格卻較高。

可是上述所有優點都無法使學習卡免於受到攻擊或敵視，就如同當時人們反對學習機器一樣：它純粹是一種機械式學習的工具；學習過程

»
我們在此將簡易「學習機器」的所有優點重新整理一次。

中理解的時間太短；要能活生生地感受學習內容，即深刻的理解，這需仰賴生動的課程設計及老師活潑的教學方式。

反對死背死記的成見

許多人都對所謂的「死背死記」相當反感。

這與成見有關，但這裡指的是一種「較大的」成見，是一種情緒的表現，但這種情緒更像是教育者的心理反應，而非理性思考後的產物，它其實是種愛恨情結。

一些（保守的）老師主張死背死記，彷彿這是唯一正確的學習方式。

其他自認為較先進的老師則主張，學習過程應經歷理解、頓悟及融會貫通等階段，彷彿他們得謹守權威女神的戒律，「因此」反對死背死記的方法。

死背死記真的是一種多餘的折磨嗎？

事實上，這兩派爭論的只是名詞的差異，一個表面的問題。

其實問題的重點不在於學生能否「心領神會」或「滾瓜爛熟」地學習課本內容。問題在於，學生能否學習，他能學得多好，甚至他在學習後是否真能掌握所學。

究竟何謂能「滾瓜爛熟」地背誦某事？

當學生參加考試或自我測驗時，會出現許多可能性。他充分了解學習內容，或他只能勉強掌握，或他在學習上遇到困難，甚至一竅不通。

能「滾瓜爛熟」地背誦某事不外乎意味著能

完全或至少能充分了解某事。

因此，學生能在學習過後完全或充分掌握教材是每一種學習的目標。既然目標明確了，那有何必要反對死背死記，這樣反而像是反對能「滾瓜爛熟」背誦的能力一樣？

其實該反對的是方法。

理由在於死背死記的訓練冷冰冰又硬梆梆，它造成學生的負擔，用枯燥繁重的工作毀滅他細膩的心智。

那些支持這個論述的老師非常榮幸讓自己成為學生的律師，甚至在某種程度上成了他們的工會代表。他們要求縮減工時，卻想針對相同或差強人意的表現獲取較輕鬆的工作條件及較高的工資（意即較好的成績）。

結果他們證明的理由莫衷一是。事實上，他們對此現象感到焦慮不已：目前高等學校所教授的大部分課程都毫無用處，事實上他們的說法的確沒錯。但他們若因此反對死背死記，不啻因噎廢食。假使他們想維持一貫性，可能需將學習完全從課表中刪除。

即使「頓悟」也會遺忘

他們第二個反對的理由是，死背死記無法達成頓悟及深刻理解的目的。於是他們轉而推崇省工的方法，即必須終結辛苦且單調沈悶的苦讀：他們認為，理解與頓悟能使學習過程簡單許多，甚至讓死背死記形同多餘。

» 學生能掌握教材是每種學習的目標⋯⋯

» ⋯⋯爭執的重點僅為學習方法。

光是「頓悟」無法讓人快樂學習。

雖然這種說法動機高尚，但僅有部分正確，它包含事實的謬誤及思考的錯誤。

許多大學生痛苦的個人經驗顯示，即使講師教學活潑仍常無法提供他們頓悟的機會，相反地，只是沈悶的埋頭苦讀。

每位讀者都可利用簡單的測驗檢視這個現象。他可以詢問一些熟識的高中畢業生，何謂以10為底的對數。

正確的解答是：對數是10的次方數，將10連乘對數次後即可得到總數。

其公式型態為：$n = 10^{\log n}$。

因為$10=10^1$，$100=10^2$，$1000=10^3$，所以10的對數是1，100的對數是2，1000的對數則為3。

這是個非常簡單明瞭的事情。因為被詢問的高中畢業生這幾年來都在使用對數表做計算。提供這個測驗的讀者可以打賭，半數以上的畢業生甚至不知道正確的答案為何。

如今我們真的無法相信，那些高中畢業生的數學老師都那麼糟，居然從未讓學生頓悟過對數的觀念。雖然頓悟學到的事物仍將在幾年內被遺忘，當每種學習內容的練習次數不足時也會發生此種情形。學生開始時一定了解何謂對數，但無法熟記。

這個簡單的例子證明，許多先進的教師忘了，頓悟與學習資訊並無不同，特別有意義的資訊容易被記住（也因此特別容易被長時間記住），但卻並非不會被忘記。

我們無法相信，所有高中畢業生的數學老師都那麼糟——他們只是忘了學過的東西。

》》⋯⋯⋯⋯⋯
「頓悟」與學習資訊並無不同，雖然頓悟學到的事物仍將在幾年內被遺忘。

頓悟的結果也會消失。到頭來學生只覺得受騙，只記得曾經學會過某事。但究竟是什麼，如何學會的，他早已一問三不知了。

這種頓悟時獲得的資訊也可透過其他媒介傳達，不僅可經由教師活潑的口頭解說方式，當然也可藉由書面說明或學習機器的輔助來取得。

教師對教科書抱持的想法不外乎證明，我們使用的許多教材品質粗劣，讓人大吃一驚。

當學習機器的程式設計不佳時，教師對其抱持的想法則特別容易理解。

讓我們在此做個總結：

● 死背死記並非壞事，我們可藉由其成果能「滾瓜爛熟」地背誦某事，來區分它與其他各種學習的差異。當為了達成這個成果而使用的方法過於費時、耗弱精神及費力時，則可能是件壞事。

» ⋯⋯⋯⋯⋯⋯⋯⋯⋯
讓我們就事論事：學習時必須注意⋯⋯

● 透過頓悟習得的資訊能保存較久，但仍無法做到永恆。頓悟本身並不能取代記憶。

● 死背死記會妨礙對所學事物的理解，這種說法並不正確。情形正好相反，事實上真不懂的東西立刻就會忘記。

● 頓悟來的資訊，如年份及日期等也需學習、複習，也就是「死背死記」下來，否則肯定無法存在腦海中。

「順帶學習」時的內容

我們現在終於知道，學習是一個不斷重複的

過程。

我們現在也終於了解，必要的複習可以是理性且省時省力的。

好學的學生總想了解學習是什麼，如今他們手足無措地面臨兩個學習上的科學論點，這論點顯然與實際經驗有所牴觸：美國心理學家格思里的「全有或全無法則」主張，刺激與反應間的各種連結（也包含介於義大利文及德文生字間的連結）可能根本不存在；對大腦生理學的最後認知，或至少為假設而言，長期記憶儲存的資訊是種持續性的分子變化，實際上是難以忘卻的。

儘管如此，為什麼重複、持續的學習是必要的？

格思里為他的理論提出了一種辯解。

他認為，每個刺激及其所屬的反應並非由單一，而是由許多個別要素所組成。這些要素不能一口氣學會就是完全無法學會，也因為這些要素具有這樣的特質，因此也只有這些要素適合於他的「全有或全無法則」。

由於每個學習過程中經常只存在一部分必要的要素，因此得不停重複，直到足夠的刺激和反應要素互相結合為止。

這就是格思里的理論。但什麼是「要素」？

同樣是美國籍的心理數學家埃斯蒂斯（W. K. Estes）更進一步將此略為模糊的解說，發展成一個較容易理解、概率數學的學習思考模式，其符號語言就此省略。

這思考模式中有一項基本想法很容易理解。

埃斯蒂斯假設，在每個學習過程中會順帶學習許多與內容根本不相干的刺激。

讓我們試著想像上述說法如何在實際狀況中運行，例如當我們的學生學習義大利語時，正巧遇到生字為「刀子──coltello」的學習卡。

學生坐在炎熱的書房內猛K生字。

他的四周一片漆黑，只有書桌前的檯燈是亮著的。

廚房傳來的煮飯香味及街上的噪音也常會被「順帶學習」。

他因為抽煙過量，舌頭灼熱，頭疼欲裂。他已飢腸轆轆惦記著晚餐，廚房傳來陣陣煎牛排的香味，外頭街上剛好有一輛貨車轟隆地駛過，隔壁房發出電視機的噪音。

這時，他第一次從學習卡中抽出那張正面寫著「刀子」德文字的小卡片。他翻過卡片讀著義大利文「coltello」，並嘗試做出「Messer（刀子）－coltello」的聯想。

接下來的幾分鐘內他學了許多新的生字，當同一張卡片再度出現時，這名學生可以正確記住「刀子」的義大利文叫做什麼。之後，他滿意地收回卡片。

這時他想起格思里的「全有或全無法則」，並認為自己已經永遠學會了這個字。

但是，第二天上義大利文課時，他卻想不起這個字。

到底發生了什麼事？

當學生嘗試學習在刺激字「刀子」與反應字

>> 現在你終於了解，為何前晚已經學會的內容隔天總是想不起來。

「coltello」之間進行連結時，努力的過程中仍有許多其他的刺激，這些都是學生會順帶學習到的內容：炎熱、舌頭灼熱、飢餓、頭痛、牛排香味、貨車的轟隆聲及電視機的噪音。

這些雖然都是偶發且與學習內容無關的刺激，但它們仍能發揮一定的效應。

其中唯一非偶發且重要的刺激就是「刀子」這個德文字。然而這個刺激要素也有一定的構造：學生在特定的方形紙片上寫下的字體、利用特定的馬克筆書寫、受到桌燈完全特殊的照明。

隔天在義大利文課上，當老師問起「刀子」的義大利文叫什麼時，所有這些刺激要素都已消失無蹤，甚至他完全忘了自己曾在卡片上寫下「刀子」這個德文字。

這時也許只剩下引發正確反應「coltello」的刺激，一種聯想，也就是說當學生想到刀子時經常有的反應，不過這座連結的橋樑顯然過於狹窄。因此，正確的反應並未發生。每種反應都是一連串的刺激構成的，原本順帶學習的刺激要素在此保留下來的僅為少數。

如今這名學生陷入困惑，他對格思里的理論感到失望，他必須一再重複學習，直到「刀子－coltello」間的連結成立。這種複習過程中會發生什麼事情？

希臘哲學家赫拉克立特（Heraclides, 390—339 BC）曾說過，沒有人能在同一條河流中兩度載浮載沈，因此也沒有人能在相同的書房內坐上

兩回，甚至連出於己願都有問題。個別情況下出現的刺激組合時常在改變。

當學生第二次或第三次讀到相同的生字時，街上可能不再有大貨車經過，他也不再感到飢餓，就連寫著德文字「刀子」的卡片握在他手中及呈現在他眼前的效果也不同。

這時唯一不變的是他對刀子極度個人化的聯想，接著這個聯想的畫面會一步一步地與義大利字「coltello」產生連結。

偶發的刺激逐漸消失，生字則被保留下來。

其他偶發的激發刺激反而會被「忘掉」，慢慢地消失，在複習的過程中對生字組合「刀子—coltello」的聯想一再地受到干擾而逐漸沖淡，彷彿像是脫衣舞秀，直到最後的掩護、遮蔽外層落下為止。

附帶值得一提的是：數學心理學家埃斯蒂斯與他的俄國前輩帕夫洛夫一樣反對各種未經證實的臆測，如今他可能會對這種針對他理論的闡述提出反駁。

他認為，世上並無「聯想」、「情緒狀態」、「想法」等事物，因為這些東西既無法測量又毫無重量；但這種說法不應阻止我們，從他對學習的觀念及想法中獲得兩個相當重要的指示：

» ....
兩個助你正確學習的重要指示。

● 若不能從抽象的角度，擺脫所有外在的刺激對已學習的事物進行聯想的話，就不該學習。應設法從書面資料建立管道讓自己能短暫進入思考的聯想世界中！不同於其他立場，在這裡舉頭望天

空是正當的：聯想比圖片還能持久。

● 複習學習內容時，儘可能選擇不同的環境、不同的情緒狀態及時段。當我們改變刺激的情況時，可將那些不想要或只會促進遺忘的刺激隔絕，保留我們在學習時期待的反應。

3 學習刺激，成功!

就算是不同的婚姻，以下的場景每天還是會上演上千次。

「好漂亮的洋裝，新買的嗎？」先生問太太，並且表現出一付相當感興趣的樣子。

「這件嗎？已經買了半年了！」太太難過地回答，並將這看做是先生不再愛她的證明。

警察會告訴你一些關於近乎失明或癡呆的父親的故事，這些故事聽起來令人毛骨悚然。他們的孩子已經走失了，但他們卻可以清楚地描述孩子的穿著。

我們每一個人每天去工作，日復一日、年復一年走在同一條路上，但是只有少數人可以說出這條路上所有商店的店名以及商店的順序。

如果有一位女孩想讓她的男朋友難堪的話，下面這個方法屢試不爽：她用手遮住自己的眼睛，然後很突然地問他，她的眼睛是什麼顏色的。萬一她的眼睛不是像警察的巡邏車一樣閃著藍光，那麼大部分的男朋友都回答不出來女友眼

>> 這個證明了我們是半聾半瞎在這世界上過活。

睛的顏色。

雖然每一位男士都看過自己太太的洋裝、自己女友的眼睛，以及工作途中的商店無數次，但這些情況還是會發生。

以學習心理學的術語來說，這就是一種特定的學習教材：雖然看過無數次的洋裝、顏色、商店招牌，但還是記不起來，也沒從中學習到任何東西。

一名叫桑福特的美國人，飽讀詩書又非常虔誠，他每天早上都為教會朗讀祈禱文，每二十四小時一次，二十年如一日，總共朗讀超過六千次以上，但是他還是沒有辦法一字不差地將祈禱文背出來。

» ⋯⋯⋯⋯⋯⋯⋯⋯
重複不過是貓咪玩的把戲。

德國心理學家艾賓豪斯認為，只有經過不斷地重複才能學會。美國學者桑代克所提出的「練習律」中提到，只有愈常練習，對學習刺激的反應才愈強。這點我們在前面的章節（見61頁）中已經介紹過，練習律也持同樣的論點。

然而我們也證實了學習只靠重複是不夠的，必須還要有某個東西，就是刺激、動力，如果沒有刺激就沒辦法繼續前進。學生需要一個理由來刺激學習，他們要能看到這個理由的意義，他們需要一個動機。

學習需要動機

現在我們陷入許多大部頭書籍所探討的一個學術討論中，這個討論的論點就如同數千年來人

類就一直嘗試藉由探索生命意義的哲學研究文獻一樣，錯綜複雜與混亂。

不過至少大部分的老師與教育學家有一點是共通的，他們都認為，在能有效地學習之前，學生必須要有足夠的刺激與動機。

但令人感到難過的是，每一個人都有足夠的學習動機，然而只有極少數的人真正在學習。

雖然人的一生中不太可能有機會說到拉丁文，但還是有一些年輕人非常努力地認真學習拉丁文的句構與時態。他努力學習的動機是考試、是功課、是為了一個好的分數，或是升級的成績。

同樣地，他去學習積分或是熱力學，是因為他想要通過數學或物理的考試；他去學一種外語，是「為了」最後要聽得懂和可以表達這個語言；他去學一種職業，「為了」是日後可以使用它並且藉此賺錢。

學習動機永遠是足夠的，儘管這些原因可能是為了避免家中的爭吵和與老師的不愉快、保住獎學金，或是不想在工作上只是一個助理而已。

學習的人會被獎勵，不學習的人會受到懲罰。如果不是被大發雷霆的父親懲罰，就是往後會被生活懲罰，過著辛苦的日子。

如果這些是學習的動力的話，那麼應該每一位學生都學得一樣好、有一樣的學習熱忱，所以在某一個範圍內也應該一樣的成功。

但事實顯然不是如此。

學生必須要有足夠的刺激與動機，才能有效地學習。

» ....
學習的動機太多了……

同一個動機只對少數人是個動力，對大多數的人而言，都起不了什麼作用。

由此可得出一個唯一的合理結論。

相同的原因（如果它們真的是「原因」），應該會起相同的作用或效應。

但如果所有這些所謂對有效學習具決定性影響、可以讓人動起來的「原因」在許多情況下都不能引起學習與成效的話，那麼這些就不是學習的「原因」了，而是被誤認為原因而已。

如此一來，我們的優等生（即使他們自己也不清楚）必須要將他們的幸運歸功於另一個情況，一個與學習過程直接關聯，並且持續進行的情況。

並不是只有熟練才能生巧

優秀的教育家認為，他們了解這個神祕的東西，他們稱呼它為「對事物的興趣」、「對工作的喜悅」。

如果一個人有這樣的興趣與喜悅，那麼他就不需要任何其他可以讓他動起來的理由。他不需要報酬與稱讚，也不需要懲罰與指責。如果工作可以帶來樂趣，那麼工作這件事本身對他而言，就已經是報酬了。

每一位優秀的老師都知道，學生只有在對教材有興趣的情況下，才能真的學到東西。所以這些老師無不卯足了全勁想要達成這個造福社會的境界。十分之九的教育學者都是以此為他們的唯

一目標。

興趣、喜悅、熱忱、著迷——這些興趣增強的程度是讚美學生主動學習的教育魔幻公式，然而這個魔法對我們一點都沒用。

雖然老師使用彩色板、影片、表演教具、投影片，而且妙語如珠，但是不見得每次都有效。高中老師可能會用講笑話、開玩笑、在講台上倒立或是表演脫衣舞的方式來引起學習興趣，儘管如此還是有學生完全不感興趣，而且這類型的學生佔絕大多數。

這位老師甚至可以表演倒立，儘管如此，還是引不起學生們的興趣。

這個令人難過的經驗證實了這個對事物的興趣與喜悅、刺激學生學習的魔幻公式，其實是一個無意義的空話，因為這個公式並沒有說明如何可以任意、有效地產生這些興趣和刺激。

» ⋯⋯⋯⋯⋯⋯⋯⋯
如何有效地製造對於學習成效相當重要的「對事物的喜悅」？

又是這位美國人桑代克替這黑暗混沌的事件帶來了一些曙光。他清楚地認知到，只有練習是不可能造就成功的，光是不斷地重複是沒有辦法增加學習成效的。他開始懷疑起他自己的第一個定律「練習律」，他修正這個定律，並且創造出第二個補強的定理，他稱之其為「效果律」（law of effect）。

» ⋯⋯⋯⋯⋯⋯⋯⋯
「效果律」：全視效果而定。

視一個行動對整個組織結構的效果、作用與反作用再決定是否增強或減弱這個行為。

以纏繞不清的心理學專業術語來說明聽起來有點複雜，其實它要說明的是一件眾所周知的事實：一個「行為」（這裡所指的是每一種行為）可能會對行為者帶來愉快或是不愉快的結果、痛苦

或是高興的結果。無論是對動物或是人類，一個行為的效果可能是成功、也可能是失敗，可能是正面、也可能是負面的效果。

因此，桑代克依情況不同而稱呼它為「正面效應」與「負面效應」。他的效果律內容如下：

● 如果這個行為的效果是屬於「正面效應」，那麼刺激與行為之間的聯繫就會增強；
● 如果這個行為的效果是屬於「負面效應」，那麼刺激與行為之間的聯繫就會減弱。

對我們這些常人而言，這是陳腔濫調與理所當然的事。

若有人用手指去觸摸通了電流的鐵絲，那他就可以從自己的親身經驗中認識到這個「負面效應」，他幾乎不會再嘗試第二次。

即使是令人頭痛的小孩，也不會常常去觸碰發燙的烤箱。「負面效應」的教育作用是無須懷疑與操心的。

而要產生相同直接正面效應的頻率就少得多了。不過為了要有糖果或是食物，孩童和貓狗就學得很快，只要做過一次就記住了。

即使如此，這還是脫離不了獎賞與懲罰，只不過這次是以「效應」做為包裝。在最短的時間內培養出生物的行為方式，但這些行為方式能長久維繫住刺激與反應之間（對於學習而言，則是問題與回答）的聯繫嗎？

每一個人都從日常生活的痛苦經驗中認識這個「負面效應」。

» ⋯⋯⋯⋯⋯⋯⋯
一顆糖果會對孩子產生「正面效應」。為人祖父母者最有切身的經驗。

沒錯。不過，只有在「獎賞」或是「懲罰」緊接在反應之後馬上發生，甚至是在同一個時間內發生，而不是在幾個鐘頭或是幾天、幾個星期之後發生，這種刺激與反應之間的聯繫才能長久維持。

»····························
「獎賞」或是「懲罰」必須立刻發生，而不是在幾個鐘頭之後才發生。

桑代克的「效果律」是現在式，而非未來式。為了使動物或人類能夠快速、直接地學會，這個效應必須要在行為（應該學會的行為）結束後立刻產生，即使只是說對了一個義大利單字。

如果這個效應產生得太遲，它的作用力就會被削弱，或是這個效應就會變得無關緊要了。

對嬰兒是有效的

許多心理學家都延續桑代克的路線，進行諸多實驗。

其中最成功的心理學家就是史金納。他是有史以來最優秀的馴獸師，同時也是排除學術上最頑強的禁忌的人，而且是用非常離譜的想法去顛覆了這些禁忌。所有動物（與人類）的行為說穿了不過只是一種「回應－行為」，一種對於外界刺激的回覆行為。

在史金納提出論點之前大家都認為，上至人類的所有生物在心理層面上都只能扮演相當被動的角色，乃是理所當然的。這個角色接收外來的刺激並產生反應，某種程度上就像是投幣式的自動機器一樣，只有投對了硬幣才會有反應。

相反地，史金納的理論則是完全將自己定位

在「觀察者」或是「描述者」的角色上，以完全
不同的方式看待動物以及人類的行為。

他認為，每一種較高等的生物都可以在沒有
外在刺激的情況下，自發性地一直重複做一些事
（動作）。

他稱呼這種不間斷，並且一開始完全是偶發
的、混亂的做事與行為型態為「有效行為」。

根據史金納的觀點，動物與人類的學習在初
期的混亂階段中進行如下：

● 首先這個生物會做一些行為，它會做出一個自
發的、偶發的有效行為。譬如小小孩會把所有他
可以拿到的東西放進嘴裡，幾乎所有小孩都是如
此。史金納也將其稱為「反應」，「回覆的行為」、
「結果行為」，非常明顯地這是第一個動作，是一
個學習過程的出發點，但就研究者的看法來說卻
非如此。

● 在一個特殊的環境情況下，這個有效行為會以
一種特殊的刺激做為回答。具體來說：這小孩在
胡亂抓東西放進嘴裡的同時也會吃到糖果，而糖
果的味道和所有東西的味道都不一樣。在這裡又
回到心理學家所假設的順序：刺激不會導致反
應，而是刺激跟隨反應而來。

● 這個刺激可以強化反應，也就是說刺激增加了
重複這個反應的或然率。具體來說：透過一個特
別的刺激，也就是透過這個糖果對小孩的味覺神
經的影響，會使得這名小孩以後更常想找糖吃，

而不是去吃其他不好吃的物品。史金納稱這種刺激為「強化式刺激」，或是簡稱為「強化」。因此一個「強化」是跟隨反應而來的刺激，而這個刺激會增加反應發生的機率，換句話說，就是會促使一個學習過程的發生。在我們這個案例中的「強化」就是糖果的味道，這名小孩因此學會了吃糖。

●但倘若一個反應無法引起一個強化刺激時，那這個反應在日後所發生的頻率就會愈來愈少，直到這個反應消失得無影無蹤。具體來說：隨著時間過去，這名小孩已經忘記曾將不好吃的東西放入口中。

≫.................
甚至連小孩都知道，糖果比其他東西要來得好吃得多了。

史金納的「跳舞的鴿子」

我們現在清楚地了解到，史金納的「強化式刺激」（或簡稱「強化」）在本質上和桑代克的「正面效應」是相同的。

兩者都是經由成功學習而來的，或是就如同桑代克所說的：經由嘗試、錯誤或偶發的成功。

≫.................
經由成功才能學得會。

藉由驚人的動物實驗，史金納證明了成功的驚人作用，他透過訓練動物的表演證明了他的「強化」的驚人成效，他完成了一個令所有馴獸師羨慕的表演。

他教鴿子一些特殊的技藝。

這些技藝讓一隻鴿子在學術界聲名大噪，他將這隻鴿子與一張團體照同時放進鴿籠。

史金納在餵食機的桿子上按一下，就可以將

穀子投入鴿籠中。

　　開始的時候，惶恐不安的鴿子在籠子裡橫衝直撞，牠表現出的行為正是牠的主人所說的「自發行為」或是「有效行為」。

　　史金納的手放在餵食機的桿子上，非常有耐心地等待著，等待鴿子碰巧去觸碰到那張照片，然後他就給鴿子一顆穀子，藉以達成「強化」的目的。

團體照與鴿子：學習心理學中的知名實驗。

　　之後，這隻鴿子會比較常重複這個觸碰照片的動作。這個反應就被「強化」了。

　　如果這隻鴿子非常偶然地用嘴碰了這張照片時，那麼牠會得到兩顆穀子，並且不斷地持續重複這個過程。

　　在一分半鐘的時間內，史金納已經教會這隻鴿子不斷地去啄那張團體照，而且是照片上的某一個特定人像。

　　史金納逐步地以一個他所希望的動作流程塑造鴿子的動作。以和「逐步接近」相同的方法，史金納讓他的鴿子學會非常固定的舞步、鞠躬與分列前進，而且這所有的一切都是在幾分鐘之內，當著一群帶著批判、卻又非常驚訝的觀眾眼前發生的。

》》..................
鴿子所能學會的一切……。

　　從鴿子令人吃驚的行為改變中，史金納理解到一個「方法」、一個「工具」，一隻動物可以藉以獲得穀子的工具和方法。因此，他稱呼這個學習與馴服的方法為「操作增強」或是「操作制約反射」。

這個名詞已經變成一種眾所周知的觀念，變成對複雜流程逐步學習的集合名詞。這個複雜的學習流程是藉由很微小、非常偶發的「強化的」成功，也就是英文中的「行為塑造」（shaping）。

遲來的獎賞

鴿子不是人類。

» ....
對人類也適用嗎？

但是史金納相信，人類的學習情況也是類似的。首先必須產生一個自發的、「有效的」、混亂的行為，然後經由（特意或巧合的）獎賞強化這個行為；或是因為沒有獎勵，這個行為便漸漸地消失掉了。

那麼我們要問，史金納的操作增強對我們的學習有用嗎？要如何運用他的操作增強來強化與刺激我們努力學習。

對我們來說，這個訓練鴿子的技巧不會成功的原因是因為人類的食量不是一點點，而是相當大；鴿子可以一整天都在進食，但人類每天只吃三頓飯就可以了。

人類當然可以將他的三餐與工作熱忱和學習進度結合在一起，讓它們相互關聯。俄國人曾利用戰俘做過類似的實驗，如果有一個「旅」可以非常快速地將煤炭從運煤車卸下，那麼他們就可以多添一次食物：黃米粥或是魚湯。

這個實驗的成效可能是因為獎勵少得可憐，也可能是因為戰俘飢餓之故而變得虛弱，所以並

沒有得到預期的效果。不過如果他們不是處於飢餓狀態的話，那麼食物也同樣引不起他們的工作動力。

借用史金納的話來說：這個多添一次食物已經失去「強化的作用」；用桑代克的話來說則是：這碗魚湯不是有效的「效應」。因為晚餐的黃米粥或是魚湯不能直接地、立即地反應在他們預期強化的行為上，它們的作用就像是通過考試或獲得好成績之後的獎賞，這些獎賞總是來得太遲。

»⋯⋯⋯⋯⋯⋯⋯
一個「實驗」失敗了：
魚湯來得太遲了。

從這個定律推衍出一個非常重要、一般心智「正常」的人都會有的例外，不過我們在這裡只是稍加提及，之後會有更加詳盡的說明。

對未來的假設，這是僅有人類才具備的能力（其他動物都沒有的能力）。

人類可以任意、有意識地在自己的腦袋裡喚醒這種假設的「影像」，人類也可以用對未來事情的美好與喜悅的想法，去陪伴、緩和與美化令人厭惡的真實現況。

»⋯⋯⋯⋯⋯⋯⋯
一些好學生從海市蜃樓中獲得好處。

因此一名不情願、咬緊牙關苦背單字的學生，在努力、辛苦地念完每一頁之後，可以想像他獲得口譯碩士的美好的一刻；一位醫學系的學生可以想像當他變成教授，受人景仰地走過醫院的大廳；一位正在碎石的犯人可能在碎完每一塊石頭之後，就想像自己因為表現良好而提早出獄。

因此，每一個人（如果他可以的話）都可以

靠自己的力量在精神層面上產生「正面效應」，即使是醜陋的現實拒絕給他任何「操作性的強化」，他也可以從自己對未來的想像上產生「正面效應」。

然而遺憾的是，這種能力相當的稀有，它比其他任何一種能力更容易受到打擊，它是複雜的學習過程下的產物，而且相較於其他學習更不明確。誰擁有這種能力，就應該要好好地珍惜它。擁有了這種能力的學生不需要任何建議與指導告訴他如何成為一名好學生，因為他已經是一名好學生了。對未來遠程目標的希望促使他不斷往前進，而且這個驅使他的動力通常是永久性的。

但其他的人、而且是絕大多數的人，則需要比較快速的、有效跟隨他們行為而來的「效應」與「強化作用」。

» 再一次：如果在行為之後能夠立刻獲得獎賞，對於學習者而言，這個獎賞才能達到「強化作用」或是「正面效應」。

原始需求與從屬需求

這個問題已經相當清楚了：我們需要獎賞，而且這個獎賞不能來得太遲，在每次成功地完成一個學習之後馬上給予的獎勵，讓我們的學生或是我們自己在學習的時候願意去學習。

就像穀子之於鴿子，我們也需要一袋裝滿令人愉悅的東西，這些東西可以強化我們為達成學業目標所努力的每一步。若不如此，我們可能在半途中就會停滯不前。

» 有一件事是可以確定的：為了有效地學習，我們需要一些令人愉快的小東西以及一些娛樂……

就像飼料之於史金納鴿子的飢餓一樣，這些小小的娛樂必須是可以安撫需求的，但哪些東西

才算是呢？

這個問題又再次讓我們陷入了一個議題中：這個議題讓心理學家數十年來一直爭論不休，爭論點在於如何區別主要需求與從屬需求。

一般來說，饑餓、口渴、性愛會被視為是原始需求，然後是努力避免寒冷與尋找溫暖地方的需求。

史金納的傳奇鴿子正是因為原始的需求（饑餓）使牠的行為被逐步地塑形。理論上，可以想像一個人類也可以藉由這種方式培養出學習的意願。

我們必須撤除他的正餐、他的食物以及任何可以滿足他原始需求的東西，並且將這些東西分成小份量。

每背好一個單字之後，就來點好吃的？

在每做完一個學習之後、在每背好一個單字之後，給他一小片香腸、一小塊煎肉、一小匙魚子醬、一片餅乾或是一小塊麵包做為獎勵；未婚妻的一個吻，或是在一個冷死人的房間裡給他一絲的溫暖。

如果先決條件是將所有的學生（包括所有正在學習的成人）看做是「和平時期中的俘虜」的話，那麼所得到的結果不會是學習上的進步，而是可怕的反抗。

人類不是鴿子。也許正是因為鴿子非常容易被制約，所以才會成為和平的象徵。這個方法用在小孩身上從來沒有成功過。當小孩肚子餓時，就會變得不聽話，成人更是如此。

>> ....
滿足口腹之欲與性愛不足以令人產生學習熱忱。

因此原始本能——飢餓、口渴以及性——被排除在外。

現在只剩下所謂的從屬需求。心理學視其為第二手需求，由原始、與生俱來的需求中衍生出來的、經過訓練與培養的動機，這些動機與需求彼此相輔相成，缺一不可。

我們可以用帕夫洛夫的狗的「需求」來解釋何謂「從屬的」。這隻狗聽到鐘聲就會流口水，若先前沒有將鐘聲與餵食連結在一起，小狗就不會產生這種衝動。

人類對於金錢的追求也是屬於從屬需求。金錢可以讓人溫飽；透過煤炭商人，金錢可以讓房屋變暖和；金錢也可以誘惑女人。金錢是一個非常強有力的「強化作用」，但金錢本身卻沒有任何價值。

> **»** 單單金錢本身是毫無價值的。

另一個被視為是從屬需求的就是追求社會聲望、渴望被稱讚與受到認同。據說受重視的人要比被人疏離的孤獨者來得容易吃飽；或是狩獵狂熱，因為狩獵是人類早期的一種覓食行為；或是追求身體外在的美麗，因為漂亮的人總是比較容易獲得異性的青睞。

心理學將原始動機與從屬動機的關係比喻為火車頭和火車的關係，或是充電器與電池的關係。

當火車車廂被火車頭帶動之後，車廂就可以自己繼續前進一段時間；如果電池充電後，就可以自行供電一陣子，但這兩者都無法長久。車廂

> **»** 促使學習熱忱的動機也會消耗殆盡。

會停止前進、電池的電力會耗盡，直到它們再次藉助外力注入新的力量。

以讚美作為強化作用

現代教育者主要利用一個（應該是屬於從屬）需求，也就是追求社會認同的需求。

一位優秀的老師會利用課堂的大部分時間努力與學生進行對話。這不僅只是想檢查學生是否有進步，他明白對於學生而言，他的認同、讚美，以及他在每一個正確回答後的點頭、微笑是有強化作用的，它的作用就如同一滴水之於饑渴的人，或是一小口麵包之於饑餓的人。

但是，我們現在又面臨到了同一個窘境：藉由老師所達到的強化作用只有在教室這個空間內才有幫助，只有當學生在課堂上舉手發言和自我突顯時，這種強化作用才得以發揮，而不是當學生一個人在家學習的時候。

這個孤單、完全沒有社會獎賞、稱讚的行為必須透過另一情況被獎勵，透過它本身直接的成功被獎勵。

課堂上的稱讚可以喚醒一名懶惰的學生，不過強化作用通常只能靠他自己在課堂上的自我突顯。

成功可以達到自我滿足

對於成功的追求、自我認同的希望，以及對於克服困難後的喜悅幾乎每一個人都有，這是不證自明的。

在這裡，對於成功的追求是人性最原始的需求，這個需求通常比饑餓、口渴或是性愛更加強

烈。這個需求是屬於天生的「原始」動機、或是培養出來的「從屬」動機，在這裡並不重要。這個需求是有用的，而且總是有效的，如果它哪一天失靈了，那麼相較於不佳的性能力，大家也許還寧願將這個需求失靈視為「疾病」。

對於成功的追求就如同其他所有的本能一樣，沒有了它，也許其他的一切就無法正常地運作了。

追求成功就是它自己的馬達、引擎。

現在我們回到先前所舉的例子：我們追求成功的火車廂從一開始就有它自己的馬達、引擎，因此它不需要任何的火車頭來幫助它。

體驗成功的滋味無關任何基本生理需求。成功可以自我滿足。它不是端看這個人先前做過了什麼；而是剛好在那一瞬間發生了什麼。對成功而言，最重要的是這個人的嘗試成功了，而且是立刻的，即使這些嘗試可能非常的微不足道。

成功的重大意義早被教育家認同是原始的本能。現今，我們常常可以從老師那兒聽到「沒有比成功還要成功的事情」。只是他們有時候對於成功的理解，是考試、分數、成績、學術頭銜、職稱、博士頭銜、取得在大學的授課資格等等。

但是這個對於強化學習有所助益的成功，必須在學習時自己給自己，而且是在學習過程中的每一分鐘都必須如此，這成功不是由老師給他的，因為老師不在他的身旁。

如此一來，我們就相當清楚這個可以讓人類、而不是鴿子不斷學習的獎賞，是何種型態的

獎賞。這個不斷重複的滿足創造出許多小小的學習進步。

舉例來說，在學義大利單字時，成功就是這名學生在複習單字的時候，記得所有的單字，就是如此，別無其他，只有這個：不是通過考試、不是拿到口譯碩士的學位，也不是察覺到必須學會一種語言的後知後覺。

學習必須在每一個短暫、緊湊的間隔後，不斷地透過成功來獎勵自己，唯有如此，學習才會有樂趣，只有透過這種方式才能產生一些神祕的學習動力、「對事物的興趣」、對學習的熱忱、對工作的狂熱。而這又可以產生更多的東西，例如才能、天賦，甚至還可以造就出一名天才。

學習必須透過許多快速的成功來獎勵自己。

來自學習卡的讚美

我們從這個新的觀點出發，並且重新檢視學生的學習方法。一名學生試著把單字簿上的單字都背起來，而另一名學生則利用學習卡背單字，我們來比較一下這兩者的學習結果有何不同。

兩者所要背誦的東西是相同的，都是單字和慣用語。

這單字本上的單字排列是固定的、死板的；相形之下，學習卡上的單字就可以任意地移動、排列，它的組成是一個動態性的過程。

我們還記得，每克服一個小部分、一個單字或是慣用語，就會帶給我們一個具有強化作用的刺激，這個刺激之後緊跟著就會產生「正面效

應」。只有在這名學生體驗到這個成功的經歷，這個成功的經歷才能發揮作用，否則這個成功的經歷是沒有吸引力的、毫無效果的。

猶如征服和佔領土地行為一樣，用單字本去背誦單字，即便將整本單字本從頭到尾學了一遍，而且也的確記住了不少單字，但還是幾乎沒有感覺。

他雖然成功了，但是他一直抱怨記不住這些單字。他用手親手摸過這些單字，但卻完全沒有任何特別的感覺；他忽略了這些單字，他「忽視」了這些單字，他的眼睛看不見，也抓不住任何東西，連字母也一樣，這個時候他最需要的東西就是成功。

沒有任何信號、沒有任何鐘聲，除了一個粗略的想法之外，沒有任何其他東西促使他開始行動，而且這個想法實在是少得可憐。

這本無聲的、死的單字本就像是一位悶悶不樂的老師，對於學習者漠不關心，對學生答對問題連眼睛都不眨一下。這本悶悶不樂的單字本騙走了學習者的成功經歷。因為不能改變任何事情的成功當然不能被視為是成功，這個強化自然就沒有收到預期的效果。

讓每一個這名學生記不住的單字變得容易記起來，這些單字讓他腦袋裡的鐘聲作響，不過是不對的聲音，是警鈴大作，這聲音非常刺耳，令人感到不舒服，並且宣告著這名學生又犯錯了；糟糕，又忘了！

悶悶不樂的單字本騙走了學習者的成功經歷。

>> ················
學習卡能給予直接的
成功經歷。

單字本以這種方式拒絕給學習者正面效應，它所給的只有負面的譴責、麻煩、懊惱與沮喪。

相較之下，學習卡就友善的多了。

對於學生所背起來的每一個單字，學習卡立刻給予非常清楚的獎勵。對於每一個成功的學習過程它都提供一個成功的經歷，甚至由學習者親自將一張寫著他已經背起來的單字的學習卡，放入高一級的、更好的格子中，就像把一張鈔票放入皮夾一樣。藉由這樣的動作，無論是字面上或是身體上，他可以掌握更進一步的學習資訊。這名學生會看到這些小成功慢慢變大、前面的格子慢慢變空，而後面的格子卻變得愈來愈滿，就像他的知識一樣在成長。

最小的成功是可以一次掌握的，它是可以收集、累積的。

即使不是每次都成功地記起單字，即使這張學習卡必須退回到先前初級的第一格格子中，也不會有任何損失；這只會維持住緊張的遊戲氣氛；如果玩牌時每張牌都贏，那玩牌的遊戲也就不會那麼引人入勝了。

緊張性猶如打牌、又可以刺激學習意願的就是我們的學習卡。

以廚房計時器做為輔助工具

學習效果不佳的人，常會有時間的問題。

時間可能而且經常會被忽略掉，在最嚴重的狀況下，它會變成不利學習的因素。也許有人有許多激勵自己學習的好理由，也許是很強烈的意願，不過學習時間的長短已足以是一個讓他願意

繼續學習的理由了。

這也適用於其他工作上，特別適用於那些必須單獨、獨立自主完成的腦力工作。

每天一小時的義大利文（或是任何想要學的東西）——說起來很容易。

但這短短的一小時具有相當程度的嚇退作用，就像是遇到了警察、緊迫盯人的債主或是國稅局一樣，令人想逃避。這一個小時總是一再地被順延，用一些奇怪的和漏洞百出的藉口，這些藉口可以從好像很急迫的義務到突然的身體不適，「我今天真的沒辦法專心！」

≫
以各式各樣的藉口逃避學習。

一直到這個一小時的學習惡魔逼得這名糟糕的學生大叫著放棄：「我根本就是時間太少！」

如果我們當著這名因時間不夠用而被逼得絕望的可憐人的面，算給他看他每天為了無意義的事浪費了多少小時（絕對不只一個小時）時，他會瞠目結舌而且非常沮喪。

他無法自我解釋為什麼不能貫徹自己的決心，而比較喜歡浪費時間發呆。

他甚至已經做好挨罵的準備，準備好讓別人說他是一個超級懶惰的傢伙，是一個沒有恆心、沒有職業道德、不認真的壞傢伙。

這整件事情的解釋其實很簡單。

這名學習者太高估自己了，他把學習時間訂得太長了。

因為要一個小時專注於一件事情上的這種能力也是需要學習與訓練的。我們經常讚美的努

對於許多人而言，整整一個鐘頭的學習時間是無法承擔的。

力、合乎道德的行為、良好的道德品質，在現實生活中也是可以被教導與學習的，就像是史金納的鴿子會的技能：透過一小步、一小步慢慢地實現。當學習者全心全意地只專注在一件事情上，一整個鐘頭是非常漫長的，而且他必須從頭到尾都不被動搖。

對大多數人而言，一個適當的、容易接受的學習時間不超過一個鐘頭。對於密集的學習來說，十五分鐘是最剛好的時間長度。在缺乏足夠的條件作用下，過長的學習會壞了學習動機與樂趣。

» ················
十五分鐘的密集學習時間已經夠長了

不過，這也是因人而異。

每一個人可以用來測量對自己最合適的學習時間的最佳工具，就是廚房裡的計時器。不管你所要學的科目是拉丁文、數學、歷史數據或是瓢蟲的構造都無所謂，將計時器設定到十五分鐘，接著開始學習。

然後學習者就會不假思索地埋頭努力，完全不會去顧慮時間。

如果在十五分鐘過去之前，你的屁股和神經就已經開始浮躁；如果在計時器的鈴聲響起前，你的腳就已經想逃跑，那麼十五分鐘對你而言就太長了，所以是一個不利學習的時間長度單位。

但這不足以構成氣餒的理由。這裡所說無法集中注意力的情況證明，這和不正常或是不聰明無關，而只是單純的缺乏練習，這點很容易可以獲得改善，甚至透過自我治療就可痊癒。

這個治療不需要任何心理醫師，只要利用廚房的計時器就可以了。

最糟糕的錯誤就是，想要戰勝無趣感、強迫自己繼續學習、以暴力對待自己，就像是有人用體罰的方式來訓練史金納的鴿子一樣。

以很短的時間做為學習的時間單位，會使學習變得有趣。

方法很簡單。如果學生沒辦法持續學習十五分鐘，那麼在下一次嘗試的時候，就把計時器訂在十分鐘；如果還是太久，那麼就試著把時間訂在五分鐘。

此外，慕尼黑心理學研究機構曾治療一名嚴重無法集中注意力的年輕人。這名年輕人無法定下心來看幾分鐘的書，然後他就必須放下書本去想其他的事，並且忘記他剛才看過些什麼。

剛開始的時後，他們特意讓這名年輕人只須看一分鐘的書，然後他們指示他停止、站起來、四處走走、深呼吸、想一些其他的事情。如果他願意的話，他接下來可以繼續看書，而這名年輕人總是願意繼續看書。

逐步地，幾天、幾個星期慢慢地加長這個非常短的閱讀時間，首先是延長幾秒鐘，然後延長幾分鐘，直到這名年輕人可以專心又持續地閱讀超過一小時。

這個實驗以及其他不計其數的類似實驗都建立在同一原則上，就是桑代克與史金納所說的「透過成功學習」的原則。

這個特意的和強迫性的休息是一個「正面效應」、一個完成閱讀過程的獎勵，閱讀這個行為

會因此而被強化，並且被正面地激勵，直到他自己從中得到樂趣，或是至少不再有閱讀困難。

藉助廚房計時器的幫助，每一個人都可以為自己進行這個治療。他必須要將學習的時間縮短到他害怕坐著不能動、想要逃跑的慾望、害怕，以及感到被逼迫的症狀完全消失為止。

相反地，如果一個人在第一次長達十五分鐘的實驗中沒有感覺到這些缺乏興趣、不耐煩的情緒，那麼在下一次的嘗試中，他可以將時間調到二十分鐘；如果他一樣完全不會感到這些不耐煩的情緒，那麼他可以再將時間調到二十五分鐘或是更久。

然後他可以很欣慰地告訴自己，自己有一個很好、很大的屁股，可以坐在椅子上那麼久而不會感到不耐煩。

我們來做個總結：

有一個耐坐的屁股的人是有福的。

» ·············
一個學會專心閱讀的簡單方法。

● 每一個被長達一小時學習時間嚇到的人，可以用這個方法很快速地、又相當準確地確定適合自己的學習時間。首先，他必須將學習的時間縮短到他在學習的過程中不會感到不耐煩。

● 他可以將這個時間長短當作一個固定的時間單位，然後放手去學習。這些時間單位不能長到嚇到他，只要這些時間單位夠短，那麼就不會產生所謂的害怕學習、不利學習的作用。

● 當他完成了這個時間單位的學習，他的計時器也響了，他就可以休息或是完全停止學習。只要

他還有興趣，就可以繼續學習下去，不過學習的時間還是不可以超過他個人的時間單位。

他應該慢慢地、逐步地嘗試延長他的學習時間單位，如果他又感到想逃避和不耐煩時，應該立刻再次縮短時間。

»⋯⋯⋯⋯⋯⋯⋯⋯
學習時間單位和學習的時間必須循序漸進地延長。

來自小狗和家庭成員的危險

沒有任何統計數據顯示，有多少學生和自學者是因為不了解適合自己的學習時間長短而失敗的，也許所謂的失敗者大部分都是屬於這類型的人。

»⋯⋯⋯⋯⋯⋯⋯⋯
學習成功與否，正確的學習時間單位是決定性因素。

但是如果學習的時間單位是五分鐘、十分鐘或是十五分鐘，要在這麼短的時間內學到什麼重要的東西幾乎是不可能的，至於更困難的教材則需要更長的準備時間。

如果這名學生所唸的是一本難易適中的課本、筆記或是自己所寫的筆記，在最極端的情況下，光是開始和找到重點，他的學習時間單位就已經過去了，而他根本還沒有正式進入主題。

關於這個問題，我們的學習卡一樣是經得起考驗。礙於篇幅，學習卡強迫我們將所要學習的內容分割成非常小的單位。

這麼一來，煩人的學習前準備時間就不見了。

如果用學習卡學習的話，就可以隨時隨地喊停，也可以隨時輕輕鬆鬆地再開始學習，不用在

教材和紙堆中四處翻找，不會摸不著頭緒，讓開始學習變得令人反感。

我們的學習卡停在之前中斷的地方，而之前已學過的東西也依序地排列在那裡，只需要拿出來再複習一次便成。

在這種情況下，學習卡也有助於遵守自己所定的學習時間單位，因為它們可以節省時間和精力：如果一位沒有耐性的人在真正開始學習前，必須要在書堆、紙堆中尋找所要學習的東西，他會很容易變得緊張。

學習卡是父母親、朋友和其他室友都不能觸碰的禁忌。

這一切學習卡當然都可以辦到，只要其他人不來攪局，例如父母親或是小孩、或是兄弟姐妹、室友、朋友，或是小狗。

一本書可能會被借走，但學習卡不會。如果被借走了，它就不再是原來的那一個，我們應該把學習卡當作是私人物品一樣來看待。

如果這名學生將學習卡閒置不用，就等於是把這學習系統化、造福大眾的工具，變成是麻煩和絕望的來源。

原本按照順序排列的學習卡一定會混淆、搞亂，被放到錯誤的格子裡。

雖然這名學生假裝什麼事都沒有發生，並且繼續使用學習卡學習，但是這些學習卡片會隨著時間而自己重新排列。那些被放在對的、「進階的」格子裡的卡片於再次檢驗的時候就會回到最初的第一格裡；那些因外來干擾而分類到錯誤格子的卡片會再次回到它們原本該待的地方，不過

發現得太晚了，已經浪費許多寶貴的時間。

要防止這種情況發生，唯一的辦法就是：把它們鎖起來、隔離起來、藏起來。

小卡片幫你消磨等待的時間

學習卡甚至可以讓毫無生氣的等待時間變得非常有成果，一般在等待的時間中，大家都被迫把時間白白地浪費掉。

「士兵的一生有一半的時間浪費在等待上。」士兵諺語如是說。

但這句話不是只適用於士兵身上。

這個世界上的重要動物（還有一些中等重要的動物）已經把等待變成他們喜歡的習慣，讓較差的人類在他們的會客室等待。

疾病保險組織的醫生就是這麼對待他的病患，律師就是這麼對待他的當事人，公務員就是這麼對待他的民眾，上司就是這麼對待他的下屬的。

他們這麼做絕對不是出於惡意，而是想要有效地利用他們自己的時間。他們無法容忍時間空轉，因此他們將空轉的時間強加在對方的身上；因為總是有一些比自己更重要的人物，他們的時間要比自己的來得珍貴，所以這會變成一個最後讓每一個人都會被犧牲掉的系統。

學習卡是有效利用這像全國性災難一樣的等待時間的最佳方法。

不過在這種情況下，學習卡在攜帶上就顯得

牙醫的候診室沒有這麼大的空間給大張的學習卡片。

不夠方便了。如果有人在牙醫的候診室從公事包中拿出學習卡盒子來練習，一定會引來許多好奇的眼光或是被懷疑精神異常。

但如果把一部分的學習卡放在胸前的口袋裡，另外一部分的卡片則以不引人注意的方式使用，這麼一來，只需要一個有兩、三個空夾層的皮夾子。

兩個夾層是絕對必要的，譬如說這名學生只想學學習卡箱中第一格的義大利單字。在他去看診之前，他從這個學習卡箱中取出一些卡片，大約三十到四十張，並且將這些卡片放進皮夾子的兩個空夾層中的一個。

當這義務的等待時間開始時，他就可以拿出皮夾子，並且開始一張、一張地背誦他之前已經先放進去的卡片，就如同他直接從他的學習卡盒中拿出這些卡片一樣。

過程都是一樣的：寫著單字的學習卡，他正確地記住這些單字後，就將卡片放入第二個空夾層中；寫著他記不住的單字的卡片則回到原先的第一個夾層中，不過要是將這些卡片放置到第一夾層的最後面。

一張小卡片可以消磨等待的時間（也會讓候診室的病人印象深刻）。

在一群等待的病人當中，這個行為一開始可能會引起懷疑的訝異。不過因為是一個皮夾子，從皮夾子裡突然變出卡片，然後又將卡片再放回去，並不會讓候診室的病人感到奇怪，他們會認為是一位值得尊敬、事業有成的商人正在點算他一天的進帳。

如果這名學生不想背第一格學習卡中的單字，而是想檢驗他是否熟記第四格學習卡中的單字時，那麼他必須要清空皮夾子的三個夾層。

　　首先讓第一個夾層保持清空狀態，它就是平常的學習卡箱的第一格，也就是「笨蛋」學習卡格，所有忘掉了的單字都必須回到這個夾層內。

　　第二個夾層是放那些他從第四格學習卡中取出要測驗自己是否已經記起來的單字，所以它和學習卡箱的第四格是一樣的。

　　第三個夾層（學習卡箱第五格），這個夾層在他去看醫生之前還是空著的，第四格學習卡中背得滾瓜爛熟的單字就可以放進這個夾層。

　　在候診室中，就可以好像這名學生眼前就有一個學習卡箱一樣。他一一地背誦夾層(相當於第四格學習卡)裡的單字，背好了的單字就放到相當於第五格學習卡的夾層中，忘記的單字就放到相當於第一格學習卡的夾層內。

　　這個練習可以消磨時間，學習者豐富的臉部表情一定會引起那些坐在行刑室外面的人的驚訝。

　　當助理小姐出來喊人的時候，這個過程可以立刻中斷。他收起皮夾子，然後接受他即將到來的命運，至少他有一段時間不必想到疼痛。

　　回到家之後，他把卡片分門別類地歸檔。

　　和一些不準時的人或是異性約會時，也可以利用這個方式消磨等待的時間，因為他們的時間觀念不同於一般人。

≫⋯⋯⋯⋯⋯
你可以利用這種方式
善用你的時間，如果
她（他）沒有準時赴
約的話。

如果這位女士（或是男士）太晚來，這位等待的男士（或是女士）也不會因此而浪費時間。

如果她爽約了，或是他變心了，那麼被留下來的那個人因為利用了時間，至少多會了二十到四十個單字，或是許多公式、數據、定義，看他剛好在學習什麼。

無論如何，他的等待是有回報的。

自我稱讚一點都不惹人厭

我們已經解釋過，每一個人應該如何讓自己產生學習興趣與如何「刺激」學習動力，作法就是透過在很短的時間間隔內的許多小小的成功，方法和克服無法集中注意力與害怕工作的作法相同，這些問題一般都會被說成是「偷懶」，並且和其他的性格缺陷混為一談。

在這裡我們並未談到或是很少提到學生學習動機的其他過程，幾乎沒有提到所謂的「社會強化作用」。

社會強化作用包括讚美、愛、認同與鼓勵，以及效法一位優秀的像導師般的人物。

不過這些並不屬於本書的內容，本書的內容是建議學習者如何自我幫助學習。

儘管如此，讚美在我們的範疇內還是屬於最重要的強化刺激之一，所以我們還是要對此稍作解釋。這理所指的讚美不是別人對我們的稱讚，而是長久以來被多所詬病的自我稱讚。

俗話說：自我稱讚惹人厭。

我們不應該被這句俗語束縛住。

當我們有系統地利用它來增強我們的學習時，自我稱讚就一點都不惹人討厭。它是唯一一個我們自己可以給自己的真實獎賞，而且我們不應該吝於給自己稱讚。如果我們想要學習有成效，那麼我們就應該在每一個小小的有成效的學習之後稱讚自己。

這世界向來就傾向取笑那些會自我稱讚的人，不過世界上那些成功人士常常都自我稱讚，儘管他們一再虛偽地否認。

請您以世界偉大的人物為榜樣：定期地稱讚自己。

他們之所以能夠成功，就是因為他們會自我稱讚。

我們熟記單字後將學習卡放到另一個格子的動作；我們在結束每一個學習時間單位後的休息與深呼吸；在將學習單位時間延長後所感覺到的滿足，嚴格地說來，所有這一切都是自我稱讚的體現。

沒有經過一番辛苦，哪兒有收穫；沒有自我讚美，哪兒有自我強化。

只有那些常自我稱讚的人，才會充滿信心，完全相信自己的決定。

只有把自我稱讚當作工具，誘使他人附和讚美缺乏信心、沒有定見的自己時，自我稱讚才會是醜陋的、不理性的。太大聲稱讚自己的人，就不是真正想給自己讚美的人。他大可以以很安靜的方式自我稱讚。他想要藉著大聲稱讚自己來贏得別人的讚美，也就是說，他像是染上毒癮一

般，相當依賴外來的讚美。

就像是學習一種知識或是外語一樣，對東西的興趣、對工作的喜悅也是可以學習的。就如同學習努力和耐力一樣，連態度和情緒也是可以學習的：可以把這個透過許多小成功的練習「普遍化」，就如同心理學家所說，終究會有一個比所謂的原始本能還要強烈的屬於個人的、新的學習動機。

工作本身從一開始就不是一件令人愉快的事，否則別人不會因此而付錢給我們。但是經由不斷的、一再的成功與「強化」的工作，建立了一個新的、自發的工作動力，就如同我們一直提到的工作精神、努力、勤奮、細心，以及忠於工作。

在運動方面也是一樣，運動是件令肌肉酸痛的、汗流不止的辛苦事，每次運動的成果都非常小，但這些小成功卻可以不斷地累積到產生一個運動員。

在每一次學習成功之後都會讚美自己的人（即使沒有其他人會這麼做），他一定會有非常棒的感覺，覺得自己完成了一個珍貴的舉動，充滿自信，並且以自己為榮。

自我稱讚並不是不好的行為。只有在那些過度自信、驕傲的人不能忍受其他人，並且以為全世界的人都渴望他們的讚美的時候，自我稱讚才會惹人討厭。

沒有任何成效的懲罰

史金納利用餵食飼料操控鴿子的行為，也就是說是透過正面強化、透過獎賞。

但當人類想要操控其他人類的時候，他們大部分總是選擇以責難和懲罰的方式。

關於負面效應，也就是懲罰的作用，有非常大量且相互矛盾的文獻發表。在這個問題上，不只實驗結果與學者意見相互對立，世界觀與情緒也相互對立、「以眼還眼、以牙還牙」和寬恕別人對立、體罰的本能和「反威權教育」的論點都是相互對立。

以眼還眼、以牙還牙：
報仇不屬於教育。

要在這許多的情緒之中保持中立、毫無偏見是件不容易的事。儘管如此，我們在此還是要對懲罰的本質做一些說明，因為它一直還是屬於教育方法和「教學」方式之一。

首先這是無庸置疑的，如果懲罰不是立即、當下緊跟在行為之後，那麼這個懲罰就失去了「負面效應」的作用，來得太遲的懲罰就和來得太遲的獎賞一樣起不了任何作用。

如同成績太好一樣，一個不好的成績與伴隨而來的反感完全無法激發學習的動力。如果一名小孩在下午丟擲東西打破了窗戶的玻璃，到了晚上才被父母狠狠地修理了一頓，也不會因此而減弱他這種充滿破壞性的行為。

認為只要做過牢就可以將犯罪傾向導正為合乎規範的這種想法非常的粗糙。

如果我們對此加以研究調查，就會知道在犯

> **》**
> 如同獎賞一般，懲罰也須緊接著行為而來，否則不會產生任何作用。

罪當時和之後的懲罰過程中，有哪些行為模式會被強化或是減弱。

一名搶匪將一家商店洗劫一空，他帶著戰利品逃跑：這是正面效應。這個成功的搶劫行為和搶劫所做的動作會被強化。

如果他在搜捕行動中被逮捕：這個負面效應（當然，他偷竊的貪心是絕對不會有所減弱）只會影響他在警察靠近時原本胸有成竹的信心。

這名搶匪被判刑：這個刑責也不會減弱他犯罪的習慣，而是削弱他在被判刑之前所做的行為，也許是他在法庭上如何為自己辯護（但並未成功）的方式。

在刑責期滿後，他會被釋放。一個相當有趣的經歷：當然這個經歷不會強化他守法的觀念，而是強化他阿諛奉承的卑劣行為，他就是以這種阿諛奉承的方式向典獄長告別。實際上，這些常常被判入獄、眾人希望他們「改過向善」的慣犯在牢裡過得好得很，只不過他們幾乎沒怎麼改過向善。

對於那些因為懶惰而經常被懲罰的壞學生而言，情況也是一樣。

不過也有一些不會遲來的懲罰，而且這些懲罰是緊跟在行為之後而來，中間完全沒有任何停頓，是突然、馬上發生的。它們就像字面上的意思一樣是真正的負面效應，它們減弱了緊隨其後的那些行為，而且是立刻的、很強烈的。

觸碰一條沒有包裹塑膠外膜的電線而被電擊

就是屬於這種作用。觸碰滾燙的鍋子而被燙起一個水泡，以及當場給沒教養的小孩一記耳光都是屬於立刻、強烈的負面效應。

所有的嘗試，這些對人類友善、愛護小孩的心理學家企圖消除負面效應的所有嘗試，到目前為止都經不起比較精確的檢驗。

這說明，根據演化史，所有生物都會因為「被驚嚇」而產生屬於這個生物族群與個體的求生行為和本能。如果一個生物沒有因為受傷而馬上變聰明、如果牠沒有快速地學會盡量避免疼痛（死亡的警訊），那麼牠存活的機率就會大幅地降低。

緊跟在行為之後的懲罰只是偶爾能夠奏效而已。

難道這代表體罰信奉者、教鞭信徒與篤信打耳光的從教者所做的是對的，只要他們的體罰夠快、夠即時？

一個小孩或是一名成年人（如果他願意的話）經由打罵的方式就可以強行學會一種知識、一種語言全部的詞彙、所有的資訊，每當他答錯答案時，就會被踹一腳或是被電擊？

>> **讓體罰和耳光喚醒學習興趣和對知識的渴望？**

經由負面效應一個奇怪的、乍看之下令人感到荒謬的特質，我們可以知道實際情況正好相反。這關係到相當微妙的技巧，正是因為它們太有效了，反而不能帶動學習。

這也是有演化根據的。

一隻動物只要曾經碰到過危險並且受了傷，那麼牠以後不只會避開這種情況，就連這個讓牠受傷的地點、氣味與聲響，所有和這個情況有關

>> **太多的處罰反而阻礙了學習的熱忱。**

的事物牠都會避開。

這隻動物會一般化、普遍化這個危險。牠透過疼痛學習到的不是細小的區別，而是害怕與攻擊、逃避或憤怒。

恐懼或憎恨

人類對疼痛、懲罰、負面效應也會產生同樣的反應，甚至可能更加激烈。在我們上百萬年的演化發展史中，對於仇恨、敵視普遍化的過度謹慎與高度的戒心大大提升了人類的存活可能性。

在當時，這是有用的，而且有其存在的必要。如果不是如此，也許現在就根本不會有人類的存在。

但是如果因此相信，我們可以用體罰讓一個人以填鴨的方式死背文法或是代數，只要一答錯答案，馬上就體罰，那麼就誤解了負面效應的原意。

雖然這名學生有學到東西，但是他學到的不是教材內容，他學到的是一種害怕的反應，每次只要看到體罰他的老師或是只要看到學校，他就充滿恐懼，並且他會將這種反感轉嫁到學習的教材上面，也因為如此他會被體罰。

這個體罰不一定是指身體上的體罰，口頭責罵和屈辱、嘲笑與諷刺也是體罰。就如同帕夫洛夫所說，人類的語言是第二個信號系統，文字是信號的信號，一個字的作用就如同它本身所代表的意義的舉動，充滿愛的字眼就如同一個親吻；

> ❯❯ ....
> **體罰和責罵的作用只有一個：讓學生痛恨學校和老師。**

一個咒罵的字眼就像是被人踢一腳一樣。

如果一名教育者以體罰和責罵懲罰學生們，那麼他不是讓學生願意去學習，而是迫使他們很快地對所有事物產生一種新的窒息感。那麼，他們的興趣就不會增加。他們完全沒有學習的喜悅、自信和以自己為榮的感覺，而是對所有和學習相關的事物感到害怕，或者更糟糕地，產生憎恨和被盲目的氣憤所激發出的挑釁心理。

有多少失敗者和罪犯是以這種人為方式產生的，我們就算以最崇高的教育目的去估算也無法得知。

4 有意義和無意義

　　媽媽從家長座談會得知壞消息：兒子在數學課不聽話、認識的法文單字少的可憐、在上地理課的時候，必須把他看作是對世界一竅不通的沒用傢伙。

　　現在，嚴格的父親大人決定親自出馬扛起這個重責大任。

　　午餐過後，父親把這個小伙子叫到房間裡，並要他在一小時內，將教科書內某一課的法文生字全都背起來。再接下來的一個小時則要練習圓、橢圓、拋物線以及雙曲線的方程式，第三個小時則是要將澳洲的首都，以及它的地理位置硬背起來。

　　有人建議這個父親，晚上最好自己親自驗收成果。

　　這個父親真的這麼做了。

　　晚上的驗收結果令人沮喪。雖然這個年輕人非常努力，並戰戰兢兢地學習著，可以說他在這三個小時內，都沒間斷過；儘管媽媽之後馬上考

健忘讓許多父親感到
憤怒——完全錯了。

》..................
為何許多父親都將他
們的小孩看作是頭腦
簡單、無法將事情做
好的人。

問他整個教材的內容，而且他也將這些內容背得
熟透。

但是到了晚上，三十個法文單字中他就已經
忘了五個，雙曲線的公式和澳洲的首都也都不記
得了。

盛怒的父親指稱兒子是個頭腦簡單的人，是
一個會在墮落中滅亡，無法將事情做好的人，頂
多只能在游泳池當個救生員而已。

他的驚訝並不是裝出來的。他無法理解，為
何一個有頭腦、有正常理解力的人，會在短短幾
個小時內就將學到的東西忘掉這麼多。

因此，他認為有必要從中得出結論：就是他
的小孩應該沒有集中精神，全神貫注。

這個世界，每天都會有一些小小的不幸事件
發生，但這些事件對小孩而言，卻往往是很嚴重
的事情。只因為聽信在後腦杓上輕輕拍打，就可
以提高思維活動力，反而使得數以千計的年輕人
因為所謂「沒腦袋的」健忘而挨罵、受辱，變得
沮喪，甚至挨罰。

然而自從七十多年前艾賓豪斯出現後，學習
這門科學說明了，這些父親錯得多離譜。他們嚴
重冤枉自己的小孩，而且他們的擔憂及責備與所
有和學習有關的認知產生牴觸。

回想一下艾賓豪斯的親身實驗，他在實驗開
始不到二十分鐘內就把死背的資料，忘了超過達
百分之四十之多（見69頁）。可以確定的是，他
不是一個沒有頭腦無法將事情做好的人。

因此，有時完全忘掉已經學過的資料，並非只是個有可能會發生的意外，而是的的確確會發生。這根本是一種必然會產生的規律現象，猶如自然定律一般。

我們現在同樣得知，在開始學習後的第一個小時內，是人們忘記所學最多的時候。

有鑑於此，學生的健忘既不是智力差的象徵，也不代表他們不正常。健忘是個常態。因此不應該會有爸爸，因為他的小孩在學習過後，還是一直想不起來某些單字、公式或城市名稱而感到驚慌。與其說是驚慌不如說是驚訝。

» ································
可惜健忘是個常態，
而非例外情形。

人造橋和人造柺杖

艾賓豪斯教授刻意想要記住的東西特別困難，因為他學的不是一般具有合理解釋的教材，而是諸如fap、fep、mib等等沒有意義的音節。

如果有人想學中文，但不了解文字的意義及上下文之間的關係，如此學習中文同樣很困難，甚至難度可能更高。

沒有意義的音節、中文之於非中國人、西班牙文之於非西班牙人，猶如心理學家所稱的「關聯性貧乏的資料」。

一般人需要反覆硬背十次以上才可以將某些資料消化完，然後把它們當作資訊使用，但忘掉它們的速度也一樣有十倍快。而艾賓豪斯從音節的學習過程中，得到了一個有趣且在後續所有嘗試中，都會一再出現的結果。

如何牢記沒有意義的
事物？

他斷定，要找出對受測者完全毫無意義的字母群是件非常不容易的事。因為每個受測者幾乎都會立即發展出一項顯著的才能，將完全沒有意義的音節瞎掰，以聯想的方式賦予意涵。

因此在這些人的聯想中，fap是FAulPelz的縮寫、fep是FEstPokal的縮寫，以及mib是MilBe的縮寫。當然，前提是受測者對這些字彙Faulpelz（懶蟲）、Festpokal（節慶獎盃）、Milbe（壁蝨）已認識在先。

換句話說：如果能夠把要學習的東西和已知道或已學過的資訊之間建立起關聯性，就可以學習得更輕鬆、更快速。

因此，教育學要求學習應該要求理解，要在新教材與已知的舊教材間建立有意義的關聯性，除此之外，沒有其他更好的學習方式。若無法找到這類關聯性，可以利用具有「人造橋」和「人造拐杖」功能的記憶術技巧，協助找出關聯性。

4的平方根是2，因為2乘2等於4：在這裡是透過對於2根數的理解和其數學涵義來學習2根數。

一位名叫嵐可（Rank，rank在德文裡指苗條的、纖細的、修長的）的未婚小姐，年輕且身材纖細：「嵐可」這個名字在此就是藉由人為記憶術技巧而被牢記。事實上，這並不表示她就真的是位年輕苗條的小姐。重點是利用聯想的方式，來記住這個人的名字。

數字特別難記

有時候，就讓我們捨棄用理解和機械式的記憶技巧來學習。因為還是有一些資訊無法和其他已知事物做聯想，或者需要透過複雜的方式將它們聯想在一起。

像是完全陌生的外語生字，或是數字群組如電話號碼，都是屬於上述類型。

對於匈牙利語的初學者來說，在他的記憶中是無法找到可以幫助記憶 mozgóképszinház（電影院）這個字的輔助物。又或者想記住維也納專利局電話號碼：521858的人，也許可以在這號碼的每個數字內建立起某種程度的假關係，但是要記住整個號碼，還是必須透過背記。

我們現在來探討電話號碼。對於沒有特別接受過數字記憶訓練的人來說，記憶電話號碼如同艾賓豪斯的無意義音節般難學。而且，忘掉這些數字的速度也很快。

我們假設，有人想利用我們的學習卡來背記電話號碼。

這個人依照往常學習字彙的方式，將三十個電話號碼寫在不同的卡片上──前面是電話號碼所有人的姓名，後面是電話號碼──並且將這疊卡片放進卡片箱的第一格。

然後如同背記單字一樣，首先拿起第一張卡片，他會看一下人名以及後面的電話號碼，接著在腦中反覆背誦，然後將這張卡片放回至這疊電話卡的最後面，緊接著再拿出第二張並重複上述

你很想隨意地背下電話號碼嗎？這是沒有魔法的。

動作，如是而下。

數字比單字更難牢記
……

他立刻發現，要牢記六位或七位數字比牢記單字或是慣用語來得困難。因為當他終於將整疊三十張電話卡背過一遍後，發現他最快忘掉的也正是他第一個背記的號碼，而這只是他學習過程的開端。第二、三個以及幾乎其他每個號碼都出現同樣的情況。

即使他再將整疊電話卡背個四、五遍，情況依然沒有很大的改善。在三十個電話號碼中，他最多只能記住四或五個不會忘記的電話號碼。因為這些號碼特別簡單，不然就是這些數字群組對他有特別的意義，所以他能夠記住這些號碼。

而且幾乎是像身體的疼痛般，他強烈地察覺到了「倒攝」和「順攝」抑制等干擾現象，即已學過的資訊及類似資訊會不斷地相互影響干擾。最後，大數目會讓他感到頭暈，這時候他如果沒有堅定的恆心，則會放棄。

所以，他相信記住一個如此困難且彼此間沒有關聯性的龐大數目是不可能的任務，因為這是一連串沒有意義的數字組合。

然而，這個結論下得太早了。其實，他還是可以把這三十個電話號碼背起來。但他不可以用背誦一個已稍有認識的語言的單字，或是對他有意義的資訊的方式來記憶這三十組電話號碼。

……訣竅是，將號碼分切成許多小單位背記。

我們的學生都犯了一個錯誤，就是他們想要一口氣同時將所有電話號碼背起來。但是如此生硬的資料，必須將其分割成非常小塊，並細細地

咀嚼消化。

外交官的訣竅

除了數字天才外，在我們的案例中，沒有人有辦法可以無誤地分辨出這三十個連續出現的六位數字，就像心理學家所說的「區辨」（differentiate）。即使再反覆連續死背十遍或是二十遍，還是一團混亂，無法順利將這三十個六位數字分辨清楚。這好比外交官在一個盛大的宴會中，連續被引薦給三十位陌生人認識，然而這位外交官幾乎無法記住這三十個新名字。

學生（和外交官）解決這問題最簡單的方法，就是將學習材料儘可能地分切成最小單位，然後逐步地、慢慢地擴大範圍背記。

有經驗的外交官都會這麼做，一開始只和三個人談話，並在談話的過程中，一直不斷地提及這三個人的名字。

人們是可以記住三個臉孔和三個名字的。

在談話中，我們這位外交官不只要記住他們的臉孔與名字。身為外交官，他更必須要能夠清楚區分這三個人，也就是哪張臉孔要搭配哪個名字，才不會將他們彼此誤認、混淆。

基於傳統的宴會社交禮儀，陸陸續續會有第四個、第五個人加入談話，當然也會有人離開。

這個外交官，此時已經牢記了三個名字，並且可以清楚辨別，不會弄混。然後，他繼續用同樣的記憶－分辨法記住第四個和第五個人。他也

» 記住臉孔和名字也很難──也許可以運用「外交官的訣竅」。

» 將學習材料分割，這明顯是為了能夠記憶成功。

將新加入談話者的臉孔和名字，以及交談的對象之間加以明辨。如此，經過一整晚後，他就可以認識宴會中的所有來賓了。

於是，他可以逐漸記住所有來賓間的異同。在學習心理學上意即：他學習摒除交替產生的障礙、阻撓、壓抑、混淆等學習困難，而這些困難是當新的、類似的資訊大量累積時一定會產生的現象。

然而，要成功運用上述方法僅限於少量資訊間的相互比較。在量大情況下是無法區辨彼此的。

在學習背誦電話號碼或困難度相同的內容時，學生也採取類似的學習方法。也就是把大量的學習資料，儘可能地分拆成一個個小單位，然後再一小部分一小部分地慢慢消化。

應付高難度學習資訊的單人紙牌遊戲

一種最好的方法類似一種單人紙牌遊戲，在這裡我們稱之為「記憶單人紙牌遊戲」。它是種有規則的訣竅，連我們的外交官在工作上也會運用這種竅門。

現在，這個學生開始「記憶單人紙牌遊戲」。首先，他從學習卡片箱的第一格取出三十張上面已經寫好電話號碼的卡片。

然後，他將三張卡片——只有三張——並排放在桌上，將有電話號碼主人姓名的正面朝上，寫有電話號碼的背面朝下。

》》⋯⋯⋯⋯⋯⋯
在此我們要介紹，針對電話號碼和其他所有高難度資料的「記憶單人紙牌遊戲」。

專利局	石丹勒醫生	漢斯‧邁爾

現在讓他想一下（又是只有幾秒鐘的時間）是否還記得，這一列中最左手邊那張卡片的電話號碼，而在這實驗中最左邊指的就是專利局的電話。結果當然是他已經忘記了這個電話號碼。他接著翻開這張卡片的背面，試著將電話號碼背下來。

之後，他將這張卡片放置在這列的最右手邊，其他兩張則往左移一個位置，位置順序變動如下：

這位學生現在依序看剛才的第二張卡片，就是現在位置最左邊的那張，也就是石丹勒醫生的那張卡片。他同樣也忘了這張卡片的電話號碼，然後一樣將這張卡片放回到最右邊位置，並再一次將這些卡片往左邊移動。

他一直反覆這動作，直到他終於將這三個電話號碼中的一個正確牢記，在這個實驗中，他所牢記的電話號碼就是他的朋友漢斯‧邁爾。此

時，他不再將這張卡片放回至這列的最右邊，而是上移一層，成為另外並排一列的第一張。對於這新的一列可以暫時擱置一旁不用理會。

這時則在第一列的最右邊，再加入第四張有新電話號碼的卡片，也就是葛蒂·威舍小姐。

所以，現在第一列又是三張卡片並排在一起。

第二列　漢斯·邁爾

第一列　已牢記的　專利局　石丹勒醫生　葛蒂·威舍
↑ 新的

如此一直繼續下去。每當背熟第一列中的一個電話號碼，就立刻將它往上移至第二列中，直到第二列排滿五張卡片為止，第二列以五張為滿額數。

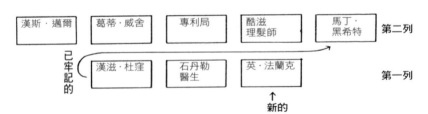

漢斯·邁爾　葛蒂·威舍　專利局　酷滋理髮師　馬丁·黑希特　第二列

已牢記的　漢滋·杜窪　石丹勒醫生　英·法蘭克　第一列
↑ 新的

我們由此可知，端視不同情況而定：學生能一次就正確想起的那個電話號碼，可暫時將它放置於「第二列」中。依然無法牢記的，則繼續停留在第一列中（在這兒就如同石丹勒醫生的卡片），然後再重新背誦。

當第二列已經放滿五張，第一列中的卡片仍繼續在背誦的時候，若有第六張卡片要往上放至第二列，為了能將第二列最左邊的那張卡片移走，這時學生必須先做個測驗。

他要先確定，自己是否還記得第二列最左邊那張卡上的電話號碼。

如果答案為「是」，他就可以將這張卡再往上放一層。到了某種程度，以這種方式讓遊戲繼續下去，也就有了第三層的出現。但答案若為「否」，這張卡就必須再放回至第一列的最右邊。

» 生硬難記的總是會自動回到這一列中。

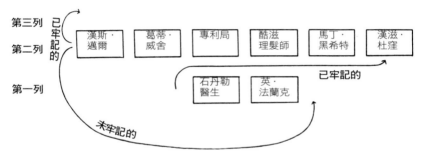

第三列

第二列

第一列

在本實驗中，現在第二列已經有了第六張卡片的加入，這比原先規定的多出一張，而這第六張卡片是從第一列往上擺放的，是漢茲·杜窪先生的電話號碼，這個號碼背記者已經背熟了。因此，學生必須去除第二列中的一張卡片，也就是漢斯·邁爾的卡片：如果他還記得漢斯·邁爾的電話號碼，就將這張卡片往上移到第三列；萬一他又忘了，這張卡片必須再次放回至「第一列」。

一列接著一列增高，學生透過這種方式建立起一座倒三角形體系，一間有四層樓高的卡片樓

不用害怕。這完整的記憶單人紙牌遊戲，只有在第一眼看起來時很複雜；事實上，它不會比紙牌遊戲還難理解。

層，每層都是由卡片所組成——第一層由三張卡片、第二層和第三層由五張卡片、第四層則是由七張卡片並排組成，這座卡片樓層總共由二十張卡片共同組成。

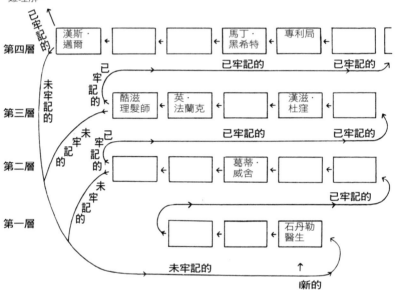

當四列卡片都完成時，就是記憶單人紙牌遊戲的整個情況：那些愈容易記起的電話號碼卡片，愈快向上層移動。反之，一直都無法牢記者就必須再放回至第一列，然後再重新開始慢慢往上移動。

每一個已記住的和已忘記的電話號碼，都會有箭頭指引該往哪層的哪個位置移動。

我們從圖示中可以得知，這些卡片中的三張（「漢斯‧邁爾」、「專利局」、「葛蒂‧威舍」），以

他的朋友漢斯・邁爾的電話號碼最容易背起來。

因為這張卡片放置於第四列的最左邊，這是最好的位置。

如果還有第八張卡片要往上放至已有七張卡片的第四列中時，「漢斯・邁爾」這張卡片就必須接受最後的測試。如果通過了就會將「漢斯・邁爾」這張卡片挑出，並且暫時將它放回至學習卡片箱的第一格中。萬一沒有通過，這張卡片則要再放回至第一列中。

相較於邁爾這位朋友所處的頂尖位置，「葛蒂・威舍」則是位於右邊較不好的位置，如圖中所示。看來這位女士可能和這位學生不是很要好，因為他已經將她的電話忘了很多次，不然這張電話卡片也不會遠遠落後於邁爾的。

「石丹勒醫生」的卡片處於最差的位置。這張卡片若不是從未離開過第一列——也就是說，這張卡片的電話號碼從未被正確地記住——就一定是因為它的電話號碼一直未被牢記，所以一再地被往後放。

當這個記憶單人紙牌遊戲都排滿後，如本實驗中最後一張圖示所示，圖中二十張卡片全都擺放在桌上，這時最好慢慢將遊戲結束，否則會讓人感到疲累不堪。

這時即使第一列還有空位，學生也不會再放卡片上去，而且也沒有新的卡片，因為愈來愈多的卡片從第四列最左邊的位置通過最後的測驗，被放至卡片箱內。

»····················
每次的記憶單人紙牌遊戲，二十張卡片就足夠了——否則會讓人疲累不堪。

遊戲進行到後面將只剩幾張卡片，然後愈來愈少直到遊戲結束，最後連最後一個電話號碼都可以記起來，將它放至學習卡片箱內。

　　我把整個遊戲規則再次整理如下：

● 記憶單人紙牌遊戲的第一列，即最底層，是由三張卡片所組成。這些卡片由左至右不斷地輪換著，這些卡片上都記錄著資料，學生記得住的卡片就往上擺放至第二列。而在第一列會有新的卡片補進來，如此才可以維持第一列三張不變。

● 第二列，也就是記憶單人紙牌遊戲的第二層，是由五張卡片所組成。當有第六張卡片要加入時，必須先測試學生是否已熟記最左邊的第一張卡片。如果是，即可將這張卡片放到第三列，否則必須放回至第一列。

● 第三列同樣是由五張並排擺放的卡片所組成。這些是從第二層，也就是第二列，成功通過測試往上放置的。當第三列同樣多出卡片時，處理方式同第二列：這列最左邊的第一張卡片也會被檢驗，其結果不是往上放置到第四列，就是重新放回至第一列。

● 同樣第四層也擺放了卡片，由七張卡片並排組成。當這列的卡片數超出時，資料被牢記的那張卡片，這回不是將它往上放到第五層，而是放回學習卡片箱中的第一格內。

● 假使學生持續不斷且堅定不撓，透過這種不同層級的方式來記憶，這些卡片終究會離開底層，

最後全部升至第四層，也是記憶單人紙牌遊戲的頂層，最後回到學習卡片箱的第一格中。這時學生也成功完成了，他一開始認為不可能做到的事情：順利將二十個電話號碼背下來……。

要有這樣的成績，一般來說他需要花上一至二個小時。

藉由記憶單人紙牌遊戲，我們當然不是只能背記電話號碼，而是對於各種特別難記憶的資料也都有效——像歷史資料、化學和數學公式，以及其他許多東西。

我們對於這類經由「單人紙牌遊戲」背記下來的資料，理應要戰戰兢兢地將它們永記於心。但這當然是不可能的事。

記憶單人紙牌遊戲不過是針對特別困難的資料另做整理，以方便接著製作學習卡。

如果以單人紙牌遊戲的規則為基礎，那麼理論上應該不難想像，將學習卡放在同一個卡片箱中進行，以取代單人紙牌遊戲中將牌都放在桌上的情形。也就是卡片箱內的第一格只能放三張卡片，第二格和第三格只能有五張卡片，第四格只能有七張卡片。

所以記憶單人紙牌遊戲不外乎是把學習卡切割成極小單位，並將它們做另外的空間排列。有時我們會這樣處理：對於難記憶的資料，本案例指的是電話號碼，必須一直不斷地重複複習十遍、二十遍或是更多遍，直到這些資料不再生硬，直到我們的記憶力可以消化這些資料為止。

>………………………
連二十個電話號碼都可以同時背下來！

>………………………
記憶單人紙牌遊戲尤其適合，難以記住的學習材料。

反之，簡單的電話號碼只要複習四次就夠了。

理解、複習和記憶的基本原則都是相同的，根據這些原則建立了我們的學習卡──這些原則就是避免不必要的複習，但必要的複習則不應受到干擾，讓複習繼續下去。

儘管如此，藉由記憶單人紙牌遊戲完成的記憶工作還是有些些的不同。有點像是處女地的開墾、像佇立在完全陌生沒有辨認方向標誌的地區，又像是一個完全陌生、完全無干的初識者，是一種全新的學習方式。

» ⋯⋯⋯⋯⋯⋯⋯⋯⋯⋯⋯⋯
這也是關鍵：避免過多、受到干擾的複習。

不認識的就是「沒意義的」

我們現在來研究一下，看在這種過程中會出現哪些學習心理狀況。

首先，透過特別快速連續不斷的複習，尖端逐漸磨平，艾賓豪斯實驗中所提及的遺忘曲線由此展開。

記憶力呈現急速且幾乎垂直地陡降，快速的記憶消失只會出現在沒有意義的資料上，只發生在如艾賓豪斯嘗試學習的無意義音節上，或是不重要的資訊上，如我們的電話號碼。

很幸運地，有意義的資料顯然忘得較慢，如同記憶單人紙牌遊戲所示，這些有意義的資訊不需要常常複習。

然而什麼是有意義的，什麼又是無意義的呢？

在此，我們不能用一般的定義來看事物的有

無意義。某個資訊是否具有學習心理學上的「意義」，這與它是否為事實、清晰明瞭或富邏輯無關或未必有關。

愛因斯坦理論的公式對於物理學家來說可能是既真實、又清晰且富邏輯的，但對於要背這些理論的門外漢而言，一開始這些對他都是無意義的資料，因為他對物理一竅不通。

一個不懂西班牙文的人，只能靠極大的努力將一首西班牙詩硬背起來，因為他沒有學過這些由西班牙生字組成的字句。所以這些字對他來說是毫無意義的。

若他最後還是把一首從書中挑出的西班牙詩背熟了，那麼他應將這歸功於至少他還認識這些字母，而這些西班牙文就是由這些字母所組成的。因此，這些字母對他而言是有意義的。

但若換成是一首中文詩，並要求他背熟，這幾乎是不可能或根本不會成功的，因為他完全不認識這些中文字。

一部新收音機的電路圖，專家只要經過短時間的研究摸索後就可以記住，因為他對組成電路圖的細節及組成部分，已經有概念。所以這些對他而言，都是有意義的資訊。但是對於非專業人士來說，可能根本無法將這些線路圖記住，因為這些組成元件對他來說，都是無意義的。他並沒有學過這些東西。

學習心理學上的有意義和無意義之間的差別，在〈白鶴哈里發〉的童話故事中可以清楚看

為了背中文詩句，首先必須先學會中文。

出。（譯注：白鶴哈里發是德國童話作家威廉‧豪夫〔Wilhelm Hauff, 1802-1827〕所寫的故事，哈里發是伊斯蘭教國家政教合一領袖的稱號，描述查西德當上哈里發後，與他的宰相兩個人遭到陷害變為白鶴的故事，為了再度變回人類，兩人一路相伴扶持，之後碰到也遭受到陷害而成為貓頭鷹的印度公主，三人齊心努力，最後終於變回人類，而這位哈里發也和這位印度公主結為連理，歡喜收場。）

在這個故事中，這位哈里發因為忘了回復成人身的咒語「穆塔博爾」（mutabor），所以無法變回人類，一直仍是隻白鶴。

哈里發會忘記這些咒語是可以理解的，因為他不認識這些字，所以這些字對他來說是毫無意義的，因此難以記住。他沒有學過拉丁文，所以他不知道「穆塔博爾」就是「我要變成」的意思。

而這種事應該很難發生在一位中學生的身上，因為他已經知道「穆塔博爾」是什麼意思了，所以這些字對他而言是有意義的，是容易記住的資訊。

舉例來說，「montone」在義大利文是「羊」的意思。對於不懂拉丁文，也不懂英文的義大利文初學者來說，他在記住這個字前，確實必須花時間讓自己一再回想起這個字，才可以記得住。

知道「山」的拉丁文是「mons」，義大利文是「monte」且了解羊通常被放牧於山中的人，背誦「montone」這個字的困難度就降低了。

最後，若他也知道在英文「羊」是「mutton」時——顯然它們具有相同字根，那麼他就可以很容易理解「montone」這個義大利字了。這個字對他而言，也就不再是無意義的資料了。

因此，學習心理學上的有意義和無意義，以及背記容易或是困難，這之間的差別不一定是（有時根本不是）因為學習材料有邏輯或為事實。

對於學習來說，是否已經對這些資料有所認識或已經學過，又或者對這些資料的認識程度或學習程度如何，這些都是很重要的。

（完全或部分）熟悉的事都是「有意義的」，所以容易背記；反之，完全不認識的東西就是「無意義的」。

事實上，可以較快背記有意義資訊的這個論點是錯誤的。因為這些有意義的資訊，早先就已花時間去記憶了，進而才變成為有意義的資訊。

» 「有意義的」資訊之前就已經記憶過了。

那些沒有學過這些資訊的人，就必須從頭開始學習，相對來說，就必須花更多的時間。

他必須花時間、不斷地努力複習，讓原本沒有意義的資料變成「有意義」。透過這樣的方式，他先熟悉這些資料，而且長時間不斷地回想這些資料，直到記住它們為止。

» 「沒有意義的」資料要轉變成「有意義」，人們必須從頭開始記憶。

因此藉由記憶單人紙牌遊戲的協助，可以將困難度特別高的資訊如電話號碼，一一記住。

一旦我們愈頻繁且愈快速反覆複習些電話號碼時，就愈容易記住，也愈不容易忘記。透過這種方式，記憶單人紙牌遊戲讓無意義的資料變成

有意義，以及難背的資訊變得容易記憶，然後學習卡就可以不斷地再繼續擴充。

學習的起頭並不難

「凡事起頭難，特別是學習之初」，這樣的想法會導致很草率的觀點出現。

但是，這端看我們對「學習」的認知為何？根據德國學生的特性來說，我們這裡所謂的學習至少是針對有特定答案的特定問題的學習。

當我們可以將德文翻譯成義大利文時，當我們可以根據圓面積公式 $r^2\pi$ 回答問題時，就表示我們有學習到東西了，反之則沒有。

牢記沒有辦法回答問題的書本知識是沒有意義的，因為我們無法靠這些知識通過考試。

然而，我們卻忽略了學習心理過程中最重要也最有趣的學習第一階段——認出階段。

踩上學習階梯的第一階是最輕而易舉的。這可從美國人羅夫・賀伯（Ralph Norman Haber）在羅徹斯特大學所做的一系列實驗得到證明。

賀伯在實驗之初，讓受測者看各式各樣的照片，經過幾天的時間，圖片不斷地增多，總共有二千五百六十張不同的照片，有個人照、團體照，也有風景照、城市照以及房屋的照片。

每張照片受測者只可以看十秒鐘的時間，不可以太長。

最後，賀伯讓同一批受測者再看二百八十張雙人照。每一張雙人照都相類似。但是，只有一

>> ························
學習的開始就是認出。

張是和賀伯之前所展示的二千五百六十張中的一張完全一樣。

現在，受測者要從兩組照片中將他之前所看過的這兩張照片挑出來。

這個實驗的結果令人驚訝。他駁斥了學習初期階段是特別困難、需要特別費心的說法。在所有測試中，有百分之八十五至九十五的受測者，都可以從第一階段的實驗中，每張花十秒所看過的二千五百六十張照片中，選出正確的照片。

人們可以認出曾經看過的物品或是圖片的能力是無窮的。這種能力近乎神奇。

人類的認出能力近乎神奇。

在第二階段，賀伯讓這些受測者只看某些他們曾經看過的圖片。但這次是將這些照片全都剪成兩半。而這些受測者的任務，是要描述及找出每一張照片所缺少的那半邊。

這次的實驗結果明顯較差。在這次的任務中，有些照片許多受測者都沒辦法完成，而其他剩下的照片則輕而易舉就能完成。這種結果似乎是隨機性大於任何的規律性。

儘管如此，能認出所有照片這種近乎完美的成績，和描述所缺的另一半照片的失敗，為什麼會有這樣的差別理由很簡單。

因為一個人不可能在短短的十秒鐘內，將所有圖片的細節都記得一清二楚。在這麼短的時間內，他只能記住一些些東西。

而能記住些什麼東西，則是隨機性的，但這也取決於觀察者的注意力和動機，還有他所感興

» ……………………………
對某物感興趣也會促
進記憶成功。

趣的事物。所以藝術歷史學家在看一幅藝術畫時，他所記住的細節多於物理學家，而物理學家則對於工業畫的細節記住的較多。

話雖如此，但若讓他多看幾次畫，這些細節還是足夠讓他認出同一幅畫。

但是要受測者憑記憶複述畫的全部，僅只靠極小部分的協助，當然不可能會成功。受測者必須要知道的更多，而且不是只回想起一部分的細節，而是要能回想起所有的細節。

因此，認出的簡單度和在想像中追述的困難度，可以從格思里等人的「相同組成要素」理論中得到證明。

每幅畫、每個單字、每個句子、每個數字，這些都無法一下子突然全都學起來和背起來，我們只可以記住若干局部組成要素。

隨著每次的複習，可以記住的組成要素也愈多。要認出圖片只需要記住少量的組成要素就足夠了，但要憑記憶重述複雜的資訊，則需要更多以及很多次的複習。

» ……………………………
認出是簡單的，但只
有經由多次的複習
後，才可以將困難的
資訊重述出來。

如果我們想學一種陌生的語言，我們可以在我們的卡片正面寫上德文字當作是「問題」，在卡片背面寫上陌生的語言當作是「回答」，不要將它反過來，否則我們可能只會認出陌生的文字，卻無法在我們需要這些陌生文字時，將它們從我們的記憶中完整無誤地取出。

瞬間記憶

現在要改變的不只是在學習過程中，能記住多少資訊的組成要素，而是連腦中儲存記憶的方式也要有所轉變。顯然有三種截然不同的記憶儲存形式：瞬間記憶、短期記憶以及長期記憶三種。

» ························
有三種記憶形式。

美國人喬治‧史柏林（George Sperling）在貝爾電話公司實驗室所做的研究指出，這三者間存在著許多相異處，遠超出我們既有的認知。

藉由一種特製的儀器，也就是所謂的「速示器」，史柏林在受測者面前投射三列三字母字組，如下：

1. 第一列：G A T
2. 第二列：R B K
3. 第三列：M K T

史柏林先生的字母教學遊戲。

這塊字組只出現片刻，千分之十五秒，隨即消失不見。

首先，他們嘗試讓受測者記住所有這些新字母並寫下來。結果失敗。

然而史柏林懷疑，實驗步驟的設計可能有瑕疵，也就是說，他們給受測者的作答時間太長，時間一長，受測者一定會忘了部分字母。

當史柏林在他的儀器上加裝了一個獨創的輔助儀器後，上述懷疑得到了證實：他將一個聲音訊號裝置和速示器結合在一起，當投影一消失，

也就是字母字組不見後，聲音裝置立刻會發出高、中或低音。

當受測者聽到高音，就要將最上面一列，也就是第一列的字母列寫下來；中音時，寫下第二列；低音時，就將最底下，也就是第三列的字母排列寫下來。

結果顯示，幾乎所有受測者都能夠將所有三排字母列，也就是整個新字母字組，在腦中停留長達一秒鐘的時間，比只有看投影，但沒有聲音時，所記得的時間還長。如此，因書寫而導致的時間損失實驗缺失就獲得了解決。雖然受測者能夠記得在聽到訊號時所要寫下的字母列，但也只有一秒鐘時間而已。

這種極短暫的視覺記憶就是「瞬間記憶」：眼睛所「看到」的圖，實際上已經消失看不到了。

短期記憶

史柏林繼續將實驗的範圍擴大，現在，他不讓這些受測者一聽到聲音訊號，就立刻將該列的字母群寫下來。而是必須等到第二次的聲音訊號出現後，才可以開始接著動作。

換言之，這個過程如下：首先投射出這三排字母列，長達千分之十五秒的時間。然後在一秒鐘的時間內，會發出高、中或低音，表示受測者應該要寫下的字母列。但之後要再等個十秒或二十秒，也就是第二次聲音訊號出現後，受測者才

可以將這個字母列寫下來。

這個實驗顯示出兩點：首先，沒有一個受測者能夠在視覺上，長時間將所有三排字母列都牢記在腦中；第二，但是所有受測者卻可以記住有聲音搭配的字母列，儘管經過了二十秒或更長的時間，再將這些字母列寫在紙上都沒有問題。但前提是，必須在不受到干擾的情況下才可以。

這個實驗顯示出兩點：首先，沒有一個受測者能夠在視覺上，長時間地將三排字母列都牢記在腦中；第二，但是所有受測者卻可以記住，有聲音搭配的字母列，儘管經過了二十秒或更長時間再將這些字母列寫在紙上都沒有問題。但前提是，必須在沒有干擾的情況之下才可以。

這第二種記憶方式就稱為「短期記憶」。

這種方式不再是「看」的記憶，在某種程度上，是一種「說」的記憶。這些受測者只要一直不斷重複背誦這三個字母：RBK……RBK……RBK……，就可以把這些字母記住得更久些。這樣的背誦不需要大聲唸出，也可以不出聲默背。

其實，大家都很熟悉這種默背的記憶方式。每當我們查看電話簿後，就在腦中和這個電話號碼玩起乒乓球遊戲，這時候我們都是用默背的方式來記憶這個電話號碼，直到我們終於到達一個有電話的房間為止。

只有連續不斷地喃喃自語，而且一再地重複相同的事物時，這種「短期記憶」才會發揮作用。

>> ....
只要不受干擾，短期記憶可以持續進行。

>> ....
電話簿和電話間的距離：和電話號碼玩乒乓球遊戲。

一旦被干擾或打斷，短期記憶的作用就會立刻停止，無法繼續發揮功用。史柏林的實驗也說明：受測者在一直不斷複習的同時，要他們從數字100往回數（99、98、97……），儲存在短期記憶中的東西則會逐漸消失不見。

英國塞瑟克斯（Sussex）大學的亞倫·拜德利（Alan Baddeley）證實了，短期記憶明顯是種聲音的儲存器。

他發現，喇嘛教轉經筒上的那些文字最容易弄混。不是因為這些字寫法相似或意義相近，主要是它們的發音相同或接近。

短期記憶最容易將Pfanne、Tanne、Wanne、Panne這類的字弄混。相對地，像Fahne或Sahne這些字就比較容易記住，因為這兩個字的a的發音完全不同。

儲存在長期記憶中的東西，就是要「長時間記住不忘」。

» 長期記憶的儲存概念和涵義。

長期記憶

長期記憶是記憶能力中最後且最高層次的記憶形式，是一個可以保存無限記憶的儲存器。

從短期記憶升級至長期記憶的資訊，也因此經歷了一種延續性的形式改變。

在長期記憶中，不再是利用聽覺來記憶這些資訊，而是依照這些資訊的概念性涵義作為記憶的根據。

因此，在這個最重要且最持久的記憶形式中，人們不會再因為文字相同或相似的發音而混淆；姑且不論字的寫法或語音差異，當它們的內

容相似時，才特別容易出現混淆的情形。

我們偷偷借用一下學習心理學的知識，把對實際記憶有用的建議，當作是戰利品扛回家。

在此我們發現一些理論知識，而這些知識讓記憶層級更清楚明瞭：

» ....
這三種不同的人類記憶形式，顯示出學習和記憶的層級。

● 瞬間記憶是種視覺上因視覺疲勞而產生的後象，類似於所謂的視網膜「負片後象」。當我們在黑暗中凝視燭光或目不轉睛地看著光亮刺眼的窗戶時，就會產生後象現象；此外，對一般人而言，這種視覺上瞬間記憶的時間，最長不會超過一秒鐘。
● 短期記憶是種文字記憶，將已經記下的文字，在無聲且不被打擾的情況下回想，也就是不斷逐字地一再重複記憶資料。
● 長期記憶儲存較少的圖片和文字，而是儲存較多的概念和涵義。

用語言文字表達圖像

大家一定聽過這樣的說法，這只有學術上的價值，對我們並沒有實質上的意義。儘管如此，寶藏其實就是藏於這種無聊的學術知識中。

如果我們思考一下，很明顯地可以發現，學習材料可以用下列的方式背記，也就是從瞬間記憶升級到短期記憶，再從短期記憶進入到長期記憶中。

從瞬間記憶通過短期記憶，之後再升級到長

在實務上，從短期記憶到長期記憶的運作過程十分重要。

期記憶的過程對記憶的實練及對我們個人而言，遠比介紹這三種人類記憶形式的功能理論重要。如果我們清楚這整個過程，我們也就能更加容易掌握如何學習。

首先第一個過程，也就是從視覺上消逝快如秒的瞬間記憶，到聽覺的、一直不斷喃喃自語的短期記憶：我們要記住一幅風景畫，若一開始，我們就將圖畫的每個細節部分和它們彼此間的關聯性，從視覺上所看到的畫面轉變成可用語言文字去描述。如此，我們就可以更容易成功記住這一幅風景畫。

» 能立即用文字描述畫面印象的人，就更容易記住畫面。

如果我們不這麼做，這畫面就會消失不見，而且只有極少部分會存留在我們的腦海中。這僅剩的部分只夠我們之後認出這張圖片，但不足以讓我們得以描述或重述這張圖片。

當警察嘗試從犯罪案件的目擊者描述中得知嫌犯的個人特徵描述時，他們常常會陷入無助的絕望之中。這是因為能夠提供這些描述的人，都飽嚐驚嚇、處於極度驚恐中。於是，警方傾向相信自己的犯罪偵查能力。

但警察不是與生就具備這種能力。一般來說，警察通常有意識或無意識且習慣性地將所有發生的畫面立刻用文字來表達。

» 沒有所謂犯罪偵查的能力──只有最實用的習慣。

» 在此，我們有個針對每種記憶力訓練的基本條件。

而這種習慣是任何一種記憶方式的基本先決條件，所以它無法得到很高的評價。它是一個能分辨人們記憶力好壞的特色。

看到一部車子、一棟房子，或一個女生，這

時警察不是靠視覺把它們記下來。

當他將目光轉過去後，他會立刻直覺地說出：車子……雪鐵龍……鐵窗，或金髮……高挑……羊毛裙……美麗的……。

這些他可能連記都沒有記下來，可是他會如閃電般快速地默背出這些字，因為無聲「唸」出的速度遠快於真正唸出聲音。

由於可以隨時作出正確的描述，所以這類人被視為是記憶天才。如果不是記憶天才，他只能依賴「大腦牢記要領」來記憶，這種要領可以利用每個偶然或幸運的機會練習而成。

這位先生不是記憶天才；他只不過掌握了一個重要且實用的大腦牢記要領。

「腦力學習」的訣竅

腦力學習是我們「學習之道」這個主題的核心，同時也是最高難度的難題。

手部的靈活度和技巧度，看起來好像很複雜，學起來其實相對簡單得多。

因為它們看得到到且能模仿。若有需要，還可以放慢這技巧的變化步驟，將它們分割成許多小單位，讓學生可以更容易觀察它的變化。當學生跟著做的時候，老師可以修正每個錯誤。

當人們學習開車、滑雪、游泳、跳舞，或是練西洋劍、柔道、空手道到一個階段後，也開始學習「腦力」活動，像算術，或將文章從一種語言翻譯成另一種語言。

但愈是需要靠「腦力」的活動，也就是純腦力的工作，對老師而言就愈難將教材劃分成幾部

分，展示給學生看，學生也愈難藉由模仿來練習所學。

這類無法事先展示的「心靈」事物，以及在腦中運作的活動，也就是用腦的過程，如同白天的幽魂，無法看見。

任何人都無法藉由別人的頭顱，看見記憶的手段和技巧，這有別於一般其他的技巧，因為它們無法直接展示。

我們都知道什麼是「心算」，對很多人來說，心算是一種很難學的算術技能，甚至乾脆不學。因此普遍把心算看作是一種能力，一種擁有特殊才能的能力。

這種運算方式的困難度，在於其過程全都在運算者的腦中進行，所以無法事先看清楚每個步驟，事後也無法跟著模仿學習。

心算不是手部的技巧，而是一種「大腦的技巧」。

這種大腦技巧尤其適用於每種學習方式。

就像心算有其技巧在，紙張和筆都是多餘的。學習所必需的複習、熟練和牢記這些方法，即使無其他物理－機械式的輔助工具依然可以運作。這是一種稱為「腦力學習」的記憶方式。

就像心算者，「腦力學習」者也可以將筆和筆記本放置一旁。就算這樣，他依然可以做到他想做的事情。

在維也納有位盲人醫療按摩師，可以牢記很多顧客的電話號碼。

一個好的心算者有他自己的獨門訣竅。

在美國有個法官，雙眼變瞎後，他為了保住飯碗，不得不假裝自己還看得見，他成功做到了，為此他必須牢記每個訴訟細節和每個陳述，還必須要假裝翻閱檔案。

一般來說，文盲的記憶力比能讀和寫的人來得好，這是眾所皆知的，因為他們無法用筆把東西寫下來。

» ⋯⋯⋯⋯⋯⋯⋯⋯⋯⋯⋯
文盲的記憶力比較好。

但是這種學習方式，或是每種成功的學習方式，「大腦牢記要領」都是不可或缺的，而這些只能間接去認識和描述。

藉由史柏林的實驗，我們可以更了解「大腦牢記要領」，而這些「大腦牢記要領」都是立即由視覺印象轉換成語言文字。長期以來，一位好老師會透過一種在教育學術語上稱為「描述圖片」的行為，訓練學生練習這種學習記憶要領。

» ⋯⋯⋯⋯⋯⋯⋯⋯⋯⋯⋯
這種常在學校練習，且極度無聊的「描述圖片」，是種非常棒的記憶力訓練。

作法如下：學生先是在很短的時間內觀察一張圖片，然後將這張圖片從他眼前拿開，緊接著他必須描述這張圖片。

如同史柏林所證實的，當學生仍在觀察過程中，或是他必須在一秒鐘之內，就必須選定即將描述的文字並大聲說出前，他都只能默念記憶。也就是說，當他那口頭的短期記憶像環型輸送帶不斷運作時，他都只能用默念的方式來記憶。

透過描述圖片，確實讓記憶力大有進步。這是種強迫性的腦力活動，是任何一種學習的最低層次，在第一階段所必需，也就是立刻將學習材料轉換成語言文字。

然而，大部分成功協助學生達到此訓練的老師，會由此得到一個完全錯誤的觀念。

很多人以為「遺覺像」是由此所訓練出來的能力，一眼就看到的東西會停留在腦中，就像儲存在底片上一樣，之後可以任意地從這兒將所有的細節重現，如負片般精準。

遺覺像者強調，他又看到了完全一模一樣的同一張圖，猶如實物再次清楚呈現在他眼前。

但是，他們大都是自己在騙自己。

自稱為「遺覺像者」以及被老師當作是「遺覺像者」的人，幾乎都沒有這種特性。

即使他們號稱的「生動逼真的」記憶中相片看來立體且清楚詳細，但它們並不是真實的，許多細節與事實並不相符。這些從記憶中產生的「複製品」，反而比較像是他生動幻想下的產物，而非真正的複製品。

儘管如此，這種所謂的「遺覺像者」的確比其他人能記住更多細節，不用懷疑，這是因為他們更好地掌握住了默念記憶的技巧。因為他們把這種技巧掌握得如此好，以致他們自己都不再意識到這一點。

一般正常人類的大腦運作和相機不同。

但是仍然有真正的遺覺像者，這是例外。這種情況十分罕見，而且常常是種病態，譬如所謂的「智障天才」、「聰明的白痴」等等，這些人可以在短短幾秒內，在腦中算出兩個六位數相乘的結果。

≫ ·······················
真正的遺覺像者是很少見的。

姑且不論他們的特殊天賦，很明顯地，他們大多並不聰明甚或是遲鈍的。

從史柏林的實驗，我們暫且還是把「大腦牢記要領」當作一種理論來看：只要是想記住視覺印象和圖片的人，都應該要習慣於將所看到的，立刻轉換成語言文字。若他有足夠的練習，他的記憶力就會出現明顯的進步。

默背的記憶方式

我們現在繼續往下思考，要用怎樣的方式可以將我們想記的資訊，往下一個階段推進，也就是從短期記憶進入到長期記憶。

這答案它自己會出現，而且是從這兩種記憶方式中特有的儲存模式中出現。

短期記憶是一直不斷地記住同一件訊息，如同唱片跳針，某些節奏一直不斷地重複著。

而它們只是一小部分的節奏。短期記憶可持續的時間非常短。當我們一次要記住兩或三個電話號碼，同時又要走到另一個房間的時候，我們最少會忘掉兩個，就像沒有認真練習的雜技員，無法同時丟很多球在空中雜耍，這時我們會使用短期記憶。

» 可惜短期記憶有很多限制。

儘管如此，這種默念、不出聲的動口複習還算是很快速的，比我們發出聲音大聲唸出來記住資訊還快。

複習：說到這個字，我們就必須想到艾賓豪斯和他的遺忘曲線，以及我們截至目前為止，從

學習卡和記憶單人紙牌遊戲中所得到的經驗。

我們回想一下：艾賓豪斯的遺忘曲線，在第一個小時內下滑得特別急速，幾乎是垂直陡降；在這段時間內，為了防止記憶流失，多次數的複習是絕對需要的；之後才逐漸減少複習次數。

若不想將剛習得的全新陌生資訊忘掉，有必要在第一時間內複習這些資訊，但究竟要複習多少次以及中間的時間間隔又是多久，艾賓豪斯並沒有對此作出研究。但是從數字中可以清楚知道，在第一時間內，為了防止資訊遺失，需要複習的次數是很頻繁的。但也因為需要複習如此多遍，事實上，所能複習到的也只是一些單字或想法，沒有多餘的時間可以再複習其餘的部分。

嚴格來說，這就是短期記憶：六、七、八個資訊一直不斷地重複背記，顯然就是這種不停的循環造成在遺忘曲線中，記憶遺失從急速下滑到逐漸趨緩的原因。

從短期記憶到長期記憶是一種持續的轉換過程，而非驟然形成的。

在短期記憶中，愈常複習的資訊，就愈容易一部分接著一部分逐漸進入長期記憶中，因而使得為了防止遺忘而複習的次數愈來愈少。

從短期記憶進入到長期記憶的過程是可以掌控的。

每個人都可以從自己的經驗中認識這個過程。

對於想要背起來的電話號碼，必須花幾秒鐘

不斷複習少數資訊，來阻止記憶流失。

> ·····················
> **沒有複習，人類的失憶量是很驚人的。**

不斷反覆複習。這樣偶爾要回想起這些電話號碼時，才想得起來。

因此我們發現一種新的「大腦牢記要領」，這對於學習和記憶是很重要的：每一個我們想要記住的資訊，不僅要立刻在腦中轉換成語言文字，還要馬上複習很多遍，並默背下來。

也唯有如此，這些資訊才能從短期記憶進入到長期記憶。

這也是種經由學習而養成的習慣，一種經練習而會的「大腦牢記要領」。這種練習的功能如同老師以及心理學家，但會些微影響「專心」。

當某人不想別的，而只想對他學習重要的資訊時，才能「專心」。這是什麼意思？這是指，他只想一件他想記住的事情，直到他把這件事情牢記為止。

» ⋯⋯⋯⋯⋯⋯⋯⋯⋯⋯
在此終於可以知道，「專心」這含糊的概念了。

「自私自利」是有道理的

資訊和學習材料從短期記憶進入到長期記憶的過程中，所要做的事情當然不會只限於上述所提。

如同拜德利所證明的，資訊本身也必須同時改變它的型態。必須從字母或數字轉換成文字、概念、涵義。只有這樣它們才可以在記憶中保存得更久。

然而我們這邊所提到的「概念」，不同於書本中單調的定義和描述，比如：圓就是點形成的軌跡，而所有這些點距離圓心是相同的。

在我們的長期記憶中，「概念」和「涵義」比「文字」更容易停留在大腦中，而這兩項既不是我們可以「抓住」或用手指指出的具體實物，也不是主觀接收的視覺、聽覺、味覺、嗅覺和觸覺等感官印象。

可以讓新的資訊長時間儲存在我們記憶中的黏著劑，就是我們本身賦予這些新資訊的「意義」。這個黏著劑對於我們自己的企圖、對於達成我們的目標以及滿足我們的需求很重要，它可以協助我們處理在記憶過程中，因情緒或意志力而造成的干擾。

關於這個議題，我們在此暫告個段落。

讓我們再回到理解力來，這是所有記憶發動機的動力，而最有可能直接導致記憶發動機成功的燃料，則是桑代克的「正面效應」和史金納的「強化刺激」。

當我們於第一眼看見新資訊並在默念的初期習慣賦予它們個人化的解釋時，「大腦牢記要領」也就自然而然產生了，使短期記憶到長期記憶的過程變得更加容易。

5

關鍵性的半秒鐘

直覺反應

我們從電影和電視認識了美國荒野西部的奪命儀式。

兩個大男人面對面站在塵土飛揚的大街上，就在沙龍和膽小的郡保安官已上鎖的辦公室前，兩個人雙腿張開站立，手臂垂放，手輕放在柯爾特斯手槍旁；好人和壞人，善良和惡魔。

先開槍的人，是破壞規則的惡魔。

後開槍，但先命中的人，則被視為是善良的。他是正當自衛下開的槍，所以不會被處絞刑。

然而他必須在一瞬間迅速開槍，而且要儘可能在最短的時間內做出反應。

只要有任何一方拔槍，就宣告開戰了。這就是學習心理學上的刺激，另外一方必須對此做出反應。這反應必須要快速到，趕上且追過惡魔的行動。

因此「開槍」是必須要練習的，必須接受上

>>......................
從學習心理學上來看，我們對荒野西部牛仔很有興趣：邪惡牛仔開槍的時間僅有半秒鐘。

百次、上千次的嚴格訓練，不論是用實彈或空彈，不斷地練習射擊。

在世界的另一端，也就是遠東地區，則是不斷地練習「劍道」，也就是擊劍的武士傳統，類似於一種體能訓練。

有個古老的日本故事，講述一位著名的武士收了一個徒弟，並領他到一處位於深山荒野的房舍內。在那裡，他讓這位徒弟做砍材、取水、清理茅舍，還有料理三餐等看似卑微的粗活，達數星期之久。

直到這徒弟堅持要求自己的學習權利。不過從那時候起，他就變得鬱鬱寡歡。

當時，他連劍都碰不到。不論是在屋外還是屋內，白天或夜晚，這個老人都會拿著一把竹條，躲在角落暗處，只要當這年輕人彎身探井、餵食馬匹或清掃院子的落葉時，老人就會出奇不意地將竹條，敲打在年輕徒弟的頭上。

直到數週之後，他才開始上擊劍的第一課，在此之前，他從未睡過一場好覺：他必須瞬間立即作出反應來阻擋每種攻擊，也就是說不管在什麼樣的情況、碰到什麼樣的攻擊，他都必須設法運用手邊任何現成的工具，像是掃帚、鞋刷或鍋蓋等等。

不論是在荒野的美國西部，還是在古老的日本，這些訓練的目的，都是為了訓練立即的自發性反應，一種不需要經過思考的無意識反應。

在我們德國這裡居然還有教書匠，他們都傾

>> ....
自發性反應是一種不需要經過思考的反應，這需要經過很多的練習。

向於訓練化的教學方式，他們原來希望能夠順利地達到學習目標。

不過即使學生正確地回答了問題，他們還是不滿意。

他們要求學生，不經過思考就能迅速地說出答案，「如同子彈從槍管中射出」，如同西部牛仔英雄拔出左輪手槍，或者日本武士擊劍進攻時的擋開。

說出正確的答案還不夠：回答的速度要如「子彈從槍管中射出」一般快。

這些老師要求學生輕輕鬆鬆地就能將學習教材記得滾瓜爛熟，也就是說，他們認為重建學習過的教材不需要再花時間，尤其不需要再經過思考。

現今，學生、家長和許多教育學家，都傾向於譴責這類要求不符合教育學的原則，是單調乏味的訓練、是沒有必要的負擔，也是沒有意義的刁難。

» ....
因此，沒有意義的刁難常遭到拒絕。

其實人們若從現代學習心理學的角度來看這些老師的教學方式，這些所謂過時的教書匠還是滿合時宜的。

» ....
所謂的過時教書匠，在此時還是徹底合時宜的。

當兩個聯想物件在半秒鐘內交相輪替出現時，大腦會對兩個智力反應結果間、訊號和動作間、刺激和反應間、問與答間的關係，以最快最好的方式將這兩個聯想物件連結起來，這就是所謂的「聯想」。

這是從許許多多的動物及人類身上實驗得出的結果。

儘管心理學還有許多爭議在，但卻沒有人會

否定這項結論。

它是少數歷久不衰的心理學定律之一。

所有生命的關鍵時刻

這半秒鐘看起來似乎是行動與思考之間的原始時間距離，也就是學習的最短時間。

當人類或是高等動物的大腦，將兩件事或圖案連結在一起時——亦即所謂的「聯想」——這個永恆不變的常數「半秒鐘」就會不斷地出現：

● 首先這適合傳統的訓練，將制約刺激與非制約刺激結合在一起。如帕夫洛夫的實驗，若非制約刺激(一塊肉)在鐘聲響起半秒鐘後出現，狗很快就學會將鐘聲(制約刺激)當作是流口水的信號。

眨眼間完成反應。

● 這也適用於「操作式」的訓練。就像史金納的實驗，若在半秒鐘內用穀粒餵食鴿子當作獎勵，鴿子就能很快記住實驗者所希望地做的動作。

● 因為人類瞥視眼前發生的事物差不多要用半秒鐘的時間，所以這半秒鐘一般也被稱為「眨眼的瞬間」。

● 這半秒鐘和所謂的「反應時間」是息息相關的，例如，汽車駕駛人碰到障礙物時，需要「反應時間」去踩煞車。

● 最後，這半秒鐘是所有生命、所有時間的關鍵時刻，人們認為這半秒鐘就是當下的此刻，介於晦暗不明的未來和褪色過往間一道微弱的光線。

≫··············
眨眼的瞬間：就是我們認為的當下。

聯想的概念和心理學上的其他許多概念一樣，尚未有明確的定義，因此爭議猶在。很難說出彼此連結的是內容、是想法、是想像，或甚至是行為。

但可以確定的是，聯想與立即、直接、最短暫的連結有關，也就是說，大腦若無法在關鍵的半秒鐘內產生連結，聯想也就無從發生。

我們必須從邏輯的角度來明白這一點：當一個人在思考的時候，他就只能思考，他所思考的那段時間，也就是當下，或是對他來說是「現在」的那半秒鐘時間。

即使他從一個想法轉到另一個想法，或從想法到行動、從刺激到反應，他同樣也只能在現在做，而不是在之前或之後，更不是在過去或未來。

假使最長也最複雜的想法或行為過程，要在半秒鐘內如鏈環或網眼般相互連結在一起，也必須讓它們之間產生關聯性。

這關鍵性的半秒鐘不斷出現在學習心理學相關的書籍、論文和實驗中，早已是不爭的事實。儘管如此，心理學家卻依然只埋頭鑽研在，以大約百分之幾秒作為時間單位來測量這半秒鐘究竟是太長或太短。此外，這種最小時間對於學習心理學而言乃是不言而喻的事：只要無法在半秒鐘內記起來的事物，之後要記住就會變得更加困難，而只能間接記住或是根本無法記住。

人們認為，這應該具有非常重要的實質性意

>> 只要無法在半秒鐘內記住，記憶就會變得更加困難，甚至根本無法牢記。

義。但是那些要求學生迅速回答的「過時」教書匠，卻未完全理解這半秒鐘的重要性。只有在測驗的時候，他們才覺得這半秒鐘是重要的，而從不認為它對學習有什麼重要。他們只是追隨舊有的教學傳統，不懂得跟著新知調整作為。

他們再次浪費了，可以節省學習時間和力氣的機會。

藉由這半秒鐘的協助，訓練狗和貓、老鼠和鴿子，以及其他實驗動物都有很好的成果，唯有人類除外。

理解和訓練

在現實中，教導和學習之所以會錯過了這樣一個相當重要的學習契機是有原因的。

教育風氣是其中一個原因。

幾百年來單調乏味、毫無樂趣且無靈性的學習方式，轉變成了現在這種依賴判斷和理解力學習的風氣。換句話說：從其他舊有現存的資訊中可開發出新的學習資訊。

沒有理解輔助的學習，看起來都落伍了，顯得過時、保守而遲鈍。

因此不是只有學生，連許多老師都對死背、訓練和記憶有種難以克服的厭惡。

下一個理由就是知識爆炸。

隨著資訊持續不斷膨脹，每十年就增加一倍之多，所以理想中的通才教育將成為泡影。用功的人也就不再寄望，自己能在有生之年成為一位

萬事通。

我們從上述得出兩個結論：

● 一是，必須教導孩童以及成年人特別注重思考和權衡、判斷和理解等這類心智能力，以及對不熟悉的新教材或資訊具備組織、歸納和掌握的能力。

● 二是，一直以來，我們都為了要有所得而學習大量重要資訊，其實這一點必要都沒有。

既然有了計算機和電腦，為何還要學算術，甚至是心算？

有了法典為何還要學法律條文？

這類的死背硬記只是不必要的負擔。只要掌握到了學習的訣竅，人們便可以利用這些方法從書中、檔案室或電腦的儲存槽中，把需要的資訊搜尋出來，這就已經足夠了。敏銳的理解力可以將空格填滿，並將缺少的部分重建起來……。

單單只有法典對學生的助益有限；他還必須學會其中的內容。

第一個結論是正確的。它當然不是從昨天才開始適用。

早在一百年或三百年前，經過思考、整理過的理解，早就勝過什麼都背，但卻沒有消化的死讀書。

第二個結論根本就是錯的。

這個結論在於它完全錯誤的假設，也就是一個人可以不用懂很多，就可以成功地思考、理解並認同。

我們只要用像學習語言這類相當簡單的事情來測試它，就可以明顯看出其中的謬誤。

我們需要一本附有完整文法規則、條理清晰的教科書，還有一本字典。然後，懂得使用這些輔助教材的人，他就應該可以成功地將外文翻成德文，也能將德文翻成外語。

可以沒有累積字彙就「翻譯」，但那會花很多時間。

這會耗上很多時間和精神，以致讓他產生懷疑。這種方法幾乎擁有所有學習的優點，但只有一個缺點，就是無法一蹴可幾。

這種方法所付出的努力，就和一個不熟路況的計程車司機一樣。每次他要載乘客前往目的地時，都會借助指南針、地圖和路標的幫忙。剛開始他還需要六分儀，以辨認天體的方向，確定自己所在的位置。

醫生拒絕牢記疾病的症狀和療法，反正這些都記載於書本中，可以隨時查看。所以，醫生這麼做是「很明智的」。

可以信任凡事都要查書的醫生嗎？

不過等到醫生完成查詢工作後，他大部分的病人應該也都死了吧。

還有一些是將理解作為重建的輔助工具。

沒錯，是可以藉由理解和認知從其他或已知的資訊中，推論出所缺少的資訊。

但這並不能取代牢記。

沒有任何東西可以取代牢記。

否則對於獨立思考的數學家來說，牢記科學的定律和公式可能是多此一舉的。因為即使沒有一本公式集可以讓他隨時查閱，他還是能隨時建立或重建所有的公式。

事實上，根據羅素（Bertrand Russell, 1872-1970）在《數學原理》一書中的證明，所有的數學都是從數學邏輯的原理推論出來的，而所有這些原理又都是從排中律推導出來的，因為沒有任何一種論點可以同時為真又為假。

而這些數學邏輯原理是許多不同世代的數學天才或邏輯天才共同努力的成果。

如果有一個天才不在前人的研究成果基礎上繼續學習和思考，換言之，他不先學後思，他就會面臨到和下面這個義大利學徒一樣的懊惱情況。這位義大利礦工學徒，雖然居住在偏僻的村落，接受的學校知識也很貧乏，但是不到十年時間他就想出了新微積分學。他驕傲地走出山谷，為的就是將他興奮的發現告知給最近的大學。但是來到大學後，他震驚地發現，可惜早在三百年前，哥白尼和牛頓兩位先生就已經率先發現了微積分學。

» 甚至於對天才也是如此：先學習後思考。

記憶的「牆鉤」

從學生對「多餘負擔」的閒談中，可以發現愈來愈多敵視學習風氣的聲音出現，這類嚴重的錯誤想法，可以在學習教材中看得很清楚。

無疑地，現今高等學校的教學計畫中有些確實是不必要的，可能大部分都是多餘的。也就是說，它們缺乏理智、無法清楚看出目標，對生活也沒有任何幫助。但是，這不是我們在此要討論的重點。對抗「多餘的學習教材」的十字軍，不

由於誤解，所以有對抗「無謂學習」的十字軍出現。

僅反對過多、沒有意義資料的填塞，還反對學習過多的資訊，即使它們是有意義的。

這類十字軍的成軍出自於誤解和對心理運作過程的錯誤評估，而這錯誤的評估，會阻礙學習和導致忘記。

前面曾經提過，在順攝抑制和倒攝抑制的干擾，以及新學得資訊間的相互影響下，會導致遺忘的發生。

如果一次同時背記愈多新的資訊，就會忘的愈多。

反對「多餘的學習教材」的十字軍騎士從中得出簡陋的錯誤結論：所有正在學或已學過的資訊會相互妨礙；人類頭腦的理解力是有限的；若灌輸學生太多東西，就像一個已裝滿的桶子，會滿溢出來。

實際上，剛好相反。

>>
那些已經學得很好而且牢牢被「記住」的東西，不會對新教材產生阻礙。

只有同時間學習的新資訊，因為還未深刻、持久地被牢記，所以彼此間會相互弄混。

已經儲存在記憶中的舊資訊，存放的時間愈久就愈準確無誤，受到新加入學習教材的影響也就愈小。

存在於記憶中的舊資訊所引發的既不是障礙也不是混淆。倒不如說它比較像是釘牢的堅固牆鉤，由此可以加強學生記住新學到的東西。

回想之前我們在第四章所舉的例子：因為我們的學生已熟悉其他與其類似的字彙，如山的拉丁文是mons，義大利文是monte，還有羊的英文

説法是mutton，所以他可以很容易記住這個義大利字montone。

這些單字對於學生來說都是堅固牆鉤，可以讓他們在腦海中牢記montone這個生字。

假如學生必須在同一時間內，將同一課內的mons、monte、mutton和 montone全部一次背起來，可是他又不認識這些字的話，那事情會怎樣演變呢？

對於所有可能出現的可怕相似性障礙，以及之後會出現的嚴重弄混和搞錯，至少我們可以打賭這些應該都只是短暫的現象。

掌握外語字彙愈多的人，愈容易記憶同一語言的新生字，而且記憶的數量也愈多。

» **外語詞彙寶藏愈多的人，愈容易學會新字彙。**

這適用於所有資訊和每項學科，而不只適用於語言學習上。

把人類的記憶力拿來和一個桶子做比較，是完全不正確的。人類的記憶力比較像是釘在光滑懸崖峭壁上的牆鉤：崖上現有的牆鉤愈多，愈有助於讓攀爬者向前挺進，緊緊抓住牆鉤，並將新的牆鉤釘入。

知道十倍多東西的人，可以學會百倍更多的東西。一開始就將一百個牆鉤釘入的人，之後只要花少許的力量，就可以將往後的一千個牆鉤釘入，而且速度會加快。

美國人貝立茲（Maximilian D. Berlitz, 1847-1921），是世界著名「貝立茲國際機構」（譯注：一八七八年由祖籍德國的貝立茲所創，並創立

傳說中的貝立茲先生，成功學會五十種語言，而且還記得很牢。

「貝立茲教學法」，主要是以像學習母語般的對話方式，學習新的語言）的創辦人，直到一九二一年去世為止，他總共會說五十種語言。他的孫子查爾士・貝立茲（Charles Berlitz）直到目前為止，「只」學會了二十種語言，但是他希望能超越他的祖父。

這祖孫倆是如何辦到的？

他們肯定沒有太多知識是「多餘負擔」的這種想法。

他們的做法非常簡單：只要學會一種外語，學第二種外語時，會明顯容易許多。會兩種語言的人，也能輕易學會四種語言。只要會說四種語言，學會說八種語言就不是難事了。

貝立茲祖孫兩人，因為能及時將足夠的牆鉤釘入，所以攀登也就變得很容易。

人類的記憶不是裝一把十分尼（口語中德國馬克的錢幣單位）就裝滿了的瘦小豬型撲滿。它比較像是銀行帳戶，每一年都會孳生百分之百的利息。

太多錢是種負擔嗎？只能說，會因此而感到內疚。然而，我們不能逃避擁有知識。知識的擁有是繼續學習的基礎和支撐。而且有了學習教材的輔助，學習能力會呈等比級數增加。

只有在學習者什麼都不知道或知道的太少的情況下，才會加重學習者的負擔。

≫
只有知道的太少的人，才會覺得學習是種負擔。

動態學習

老貝立茲的學習方法，讓這關鍵性的半秒鐘發揮了絕佳的成效，所以他是少數能做到這種成果的老師之一。在最小的時間單位內，運用最好的訓練，因而產生了最有效果的學習。

他的作法當然不夠學術性，只是類似而已，甚至可能是無意識的。他的成功印證了他有天才般的直覺。

利用這種理想的學習瞬間，來牢記學校的知識，並非易事。因此我們的目標是，反應必須在刺激之後的半秒鐘內出現：如問題的答案，或者在學習語言時，把外語翻成德文，或反之。

》答案必須在半秒內緊跟著問題出現。

現在讓我們來想想看，這是否也會發生在平常的課堂上：

站在黑板旁的老師要教學生這句：「Ich gehe zum Fenster（我走向窗戶）」，英文是「I go to the window」。口頭上，老師會先後用德語和英語唸出：「Ich gehe zum Fenster……I go to the window」。

在唸這一句德文和英文的中間，大多數老師都會停頓一下。中間停頓的時間，老師會意味深長地看著學生，提高學生的緊張程度。他們故意對學生的答案提出質疑，反而遲遲等不到原先應該在刺激過後出現的反應。我們可以確定，在絕大多數案例中，這個中間停頓的時間持續約一秒半至三秒鐘左右。

這幾乎比關鍵性的半秒鐘還久，因此這中間

》課堂上的「中間停頓時間」壞處大於益處。

的停頓是有害無益的。這兩個先後句子間停頓的時間愈長，連接、結合以及聯想的效果就會大打折扣。

這同樣也適用於書寫上。

老師先在黑板上寫下德文句子，然後是英文句子，或者相反。

這兩個訊息間的停頓必然會更久。當老師寫下德文句子後，他必須停頓下來，手中拿著粉筆回到黑板的另一邊。然而在這過程中，他經常會故意放慢速度，並且不時回頭看全班學生是否在認真地跟著開口唸，方才繼續寫英文句子。

現在兩個句子雖然同時寫在黑板上，它們之間的距離看起來好像比半秒鐘還短，但它們被當作是靜止不動的畫面來看，不再呈現動態的順序，而這順序明顯地被兩個不同的訊號分開。

它們只是一個靜態的事物，而不再是發生中的動態事件。它們也因此而失去了刺激和反應的特性。

對於人類和動物而言，靜態學習效果不彰，這個重要事實適用於每種學習過程。

改變、轉換是讓我們意識到任何東西、一個物件、一個人，或甚至是一個事件的基本先決條件。

當我們來到一個新環境，像是陌生的度假地點時，我們第一天的注意力，最有可能會集中在那些毫無生命或靜止不動的物體上；會被房舍、棕櫚樹、電視天線、公園標示牌、每個石頭、台

》》⋯⋯⋯⋯⋯⋯
對於人類和動物而言，靜態學習效果不彰。

階和花盆所吸引。

它們自己不會動也沒有關係。

行動是相對的。因為我們的到來，所以它們成為變動中的物體。

不過，如果我們停留得時間長一點，我們會發現所有的東西其實都在改變。

然而，因為新鮮而在第一天看起來還很有趣的東西，隨著接踵而來的新發現，它們的生命也跟著消失了。它們不再有「刺激」，「刺激」一詞在此直接被賦予學習心理學上的意義。

隨著好奇心的消失，刺激喪失其吸引力時，心理學家稱之為「習以為常」；一動也不動的東西，自然最先遭到忽略和遺忘。這就是為什麼有些人只記得寵物、狗、貓、金絲雀，因為這些東西會動。

度假時，當我們自己移動且新事物出現刺激時，我們才會注意到不會動的東西。

用粉筆寫下的句子：「Ich gehe zum Fenster」和「I go to the window」就有類似的效果，更確切地說就是沒有任何效果。用裝死取代刺激。因而，無法在學習心理上產生任何影響力。

>> ················
已寫好的句子是死的。

當老師將這兩個句子一個接一個地寫在黑板上，當它們出現的那一瞬間，也就是這兩個句子還在變動的時候，它們應該會引起最好的聯想、連結以及烙印的作用。

可是這瞬間的時間太長。兩個句子出現在黑板上的的時間，中間間隔了三到五秒鐘，遠超出最理想的半秒鐘學習時間。

兩個句子的組成元素，也就是單字和句意，

181 用功知道

要在關鍵性的半秒鐘內相繼出現，這對老貝立茲並不是難事。

不論是用口頭或書寫，老貝立茲都不會採用上述這種將兩種語言的單字和句子並排的學習法。他藉由動作和手勢來認識外語的意思，而這些動作或手勢會直接帶動他。

當這位貝立茲老師說出：I go to the window 時，他會做出相應的動作。

當他念出：I take my hat off，他就真地會把帽子從頭上摘下。

當他說：my left hand，然後又接著說：my right hand時，他會真地舉起他的手，先左手後右手。

所有這些動作和手勢，是在看到或聽到這些外語詞彙時應該會聯想到的，現在它們和這些外語字的間隔不再超過半秒鐘的時間。它們也不再是靜止且沒有刺激的。

因此這些動作和手勢成為學習過程中的一環，是保證學習成功的要素。

貝立茲老師會自己做動作：這使他的教學方法如此成功。

學習語言，不用再繞遠路

貝立茲學習法的第二個優點就是，可以避免多走冤枉路。

可惜的是，全德通行的語言學習習慣，常將學習教材變得很複雜。它們將每種簡單的學習步驟變成複雜的小心翼翼。

上語言課時，一般學生不會將接收到的觀念

》.............
可惜全德通用的語言課程，有些是複雜的小心翼翼。

或想法先直接轉換成外語，而是會先在腦中用德文思考草擬後，才將這些字翻譯成所學的外語。

因此，英文句子：I go to the window不會立即出現在「走向窗戶」的想法之後，一開始出現的會是德文：Ich gehe zum Fenster。

就算這個句子很簡單，但還是不會立即被翻譯成英文。

因為學生會被句法和文法所纏困住，所以在他的腦中會出現很多問題，這些都與英文句型的文法有關，像是英文中的I是否真的是主格、是一個句子的主詞，又或者go是否和這個I有關聯，事實上也就是第一人稱單數的現在式，而且英文是否只要簡單地說to the window就好了，為什麼？

此外，還有更值得深入思考的發音規則思考，例如為何I是發/aɪ/的音，而不是和window中的i發相同的音，也就是一般發的/I/音；window中的ow音和德文中的au發音不同，而是近似於德文ou的發音，以及一些規則（或例外）。

如上所述，傳統的語言學習方法經過了句型分析、文法和發音規則後，變成了一件彎彎曲曲又錯綜複雜的事。用這種方式竟然可以學到一些東西，這說明了人類心智有無窮盡的理解力。

老貝立茲也摒棄這種不好的教學法。雖然他也教文法，但只是拿來作為輔助教材用，在一定程度上，是與學校老師的立場對立。

所以他教他的學生，從想法到吐出外語句子

在翻譯一個簡單的句子時，會陷入一種完全混亂的情況中。

的這個過程只要一步動作就完成了——必要的聯想就在這個時間點上執行，在這瞬間聯想直接就完成了：就在這半秒鐘的時間內。

相較於文法結構說明或翻譯，貝立茲的方法對於語言學習的初學者來說，尤其容易記住且效果十足。

猶如學生直接在使用這個外語的國家當地學習語言一樣，效果良好。

孩童學習母語也是相同道理。有時，老師或家長會運用相關的東西、情境和動作，協助孩童在重要的學習心理學期間內記住生字和句型。

以學習母語的方式學習外語，是件好事；只有在學習抽象且複雜的詞彙時，無法使用這種繁複的方式。

但到了後面要學習複雜、抽象的詞彙時，這種方法就會失去它的效果，因為這些詞彙的意義無法從日常生活的題材以及談話對象的手勢解讀出來。

我們試想看，必須要用多少的嘗試和手勢，才可以用這種方式向學生解釋英文中的「股票經紀人」。即使老師把這行業中富有名望的人士請到課堂上，也絕對不夠。提到英國的股票經紀人時，若採取現場展示的解說方式將適得其反，因為這些人的制服讓他們看起來就像是過氣的紳士一樣。貝立茲老師也無法向他的學生展示股票市場，也就是這些紳士工作的地方——在學生的眼裡，這些建築長得都一樣，只有老舊和豪華的不同而已。

對於所有繁瑣甚至具有哲學意涵的字彙而言，這種情況尤其嚴重和困難。也就是說，學習

者要學的不只是字彙而已，根本上是要從相關的概念開始著手學習。

運用貝立茲學習法，教導一個沒有接受過教育的人，是一件艱難又費時的事情。但如果學生已經接受足夠的母語語言教育（在本案例中：是指詞彙養成），那麼運用貝立茲學習法無異又多走了不必要的冤枉路。

這個可憐的學生必須將他認識字彙概念所走過的學習路，重新用陌生的語言再走一次。

他的學習之路可能必須走第二次，若學習第三或第四種語言，就必須再走第三或第四次。

最好的作法是，老師可以將這學習過程簡化在一個簡短的句子中，像是：「英文的stockbroker就是德文的Börsenmakler」。

大腦牢記要領

顯然，貝立茲學派還是有其缺點。

與其他學派一樣，貝立茲學派較適合用於教學，但不適合當作解決遺忘障礙的學習方法，也不適用於有效完成必要的複習。

如果有人可以每天花一個小時的時間，請一位貝立茲擔任他的家教老師，他當然可以遠離障礙賽跑，但是這要花大把的錢。

然而，不論是應用貝立茲家族的經驗或上面所提及的理論知識，我們都可以其他方法、用較少的錢取得巨大收穫。

尤其是，我們可以再次從中學習到新的大腦

由於單一生字，致使學習之路必須走第二遍——這是不值得的。

≫
若能將書寫的學習資料轉換成任何一種動態事件，比較容易被記住。有許多不同的方法可以做到。

牢記要領。

　　最首要的大腦牢記要領，是讓這些死板板、缺乏刺激性的書寫資料，經由我們自己的活動，轉換成新的動作以及心理學上的新刺激。

　　我們知道，行動是相對的。因此使行動產生，不一定要移動我們所觀察的對象、字體和描述的事件。只要我們自己移動就夠了，確切地說：是移動我們的眼睛。

　　若這兩個句子「I go to the window」和「Ich gehe zum Fenster」靜止寫在黑板上，我們首先就用我們的眼睛在這兩個句子間來回掃視。

　　我們先看德文句子，然後再看英文句子。只要時間允許，我們就不斷複習，直到老師寫好另外一個新的句子。

　　藉由這項大腦牢記要領，我們可以克服在此會妨礙學習的第一個困難，也就是指學習靜止、不具刺激的學習資訊。

　　雖然這些資訊本身好像並沒有移動過，其實我們已經移動了它們：當我們想記住的這兩個句子是獨立存在的，它們就會一個接一個成為我們注目的焦點。它們明顯像是兩個互不相同的刺激。因此，能夠更容易被牢記。

　　對此重要的是，這兩幅現在受到人為移動的文字圖像必須每間隔半秒鐘依序出現。

　　這不需要什麼刻意的人為操控或大腦牢記要領，它幾乎是自然發生的。因為我們的眼睛在當下的移動，是全然自主的動作，沒有任何人為的

I go to the window

ICH GEHE ZUM FENSTER

假使我們自己不能四處遊走，至少可以移動我們的視線。

協助。

但是像我們在（第153頁）所看到的字母群組圖像，就很難記住了，大部分只能儲存在瞬間記憶中。

因此，在老師將下一句話寫在黑板的這段時間，我們運用同樣也適用的第二種大腦牢記要領。

這第二種大腦牢記要領，我們也馬上會運用到我們的短期記憶。也就是在前一章曾提及過的默念。

» ·················
只要老師繼續往下教，我們就運用另一個大腦牢記要領：默念。

不斷重複地快速唸過這些字：「Ich gehe zum Fenster」以及「I go to the window」，而且唸得愈快愈好。

在這默念的過程中，強調的是重複的速度，倒不需要過分專注，但那些在學習記憶階段總是不專心的人勢必會嚐到失敗的苦果。

至少要做到最基本的所謂「專心」，除了將資料不出聲地不斷重複描述及複誦外，沒有別的；這種牢記，相對地較簡單。

無疑地，這種要領如同書寫、打領帶結、操控方向盤或釘釘子的手部要領一樣，都是需要練習的。

練習這項大腦牢記要領，也和其他的手部練習一樣。首先，保持冷靜並從不熟練的地方開始，不受陌生事物影響的干擾，這樣最容易進入狀況；將練習分割並從最小單位開始，然後逐漸增加負荷。

練習專心首先最好在一個安靜的小房間內。

學習卡也在此發揮了它的用處；只有在很「專心」學習的時候，學習卡才能真正發揮其效益。

讓一位學生看本書第二章中，學習卡上所寫的例子（第74頁）。在看過每張卡後，要他試著在數秒鐘內「牢記」德文及其對應的義大利單字和句型：die Mutter＝la madre（媽媽）；gehen＝andare（走）；ich gehe ins Kino＝vado al cinema（我去看電影）。

在新記憶知識的光芒照射中，現在「牢記」這個字對我們而言，似乎是一全新而陌生的詞彙。「牢記」一詞也是許多不精準字彙中的一個，用來描述腦部活動的結果，而不是大腦牢記要領。在本案例中腦部活動的結果是：這位學生應該要將單字記住。

現在，我們已經可以較明確地說，這種所謂「牢記」的重要大腦牢記要領，就是默念。

為了繼續沿用我們的例子，學生拿出一張卡片，在正面寫上「Fenster」這個德文字，並在背面寫上「window」這個英文字。

在確認了這兩個字後，他開始默念複習這兩個字：「Fenster – window – Fenster – window – Fenster – window……」。

輕而易舉。

若人們可以立刻將新的單字，像回音般在腦中迴繞，這是最好的牢記方式。

這些字如同在狹窄山崖峽谷呼喊的回音一樣，不斷地在腦中迴響著，最後逐漸沉寂消失。

當學生嘗試「牢記」一個單字時，他會在幾

秒鐘內腦中不斷迴繞著「Fenster – window」之類的結合。現在我們也知道，這時他應該會將這一組單字，儘可能快速地交替出現在他的腦海中，速度快到最快在半秒鐘內就能記住。

現在我們來看，學生如何逐漸提高他能夠「專心」默背的負荷量。

學生從學習卡中再拿出一張，在這張卡上，「window」這個英文字已經結合了其他單字。例如，正面出現德文「zum Fenster」（走向窗戶），背面則寫上了英文「to the window」。此時，這位學生同樣採取默念的方式來記憶：「zum Fenster – to the window – zum Fenster – to the window……」。

第三張卡則寫上更長的單字組合：「ich gehe zum Fenster」，然後依照同樣的方式複習：「I go to the window – ich gehe zum Fenster – I go to the window……」依比類推。

尤其對於英語的初學者來說，這是有些困難的。

這練習不斷增加句子的長度及複雜性：「Ich stehe auf, gehe zum Fenster und sehe hinaus – I get up, go to the window and look out（我站起身，走到窗戶邊並望外看）」或者「Ich stehe auf, gehe zum Fenster, öffne es und sehe hinaus – I get up, go to the window, open it and look out（我站起身，走到窗戶邊，打開窗戶並望外看）」等等。

>> ································
我們再次看到：學習就是知識逐漸的擴增。

如此一來，人們便可以知道自己短期記憶的極限在何處。

每個人都可以長時間練習默背這種大腦牢記要領，直到在某個程度上達到完美為止。這樣就可以逐步提高短期記憶的負荷量，而且也知道了自己負荷能力的極限。

因此，每個人要做的就是懷疑並嘗試突破這記憶力負荷的界線。如果試驗失敗，最好重新開始並暫時縮小試驗範圍，要讓自己產生些許的成就感，否則會失去學習的興趣。

我們回想一下：如果練習有成效的話，學習者就會積極默背；反之，就會變得無精打采，情緒惡劣，以致放棄練習。

將一課的內容一次全部牢記，量實在是太多了。

若有學生嘗試用這種方式將教科書中一整課的內容背起來，這麼做是沒有意義的，因為他根本不想這麼做。這就像演員在揣摩角色所做的努力一樣──大部分的演員會因為角色揣摩學習而對他的工作產生厭煩。

有些讀者認為花長篇大論來討論默背是乏味且多餘的。他們認為每個人具有這種簡單的大腦牢記要領，乃是理所當然的。後來，或是因為偶然或是因為幸運，而從這種能力發展出另外一種能力。

但是，這不完全是理所當然的。

有許多人，甚至可以說是絕大部分的人，卻只能盡最大的努力，用陌生的語言，一種對他們來說是全新的語言，如英文句子：「I get up and go to the window」做多次反覆且快速的複習。但是，他們就是做不到。

因此他們在其他人眼中看來，就是「失敗」的，而被當作是「笨蛋」或「記憶力差」。難道一個歐洲人笨，是因為他不會正確綁頭巾？又或者一位貝都因人笨，是因為他不會打領帶嗎？

為何短期記憶和所謂專心的練習，無法經由唸出聲將資料牢記，這問題依然是個謎。

為了讓資料真正進入記憶中，為了能找到正確的開始，或者為了控制人們是否真的牢記了，是可以將資料唸出聲的。

一位歐洲人就只因為不會綁頭巾，所以他就是笨蛋嗎？

不過，有兩個理由支持並說明了真正的練習是要靠默背來完成。一是基於學習理論的本質：不需要出聲學習單字比需要出聲學習更快讓人複習完；最理想的間隔時間半秒鐘，也因而變得較容易遵守。

第二個理由是來自大腦牢記要領的實務經驗。當有人站在我們的聽力距離範圍內，就必須時常使用這種默背的學習方式，才能正確地覆誦，如果從那些人那兒得到的資訊，大部分都值得立即且積極的複習的話。

但是當一個人在其他人面前總是一再地低聲喃喃自語，而他的談話對象已經轉換至下一個其他主題時，這時候就算藉由大腦牢記要領也不會有太大進展。可能反而會讓人感到不舒服，而把你送進瘋人院。

>> ....
背誦固然好──但不要喃喃低語，否則可能突然會被人送進瘋人院去。

有益的干擾

專心的一個明顯特性就是不能受到打擾，這

也得仰賴練習。

為了檢驗學生的抗擾性，學生首先要先確定，一個多長的句子長度，他可以看過一遍後，就能悄悄地且無誤地複述。這裡不需使用外文句子。因為即便複述的是較複雜的母語長句，也不是件簡單的事。

假如這位學生已經確定了，他就可以在專心練習之際，故意插進干擾。

例如在背誦的時候，他可以打開收音機，起初很小聲，然後慢慢地將音量愈調愈大聲。或是打開關閉的窗戶，原本是為了隔絕外面瀝青被壓氣錘重擊所發出的嘈雜聲而關閉的。或者更好的是，他可以在腦中練習複述的時候，打開電視，而且正好上演亂哄哄的北美西部驚險片。

我們故意加入干擾，這也是練習專心的規劃之一。

連帶地，他也可以由此測出，干擾影響他專心的程度有多少。也就是說，縮短句子的長度到他可以無聲喃喃自語地複述這句子，而不會有想像中的結巴出現。

假使他努力不懈地繼續練習，在一些負荷的激勵下，他的專心度會提高。而且，還從中獲得了一個奇特而寶貴的發現：一個人在默念時，他能夠用不同的強度和「音量」說話──他訓練自己「內在聲音」的力量，最後用想像將吵鬧聲以喊叫聲蓋過，儘管他並沒有真正發出聲音。

≫
在吵鬧中記憶，也是一種訓練專心的很好練習。

這不只適用於外在的干擾，也適合一些從內在產生的干擾。凡在工作時可以忍受喧囂音樂劇中發出的大叫聲和嘶喊聲的人，都不會再輕易被

煩惱、害怕和沒耐心所左右。

大部分的老師都建議學生，盡量在沒有干擾的環境下學習，因為這有助於集中注意力。

這用於學習最困難的第一階段是正確的，但用在其他階段則不然。

當你開始感到緊張的時候，尤其你又是學生的時候，必須讓自己保持專注——學生在做課堂作業時，如果老師不停地在走道上走來走去巡視，這老師就如同吵雜的電視般讓人感到緊張。

不論是在生活上或是工作上，緊張總是會影響重要的成績結果。我們應該學會在一些試驗中保持冷靜。

但何謂「冷靜」？

再強調一次，就是除了專心之外，沒有別的；不間斷地一直回想，什麼是我們必須做而且想要完成的。

學生必須學會在任何時候都保持冷靜。

因為缺乏「冷靜」、「自制」、「堅持」，所以會遺忘——我們的短期記憶會放棄運作，導致默背我們眼前緊急所需資訊的動作被打斷。

一旦失去冷靜，一個人內在的聲音很少可以堅定且「大聲」地將資訊背誦出來。

意義是關鍵

我們現在知道，若單字缺少了其涵義，這些單字是無法或很難保存在人類的長期記憶中。然而正是那些我們想要長期保存的資訊，必須放入這種長期記憶中。

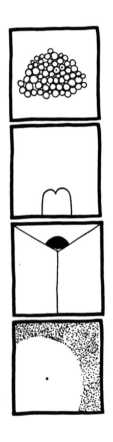

因此我們來到第三種大腦牢記要領，也是最困難的——將單字、圖畫與概念、意義和想像連結在一起。

許多人（不只詩人，還有老師和一些心理學家）談到「記憶畫面」時都相信，人類在腦中所感受的到這個事實是縮小的、但是多少忠於真實畫面的複製品。

代表這理論的心理學家，用希臘字 isomorph，也就是「相同影像」來稱呼在我們記憶中的外部世界足跡。所謂的同型性的概念是，腦神經細胞構築的房子就像實際房子，馬就像真的馬，人的臉型就像在護照上所展現的一樣。

這種想法肯定是錯的。

比較滾石樂團與他們樂器一起演奏的歌曲唱片軌跡，以及在我們腦中記憶和學習所留下的足跡，腦中所存留的足跡與真實實物間的差異，應該是大於唱片軌跡和真實聲音間的差異。

如果我們注視左圖，然後把它們放到一旁，嘗試從記憶中將它們全部正確地還原；很明顯地，幾乎沒有一個人可以完成這項任務。

這種看似沒有意義的圖片，就是所謂的「組多圖」，有花樣的幽默，在這遊戲中觀察者要猜測，這些圖有什麼意義或含意。

「組多圖」（在發源地美國的原名為：Droodle）從上至下依序為：

1. 裸體舞者將自己隱藏在橘子下；

2. 尋找鈕釦的裸體主義者；

3. 吃早餐的時候，老婆如何看他的丈夫；

4. 桿菌遠離已經碰上盤西林尼的同伴；

5. 金字塔前的駱駝。

這五張組多圖是一種有趣好玩的例子，顯示如何將看似無意義的資料，變成有意義。

現在我們知道了這五張圖的意思——所以，要將這五張幽默的圖畫牢牢儲存在記憶中，絕對容易的多。

發生了什麼事情？到目前為止，被認為是沒有意義且不重要的資料，這時對我們都有了意義。因此，我們可以更容易記住這些資料：之後，當我們提及「組多圖」，這些圖片中的一張或其他圖片，即使在多年後我們還是會記得。這可證明，這些記憶都已進入了我們的長期記憶中，雖然它們有可能被埋沒、混淆或阻塞，但卻不會再被遺忘。

我們也可由此看出，從短期記憶到長期記憶的大腦跳躍多麼重要，因此我們要儘可能立刻將學習教材賦予概念、意義和意涵。

再一次：什麼是事物的「概念」、「意義」和「意涵」？

這裡指的不只是與已認識或是已學過之事物間的關係。當我們能夠隨心所欲地運用這些關係，我們才可以真正地「抓住」這「概念」。

我們不會把學習心理學上的概念和數學上的概念混淆在一起，如：圓就是所有點的軌跡，這些點到某一定點（圓心）的距離都相等。

沒有特別條件或動機的學習，人們同樣很難記住要學的東西。

在學習心理學上，重要資訊的「意義」最終取決於它們的使用效果：是否有助於學習者達到目標。

當學習者至少會如此想像時，一切就夠了。

這種個別的關係創造出了「概念」、「意義」和能將資料在長期記憶中黏牢的黏著劑。而在學習心理學上，「意義」的價值在於，它是針對學習者的需要、情緒和意願而定的。

» ⋯⋯⋯⋯⋯⋯⋯⋯⋯⋯⋯
特別的使用價值，讓資料如同使用黏著劑一般，牢記在長期記憶中。

這種儲存過程是如何產生的，很難用文字解釋，因為過程中毫無文字的存在，但也無法透過畫面呈現，因為畫面同樣不存在。

當我們提到我們記憶中的「圖畫」時，我們必須要認知到，構成這些圖畫的線條和外部的真實世界是截然不同的。

» ⋯⋯⋯⋯⋯⋯⋯⋯⋯⋯⋯
記憶中的「圖畫」不再和真實世界相符。

工程師在腦中繪製的機器輪廓完全不同於製圖板上的。它們不是直接將機器構造描繪出來，而是在大腦中將它們的功能、用處以及某個部分描繪出來。從人們腦中的「圖像」只能間接地推論出機器的實際外型，因此非工程師，是無法牢記一份科技建構圖的。

馬、貓及房子等字彙之所以容易被人記住，其實取決於人們對其特性的認知（概念），例如：馬是一種可以讓人騎也會拉車的動物，所以可以被牢牢記住；貓因為牠會抓老鼠或撫摸牠時，會發出舒服的聲音；房子則是因為它可以遮雨避

寒；還有個人好的或壞的行為、化學公式間的互相轉換等等，所有這一切都有其形成的理由——它們全都和人類的動機有關。

一個人在腦中記住的親切旁人「線條」，不同於真實的鼻子、嘴唇、額頭或顴骨的外形，而是這個陌生臉孔所散發出來的感覺。

人類的記憶藉由這些特點勾勒出外在世界的輪廓，而這些特點主要是由大量的加減符號，肯定與否決等答案組成。

相較於其他臉孔，特別美或醜的臉孔更容易為人所記住，這也適用於世界上所有美或醜的事物。向來不被視為科學的美學和藝術也經由上述這種觀點，找到它在學習心理學上的依據。

貓之所以被記住，因為牠會抓老鼠，當人撫摸牠時，牠還會發出舒服的聲音。

最重要的問題：為何如此？

學生藉主動提問：「為何如此？」（wozu）來挑戰新資訊。藉由這種大腦思考的協助，我們可以將圖片或單字轉移至我們的長期記憶中。

這種提問能力好像是每個人與生俱有的。

小孩雖然是用這個德文字「為什麼？」（warum）——但是意思相同，都是關於目的和意義的問題。這些問題幾乎常讓成年人感到不耐煩。但只有「愚笨」的父母會壓制這些問題，小孩會因而喪失了學習的眾多先決條件之一。

把「為何如此？」這個能達到長期記憶必備的問題，用來詢問是否滿足原始本能而侷限於飲食和性上，這當然根本就是錯的。

》...................................
只有愚笨的父母才會因為孩子不停地問：「為什麼」而生氣。

即使像圓的定義這類死資訊，都有其價值和需求性：圓就是所有點的軌跡，這些點到某一點的距離都是相等的。藉由腦中這個定義和圓規的協助，我們可以輕易地畫出等腰三角形。

因為這個三角形的三個頂點間的距離都是相等的，這些交會點同時也是三個等圓的圓心。因此這是有可能成立的——藉由這種想法讓圓的定義產生了實際的用途。

這類的「概念」當然會增進記憶，但只限於對幾何已有認識的人，也就是那些想藉由幾何完成某事的人。不重視幾何的人，在學習心理學上，這些想像是沒有任何助益的。

他必須為圓的定義做其他的「理解」，替這定義另外找出一個「涵義」。

他也許可以自己站到中心點上，然後繞著自己畫出一個圓，這個圓阻擋其他討厭的同學，或者將自己當作是大砲的發令官，向十公里距離內的每個可惡敵人發射砲火；或者西班牙皇家騎馬學校的隊長，讓利比扎馬繞著隊長在圓內練習慢跑：驕傲種馬或是公馬的馬蹄步伐與隊長的距離都差不多一樣遠。

提出「為何如此？」問題的這種思索，雖然好像是每個人與生俱來的能力，但每一個人還是要持續不斷地、不論日夜地，在醒著的每時每分，努力練習。

只有不斷評估的人，才可以同時擁有良好的記憶力。所有的天才同時也都是熱情的，這並非

即使是死板的軌跡定義，也有其實際用處。我們可以畫出一個三角形。

很難做到抽象想像的人，舉例而言，可以藉由想像的大砲來記住圓的定義。

偶然，因為他們很早就學會這最重要的心智活動，因而有個人的義務和情緒的表達，進而演變成一個數學邏輯的爭論。

因此，這些評價並不一定是要正確的，甚至是理智的。這些評價可能是充滿偏見的、主觀的、不公正的，也會受到憤怒和忌妒、愛和恨，以及個人品味的影響。

» ....
「為什麼」和「為何如此」的問題有助於我們記憶。

但這些並不會帶來傷害或損失。只要這些感覺不會招致冒失的行為，反而就是最好的黏合劑，讓新資訊得以牢牢存進長期記憶中。

順道提供另外一個有效的大腦牢記要領：

想將一份由很多難記的小資訊所組成的資訊記住的人，只要先將最難的部分記牢，然後再記較簡單的部分，就可以將它們牢記。

» ....
在此還有更快速的大腦牢記要領：如果可以，請你先記住資訊中較難的部分，然後是較簡單的部分。

舉個例子，一個由兩部分所組成的住址，一是街名，另一個是住址的房子號碼，如卡爾街149號。

「卡爾街」比較容易記住，數字「149」就是較難記住的部分。但對於記憶住址有經驗的人來說，當他想要從記憶中喚出這個住址時，他會先叫出「149」，然後才是「卡爾街」。

如果順序相反，常常會讓人經歷到不愉快的懊惱，不斷接踵而來的緊張讓人窒息，導致他想不起149這個數字。

因此英國人對於住址的寫法和美國人不同，他們採用的是符合學習心理學的「56牛津街」，而不是相反。

6 縮寫的思考

一九四〇年，一位戴眼鏡，身材瘦小，病容
憔悴的年輕人，像是稀有動物般地受人注視。他
名叫諾瓦考斯基（Friedrich Nowakowski），才剛
拿到博士學位不久。他曾經在維也納法學院當過
助教，當時就是名優秀的法官，若不是有群學生
和他往來，這位法官也不會讓人印象如此深刻。

他驚人的速記能力，尤其讓人稱奇。

他可以將一場演講的內容一字不漏地記錄下
來，並閱讀速記的內容，他記下來的東西提綱挈
領，條理分明，字跡彷彿是用打字機打出來的。

最令人震驚的是，他甚至能用更快的速度將
自己的想法寫下來。短短幾分鐘內，他便能夠用
速記記下來的關鍵字，重組成一篇一小時長的演
講稿。

彷彿他在書寫與思考這兩種動作間少有時間
落差——由於他書寫的速度如此快速，也帶動了
他的思緒可以快速進行。

他在教室中的一段對話，也獲得了他的證

> **迅速的速記能力帶來大好的升遷機會。**

思考是很快，只是被書寫給耽誤了。

實：「當然，人們的思考非常快速，」他說，「只是書寫妨礙得如此嚴重……」

諾瓦斯基博士現任教於因司布魯克法學院，是奧地利受人尊敬的一名法官；我們可以由此推想，他完美的速記能力顯然對於他的學術生涯有很大的助益。

到了口述錄音機時代，速記常用的簡易符號或縮寫，反成了一門為許多速記小姐所輕視的藝術，其實速記並非只是一種靠雙手靈巧度的微不足道雕蟲小技而已。只要掌握住了這門藝術，它就能變成一種很好的思考訓練方式，也可以拿來練習記憶縮寫。

速記鍛鍊心智，也讓想法變得緊湊和簡潔。

也就是說，速記所需的靈巧雙手不只是讓手指靈活，它還可以鍛鍊心智，讓想法變得簡潔、緊湊、而且更有效益。

這有助於合理化說明大腦的運作過程，特別是在學習方面。

人類，縮寫的動物

人類的語言稱得上是說明此種合理化過程的工具。

語言文字本身就是一種「縮寫」。

相較於複雜萬端的現實，語言文字本身就是一種「縮寫」。

有一個人看到了一種相當小的長毛動物，牠有長長的身體、短短的四肢和軟軟的爪子，以及三角形的耳朵和牙齒，還有細長的垂直鬚毛。

牠不斷地往前走，尾巴如同響尾蛇的一樣擺

動。牠發出舒服的聲音與其他聲響，這些聲音在人類的文字中，可以透過字母miau來呈現……。

但是觀察這種動物的人類，認為沒有必要用這麼冗長的寫法來表達。

他簡單地用Katze一字來表達，每個人就都可以理解了。

換言之，他只要用一個字就足以描述一種生物，如果改用其他單字做完整描述可能會寫滿許多頁。

或者，從諾瓦考斯基博士的專業來看：當一位法官説「謀殺」時，他是用這個字作為人類蓄意違法殺人的縮寫。

為了能真正理解這個縮寫，他必須對其他一些事情已經有些許認識，也就是知道生與死的差別、合法與違法的涵義；他必須清楚地知道，何謂「蓄意」——如此，他才可以依據人為的規則分辨，究竟是蓄意「謀殺」，還是過失殺人。

所有「生命」、「死亡」、「合法」、「違法」、「蓄意」這些字，同樣都是其他文字或是隱藏在其背後真實現象的縮寫。

一八九五年，物理學家倫琴（Wilhelm Röntgen, 1845-1923）發現了「光線的新種類」，他稱之為「X射線」，但是後來這種光線在德語界被稱為「倫琴光線」。現今他的名字被當作是某個醫學專業領域的縮寫，也就是倫琴學。

一位年輕的慕尼黑物理學家Mößbauer發現了一種方法，並以實驗首度證實了，愛因斯坦的

» ································
「謀殺」需要強有力的知識。

時間膨脹理論。他所利用的這種物理現象，被稱為「Mößbauer效應」——只有那些能夠了解複雜難解的物理理論、懂得計算和實驗，以及整個現代物理學的人才能夠理解這個縮寫。

縮寫應該要寫得簡短。

然而，簡短比描述本身來得重要的多。拉丁字Omnibus原意為「為了所有人」，但人們總是把它解釋成大眾交通運輸工具。Bus是這個縮寫字的縮寫，只是一個沒有意義的字尾音節。儘管如此，它還是被視為是有意義的字。

提到德文字Pistolenkugel或是更短點的Kugel，雖然手槍的子彈大都不再是字面所指的球狀，而是尖頭的柱狀。儘管如此，這兩個德文字還是可以讓人理解。

所有的人都能理解這個完全沒有意義的字尾音節，這不是很奇怪的事嗎？

如果本身已經是縮寫字，但長度還是太長的話，一般來說會再縮短。我們的遺傳生化物質，德文稱為Desoxyribonukleinsäure（即英文的deoxyribonucleic acid, DNA）。即使是講求正確的嚴謹科學家，引述時最多也只使用過一次該字的全名，或者直接簡稱為DNS。

為了縮短這個德文字Elektrizitäts-Werk（發電廠），大都簡稱為E-Werk，而用USA取代United States of America，UNO代替United Nations Organization（聯合國）；有時我們也會用縮寫來表達一些常用的慣用語，結果也引發了語言學家對某些縮寫來源的爭議——像統稱美國士兵，美國式的表達方式則為Jeep或G.I.。

與其被稱為「社交生物」，人們寧願被稱為「群居動物」。但是在人類之外，還有許多群居動物和牠們的同類生活在有秩序的社會中。

稱呼人類為「縮寫動物」可能更適合些。人類是唯一的生物，可以立即將他們所碰到的所有事物，用一個縮寫來表示。

我們並不是要這種縮寫動物記住真實的事物和現象，而是要他們記住自己想像的文字或圖畫的縮寫。人們可以學習這些縮寫讓記憶更深刻，利用它們來思考工作，甚至藉由它們的協助創造新的事物或改變這世界，這倒是沒有其他任何一種生物能做到。

> **»** 我們不是要記住真實的事物，而是要編造出可記住的「縮寫」。

所有這些都可以藉由語言成為可能。語言不僅僅有告知、表達的用途，至少還有學習和記憶的功能。如果沒有語言，我們很難想像記憶和思考會如何運作。

> **»** 沒有語言，思考和學習是不可能的。

數字也是縮寫

有時口語也有不夠用的時候。此時，它們無法再繼續簡化——也就是無法繼續人為的縮寫創造——無法將複雜的真實情況清楚地呈現出來。

從數字和數目就可以清楚看出。

在德文中，「數量」這個字也是「木頭凹痕」的縮寫。它源自於古德文中的talo，且稱為「裂縫」（山谷也就是裂縫）。

在早期，計數和算術是件很麻煩的事情。

古波斯人領軍的統帥讓麾下的士兵列隊逐一

通過一個盆罐，每個人都要將自己手中的一顆石頭投入這盆罐中。從盆罐中裝滿的石頭數量可以估算出這些壯丁的人數——還可以評估供應軍隊所需日常用品的採購數量。

即使是羅馬人的計算系統，羅馬人也同樣面臨了一些困難。譬如要將MDCXXXXVI和CCCXXXXI兩個數字相乘，就可以清楚看出其難度。直到印度人發明位數，才使這類算術變得較簡單：每個學生都可以算出1646乘341的答案。

»»·················
古羅馬人要運用他們複雜的算術系統是非常困難的。

在此，人類的縮短本能似乎也帶來了小小的驚喜。經由較簡易的新式縮寫，讓計算還有大數目的運算變得很簡單。

同時，人類也為天文學和最小物質組成，創造出新的縮寫數字及計算公式。

»»·················
光年幾乎只能用縮寫來理解。

例如，天文學的距離是以「光年」計算。一光年是光一年行經的距離。

一光年是多少公里？

確切數字為9,460,500,000,000公里，此數字很難讓人記住。因此人們就縮短這數字，而說：9.4605乘10的12次方公里。

距離我們銀河系最近的漩渦星系，也就是仙女星座，有兩百萬光年之遙。這是多少公里呢？

確切為18,920,000,000,000,000,000公里。這數字幾乎沒有人可以記得住。可是如果有十進位冪數的輔助將它縮短，就會變成18.92乘10的18次方，清楚易記。

數學的公式語言不外乎是種儘可能精確的縮寫系統。若嘗試要用數學運算來取代某些輔已文字說明的線條，這是行不通的。

這似乎就是人類學習的所有祕密：人類無法記住世界和生活中的真實事物，而只能記住縮寫、簡化的名稱；以及人類會將縮寫繼續縮短成新的簡單符號等等。

明確的說法是：人們從真實事物中的縮寫中的縮寫中的縮寫中學習。

只要能夠做到這一點，學習就算成功了。

≫⋯⋯⋯⋯⋯⋯⋯⋯⋯⋯⋯
我們從縮寫中的縮寫中的縮寫中學習。

神聖的7

縮寫思考在學習心理學上的意義，無論在理論或實驗上，已於一九五四年由美國心理學家史密斯（Sidney Smith）闡明清楚。

史密斯從事實出發，即人類的短期記憶是種有限制的理解能力。一般來說，人類最多只能同時記住七筆新的資訊，也就是說：通常超過七筆就無法相互交替默念背記。沒有默念背記，就會遺忘一些事物。

當然這只是粗略的統計平均值。當然也有人可以同時記住八筆，甚或是九筆，另外也有人只能記住五或六筆。

7這個數字是個平均值，它同時也是個可看清楚又可記憶的單位，早在很久很久以前，就在人類的思想中佔有一席之地。

在牧師、教師和詩人的頭腦中，這數字表現

在許多許多年前，這神祕的數字7就扮演了重要角色。

出神奇又神祕的特性。被當作是「神聖數字」的7，一再地出現在所有儘可能相關的成群事物上：七海、七大世界奇觀、七矮人、七重天、七大原罪、七根智慧柱，以及創世（上帝用七天創造世界）和一週有七天。

當一個人從一個房間走進另一個房間時，有需要的話，可以記住七位數的電話號碼。八位數或九位數時常在短短的路程上，就忘光光了。

史密斯試圖確定，是否可以用人為的方式來擴增人類非常微小的記憶量。他透過一種令人驚訝的簡單訣竅，也就是學術上所說的「編碼」（recoding），成功地辦到了。

魔咒：新的密碼

「密碼」（code）其實就是「神祕的文字」、「神祕的鑰匙」，或者可純粹理解為「文字」。recoding這個英文字意謂將一種密碼呈現的資訊，轉換成另一種密碼，就如同將象形文字轉換成音標文字，或者將摩斯密碼轉換成拼音文字，或將文章從一種語言翻譯成另外一種語言。

>> 一項實驗證實：人們可以大幅提升記憶力。

史密斯在其著名的親身實驗中證明，將腦中的資訊編碼可以間接而明顯地提高我們的短期記憶力。

史密斯實驗的先決條件是，認識二進位數字系統。為了不讓他的實驗失真，所以我們只做小小的改變，好讓沒有受過數學訓練的人也能理解。

一開始史密斯提出如下任務：非常簡單的資訊，在瀏覽過一遍後，必須立刻依序記住，如同下面所示的一連串的點和橫線：

-.-...-..---.--

請再試一次！

這總計有十六個點和線，多於七個。幾乎沒有人能夠從一個房間走進另一個房間的時間內記住這些連續出現的符號。

但是，史密斯先生卻讓這不可能的任務成為可能。

首先，他將點和線兩兩成雙為一個單位：

-./-./../-./.-/--/../--

如此一來，他將原先組成舊資訊的十六個單位變為八個新的單位（這次是兩位數）。

然後，他思考著將這些點線歸類的可能性組合有幾種。答案是只有四種，史密斯並賦予每一種組合一個清楚的一位數新名稱，他將它們歸類至1到4的數字中。

>> 密碼將資訊佔為己有。

.. = 1
.- = 2
-. = 3
-- = 4

這新的標示1、2、3、4，是新組合的縮寫，

現在將這套進兩兩成一單位的組合中：

- . / - . / . . / - . / . - / - - / . . / - -
3　　3　　1　　3　　2　　4　　1　　4

　　因此他將原先十六個點和線的組合「編碼」了，藉由其他的「密碼」，也就是數字來展現。

　　現在，他的任務已經明顯變得輕鬆許多了。他已將這些點線的數量分切為兩半：他現在只需將原先的十六位數資訊，減少為八位數資訊存進短期記憶中，指的就是數字組合：33132414。

取代原先的十六位數資訊，只需要將八位數資訊存進短期記憶中就可以了。

　　假如他可以照順序，沒有失誤地不斷將八個數字牢記，他等於是一次把十六個點和線的順序牢牢記住了，因為他可以利用倒譯法，從數字中倒推重建：3 = -.、3 = -.、1 =⋯⋯如是而下。

　　同樣的方法當然不只適用於我們所提及的點線順序的記憶上，也可以應用在每一種其他事物上。如此隨意的、偶然的和瘋狂的點和線，居然也能夠編碼！

　　經由編碼加強記憶力的這種大腦牢記要領，受測者只需要將兩個一組為單位的新編碼熟背。只要受測者能不斷想著這八位數的數字組合，能記住它的時間至少就可以那麼久。

　　史密斯成功地記憶了這十六個點和線，但並非每個人都可以完成。這任務還不夠簡單。我們要知道，新組成份子的數量還是太大，大於神聖的7。

　　因此史密斯繼續簡化這任務，現在他將原先

的點線順序每四個為一組：

- . - . / . . - . / . - - - / . . - -

　　然後，再次為四合一的點線組合發明新的符
號，現在換成為字母：

.... = A

...- = B

..-- = C

..-. = D

.--- = E

.-.- = F

.--. = G

.-.. = H

-... = I

-..- = J

-.-- = K

-.-. = L

--.. = M

--.- = N

---. = O

---- = P

　　現在，史密斯需要花一點時間來背熟新的密
碼，也就是四合一的縮寫。這需要花時間和精
力，可是不會比背摩斯密碼更費功夫。

　　藉由這種新的「密碼」將所有可能的四合一
組合記入腦中。對於天才的史密斯來説，將十六
個隨意排列的點線記牢，不過是小孩的遊戲而
已。

　　在第一次閱讀這點線順序時，他就已經將四
合一的組合編上新的名稱：

一連串混亂的點和
線，經由「密碼」變
成容易記憶。

- . - . / . . - . / . - - - / . . - -
　L 　　D 　　E 　　C

　　藉此，將十六位數的點線順序轉變成只有四

位數的字母串。

他可以立即且不費功夫地將LDEC的順序記在腦海中。每個人都可以做到。

因為他知道，這些字母是什麼的縮寫，他可以由此重建，而能於任何時候再次將這些記憶呼喚出來，即使是十六位數的點線順序，也可以輕易快速地重現，這是之前不能或幾乎不能做到的：

$$L = -.-.\quad D = ..-.\quad E = .---\quad C = ..--$$

當人們先學會這套字母密碼後，他不但可以使用點線系統作為這套記憶技巧的密碼，他也可以利用任何他能夠想像得到、可以劃分為四個四個一組的東西作為密碼。

木頭人變成為記憶天才

我們不應該被引誘，將史密斯先生的實驗當作是種廉價的記憶訣竅，像是想帶給觀眾驚喜的職業級心算師利用它的方法。

在他們令人驚奇的表演中，也運用到了一些類似編碼的其他大腦戲法，這是不可避免的。

然而史密斯藉由他的實驗證明，這實驗並非只是一種廉價的表演技巧。他證實即使一開始只是短時間記憶點和線，但是每個人都可以經由一次努力的學習，大幅提升他的「記憶力」。

所以（如我們在他的實驗中看到的）他從特別簡單的基礎開始，從像木頭人一樣貧瘠的腦容

量開始，他們的短期記憶一次只能記住四筆資訊，從某種程度上來說，就是從記憶力的最低極限開始。

儘管如此，依照史密斯的方法，即使像這樣的一個木頭人，都可以擁有十六位數的記憶「成果」；而記憶天才如未運用這種方法的話，最多也許只能同時記住九或十個位數。

史密斯實驗已普遍應用在學習和記憶的其他領域中，並帶來了讓人驚訝的成果。

史密斯的實驗清楚顯示，如果木頭人可以將他的資料適當地編碼，顯然木頭人可以比天才還「聰明」。

這項實驗不禁讓人懷疑，一般對於「木頭人」和「天才」這兩個名詞的差異認知是否合理。

「記憶力強」和「記憶力弱」二者間的差別，不僅僅可從記憶衰退的程度看出，更可以從當事人縮寫或編碼方法的實用度看出。這種區別也許更具說服力。

史密斯的實驗因為透過額外的編碼過程可以繼續延伸，由此還可能發展出令人驚訝的「記憶」結果。受測者也可以將A到P的字母每四個為一組，並配上新的名稱，像是人名。如AAAB是Adalbert，AAPI是Alberich，PLAA是Paula。

若以這種方式將A到P十六個字母，四個為一組來排列組合，則需要 16^2 = 256個名字──為了能將這麼多的名字記下來，需要費一番很大的功夫。

是木頭人還是天才──其不同不在於記憶減損的形式或內容，而是縮寫和編碼所運用的方法。

甚至連一個木頭人都可以成功辦到。只是非常無聊。

若可以克服這樣的任務，那麼同一個木頭人便可以藉由四個名字，記住六十四個以上的點和線，因為當他閱讀任何一串點線排列時都將其中每四個點和線編成一個字母符號，接著再每四個字母組合編碼成一個名稱。

他的觀眾可能會覺得非常不可思議。

這也沒什麼好大驚小怪的。這種成果其實就類似於，每個電報員都能夠精通摩斯密碼的模式一樣。

他也用字母將哨音（利用聲音呈現點和線）一組一組編碼，這是沒有經過思考的自發性動作。因此，他聽到的不再是.-，而是a，不再是.-..，而是I。如果他是一位受過訓練的電報員，他之後聽到的不再是單一的字母，而是整個單字或字組。

嚴格來說，電報員和史密斯所做的並無二致。

反過來，他當然也可以做得很好。將單字拆解成字母，接著將這些字母還原成摩斯密碼中的點和線。然後他坐在按鍵前面，一直敲打──這是同樣的過程。

醫生也是如此。

在我們的醫生尚未就讀醫學院之前，早在他還是小孩子的時候，他就已經學會了口語中的密碼，認識了像「痛」、「大頭針」、「水泡」、「發

》 電報員和醫生都是根據相同的方法工作。

紅」、「隆起」、「皮膚」、「裡面的東西」等等這類詞彙的涵義。

他了解，一些現象經由這些表達方式，而得以呈現和縮減。

有一天他在實際的案例中，遇到一位有下列徵候的病人：

● 神經痛；

● 肋骨間已紅腫的皮膚上，有個像大頭針般大的水泡，而且壓下去容易成為一個凹漥；

● 水泡內充滿血色的東西；

● 水泡成條狀分布；

● 一直分布到肚子附近；

● 開始結痂，然後癒合；

● 疼痛在幾週後又繼續發作。

在診斷和治療時，「帶狀疱疹」這個編碼單字可以協助醫生工作。

這些描述病痛的所有字彙，本身就已經是真實情況的「編碼」和縮寫。像醫生所說的綜合描述，即「症候群」，也是種縮寫。

但是，醫生對此並不感到滿足。他將所有字彙重新「編碼」，給它們一個集合名詞，他用較高層次的縮寫重新整理。

當他診斷出「帶狀疱疹」時，他會這麼做。

藉由腦中這種新的編碼單字，很明顯地，他可以較輕鬆地繼續思考。然後做結論，為治療下處方，這些處方分散在醫生記憶中的某處，他同樣可以把它們歸納成適當的編碼字。

如果沒有「帶狀疱疹」這種提示字，醫生在記憶中搜尋到的合適療法，可能會得到非常複雜的結果——這至少就像有人想從字典中搜尋某位政治家的生平，但是卻忘了那位政治家的名字一樣困難。

類似這種縮寫或編碼的動作，天天都在我們眼前上演。

如果不儘可能地為每一種清潔劑，取個令人印象深刻的名字，我們是完全不可能分辨出電視廣告中所推銷的各式各樣清潔劑之間有何不同。現在的廣告都是靠這類編碼的發明在存活。

》..........................
無法想像現在的廣告如果沒有編碼會變成怎樣，在學習心理學上，編碼同樣扮演重要的角色。

如果沒有冠上公司名或是型號，我們同樣也很難區分不同汽車製造商生產製造的汽車有什麼不同；假如製造商沒有事先創造出「4711」或「香奈兒5號」的產品縮寫，幾乎沒有人會對某種特定的香水產生某種特定的聯想。

這同樣適用於運動上。「艾克索兩圈半跳」或「套跳」這些概念我們可以在花式溜冰的每個評論上看到——我們可以有效地記住它們，因為它們每個都有名稱。還有足球的簡單規則本身就容易記住，因為它有像「射門」、「犯規」、「角球」和「出界」等這類足球術語、編碼字和縮寫。

也就是說，這些編碼的方法不僅可以改善我們的短期記憶。如果一筆資訊在短期記憶中存留得夠久，最終會進入到長期記憶中。正確的編碼是我們將事物長久保留在記憶中的先決條件。

這顯然是個事實，作為縮寫動物的人類，要

為了他的智力感謝經由縮寫將事實深刻留在記憶中的方法，就彷彿速記員將演講者的話語透過簡易符號記錄下來一般。

寫下記憶中的事實時，必須懂得應用縮寫，不知如何善用這些縮寫的人會被稱為「健忘」，甚至是「笨蛋」。

≫ ⋯⋯⋯⋯⋯⋯⋯⋯⋯⋯⋯⋯
絕大多數「健忘」和「愚笨」的人，都只是忽略了學習正確的縮寫。

事實上，他就像一個沒有學好簡易符號的差勁速記員。

詞彙也是記憶寶庫

這裡可提供許多有關實際學習的指示。

首先且最重要的是：語言與文字是最古老且廣泛的縮寫系統，人們可利用它記錄資訊並儲存在記憶中。

因此簡單來說：一個人懂得的語言和詞彙愈多，他的記憶力就愈好也愈精準。

≫ ⋯⋯⋯⋯⋯⋯⋯⋯⋯⋯⋯⋯
詞彙量愈大的人，記憶力愈強。

可惜，人們常將它們的因果關係錯置。

擁有強大的記憶力，不是一個人認識很多單字的原因及先決條件，剛好相反。至少擁有大量詞彙是一個人擁有較好記憶力的因，亦即更能夠記住單字和事實的因。

因此，演員不是因為他擁有絕佳的記憶力，才記住所扮演的角色。而是因為他必須記住如此多的角色，方才擁有了比一般人更好的記憶力。一般來說，演員是絕佳的敘述者。因為職業而獲得的語言掌握能力，使得他們比其他人更能記住自己的經驗。

人們之所以能聽懂或讀懂一些詞彙的癥結不在於它們的數量，更非取決於所謂的「被動」詞彙上。

決定權在於主動字彙！

其實具有決定權的是「主動」詞彙本身，即當人們感受任何真實事件或掌握任何想法時，可以自行想起的詞彙集合。

只有藉由自己可支配的單字，人們才能將自己的感官印象和思考編碼，讓它們深烙在腦海中。

因此生字都是沒有價值的，即使人們有必要去理解它們。對於一些被動掌握的單字，人們彷彿融入到了老饕的角色中，知道要對好的食物給予好的評價，但是距離成為一位頂尖的大廚還差得遠。

可惜這裡衍生出的學說不是經過一次努力就可以學會與熟練的。人們需要不斷不斷的努力，以及不知疲倦為何地去學習新單字。

乍看之下，這樣的學習似乎是永無止境、毫無希望且白費力氣。其實，它沒有這麼嚇人。

一旦開始認真學習，貝立茲效應就會立刻現身相助。這個令人振奮的事實就是，每學會一個新的單字後，接下來學習兩個新單字時將明顯變得容易許多。

老貝立茲因此而學會了五十種外語。

然而這裡涉及的是，從母語中儘可能吸收大量的詞彙併入我們的主動詞彙寶庫。

很可惜，現在大多數的人都認為這種作法是

詞彙的漏洞就是記憶的漏洞。

多餘的。只要他們能表達想法就夠了。即使他們一再使用相同的字，而且只能模糊地說出他們的想法，但大家都不以為意，於是他們幾乎都不再記憶新的字彙了。

刻板的慣用語則弱化了語言的豐富性與變化性，但卻為一般大眾所容忍；當一位德國同鄉這麼告訴另外一個人，他對《戲劇之夜》的看法：「老鄉，昨晚的節目真是棒呆了！」沒有人會認為他蠢斃了。

» ....
他們的詞彙如此少，即使是最高的稱讚，也只能說：「同鄉，昨晚的節目真是棒呆了！」

也因此，儘可能學會新鮮且大量單字的刺激也隨之消失了。

所以絕大多數的人，甚至連所謂的學者也只擁有非常有限的主動詞彙。這種情形不僅出現在政治家乏味的談話中，也反映在某些專業口譯員翻譯一場外語談話內容時必須面對的困難中。

他們失敗不是因為他們的英文、法文或是義大利文不好，而是他們的德文不夠好。只要能夠將陌生的語言按其大意翻譯成德文，而且不用花精力去搜尋合適的字彙——截至目前為止，尚未儲存在他的主動詞彙寶庫內——他們就已經很滿足了。

然而如果能將翻譯工作做得很確實，翻譯反成為豐富母語詞彙的最佳工具。因此一些外國文學的職業翻譯者，可以用自己的母語創作文學，許多作家就是這樣開始了他們的文學生涯。

他們的實例告訴我們，如何增加我們的詞彙並進而增強了我們的記憶力。

即使專業口譯員也時常無法用自己的母語正確表達。

作家公爵化身為德語教師

學習外語的時候，我們會強迫我們的記憶力，將目前許多被隱藏的被動德文字，轉變成「主動」詞彙；而我們自己那些夠用的單字，則變成了我們在記憶和學習時必需的「縮寫」。

學習外語也讓我們不得不學習更多的德文字彙，因此學習外語會直接或間接促進記憶力。

雖然一般的學習方法目標不明也缺乏系統性，效果也是時好時壞。

但是我們要思考，如何將更多有系統的方法帶進學習中。

假設某人因為仰慕赫曼‧赫塞（Hermann Hesse, 1877-1962），而私淑他為自己的德文老師；赫塞的文字豐富而深刻。然後他購買大師的一本作品，一本很好的外語翻譯作品，已翻成他懂得或起碼是他想學的外語。

現在，他手邊終於有了赫塞作品的英文、法文或義大利文版。一開始，他可以先閱讀德文本，直到他找到了自己喜歡的句子為止。

現在，他可以將輔助用的學習卡再拿出來。

他在學習卡上，寫下他認為的佳句，只是這次外語寫在正面，德文寫在背面：因為這次他要學的不是英文、法文或義大利文的表達方式，而是德文語彙。在某種程度上，這可以當作是學習外語知識所衍生出來的副產品，這麼做固然值得讚許，但不是主要工作。

他就這樣一句句領悟貫通赫塞作品內的句

>> 學習外語的同時，也促使我們學習更多的母語。

>> 當然，也要有系統地工作和學習。

>> 為了擴充主動的德語字彙寶庫，我們的學習卡也是很有用的。

子。他不停地尋找一些句子，這些句子因為它本身的優美和表達力而吸引他，刺激他想要主動地使用這些句子，並將在外語版本中找到的相對應句子寫在學習卡上。

當他的存量足夠時，他就可以像學習外語一樣地學習自己的母語。這些外語字句變成了他在學習卡上的提問，而德文就是他要回答的答案。

我可以想像得到，一些日耳曼語言學者的震驚和反對，他們認為經由這種機械式的、表格化的努力的學習，可能只能學到樣板。

肯定如此。

可是每種語言的文字，或者說傑出作家的文字，不過就是樣板。

作家和我們一般人的差別只在於，作者對於他的想像和感覺擁有較多的文字樣板。學習作家豐富的詞藻和學習其他學科並無二致。不過，作家的想像力和感受力可能是我們無法學到的，但這是另外一回事了。

追求新語彙；學會作者的豐富詞藻。

總而言之：凡是想學習、想提升感官的敏銳度、增強記憶力的人，會在死板的專業術語甚至作家筆下的文字中玩起文字追逐的遊戲。

他應該將他可以牢牢記住的每個新單字，視為珍貴的獵物好好保藏。他應該摸一摸、嗅一嗅、嚐一嚐它，在嘴中咀嚼並在舌中融化，直到完全擁有它為止。從此之後，它就如腦細胞一樣成為體內的一部分——彷彿是他無法理解的事實的縮寫，是他能打開通往更佳理解境地的鑰匙。

當然，人們可以拒絕或不使用文字。但是輕視文字的人，就會被貶入沈默動物的階層。沒有對真實事物的縮寫、沒有名稱和文字，則不會有人類的思想，也沒有人類的記憶。

這種晚近出現的學習心理學知識給予那些世代尋找「天神的真名」的西藏喇嘛的努力深層的象徵意義，雖然我們不能理解他們的努力，這知識也賦予聖經首句新的意義：「起初，文字是……」(編注：聖經第一句為：「起初，神創造天地。」)

「啊哈─原來如此！」

大約自八十年前開始，心理學界分裂為兩個敵對陣營，彼此對抗。他們似乎不只是因為學術上的差異而分裂。他們對彼此的反感是如此大，有時會讓人想起戰爭期間人民間的敵對狀況。

他們不斷爭論，以何種方式可以將人們的記憶和思想做最好的解釋和理解。

這也是我們的主題。當我們跟隨理論家走在戰爭的小徑上時，也請讀者多點耐心。

兩派當中的一派就是所謂的「完形心理學」或「整體心理學」。他們認為每一個真正的人類學習過程與思考過程，是以所謂的「完形」進行，也就是以大於各部分總和的一個大的整體(這個整體也被稱為「圖形」、「圖像」或「結構」)進行。

完形心理學認為，不可能再將這種腦中的

跟隨學習理論家的步伐。

「完形」拆解為一個個小單位。我們只能記住、學習整體，而不能記住單一部分。一些「圖像」，例如音符，被放進至另一個音域中時，甚至要重新認識這音符：音符的「轉調」就是所謂「形態的特性」的最好證明之一。

「完形」的另一個特徵，就是它的透徹。只要是可見的東西，在人們的腦中就產生了「整體特性」。

反對此看法的一派代表「要素心理學」或「行為心理學」，則派認為完形心理學是虛幻且不合科學的吹牛概念。

這派相信，如果人們能夠分解行為，並且一塊一塊地調查，這是理解人類以及動物行為的最好方式。

這兩派論戰的頭銜在幾十年前就已經改變了。

舊完形學的接棒者，現今被稱為「認知」心理學。

「完形」這個表示方式已經過時了。取而代之的是有點複雜的「認知結構」。

要素（行為）心理學的繼承者，就是今日所稱呼的「刺激—反應理論」。

對於有心學習記憶的人來說，老掉牙的完形心理學中，只剩下一個論點是我們真正感興趣的。就是關於一個長時間的神祕過程，而這過程在心理學上稱為「頓悟」。

完形心理學家魏泰默（Max Wertheimer,

>> 思考到底是怎麼運作的？

「頓悟」——一隻猩猩的經驗。

經由理解獲得新知識的開心時刻，有些學者稱它為「阿哈—原來如此！」。用俗話說，就是「茅塞頓開」。

1880-1943）將這種頓悟，稱為外型的「完全複製」或「相互連結」、「改變結構」或「改變組織」。

另一個整體學派成員柯勒（Wolfgang Köhler, 1887-1967），將他著名的動物實驗結果整理出來。

他在黑猩猩的籠子外面放置了一根香蕉，但是這香蕉離這籠子有點距離，所以黑猩猩無法直接用手拿到。

在籠子內，在黑猩猩的附近，他放置一根棍子。

黑猩猩嘗試了一會兒，伸長手臂想要拿香蕉，但卻徒勞無功。然後牠退回到籠內，好像在思考這情況。之後突然握住這根棍子，將香蕉勾進籠子裡。

如柯勒所宣稱，在這時刻「頓悟」讓猩猩知道，如何可以解決牠的問題。

第三位完形心理學家布勒（Karl Bühler, 1879-1963），為此創造出了一個更廣泛也更普及的名稱。他稱這樣的理解為「啊哈—原來如此！」幸福的驚嘆聲，人們用這表示對問題解答的歡迎。

現在人們說，它與「認知」經驗有關，與新知識的產生有關：柯勒的黑猩猩也因此經歷了與阿基米德一樣的經驗，當阿基米德在浴缸發現阿基米德原理（溢出來的水的重量等於丟進水中身體的重量）時，他大聲歡呼說：「我找到了！」

完形心理學派認為，這種頓悟經驗表現在一個新完形發現的那一瞬間，即今天所謂的「認知結構」的一種。因此經由頓悟而來的學習遠遠優於機械式的記憶和死背。

然而刺激─反應學派則持反對意見，他們認為機械式記憶和死背應該還是有其特別之處。

» ....
「頓悟式」的學習真的優於死背嗎？

史金納將「頓悟學習」純粹看作是特別快速的學習過程。此外他認為，最好是採一小部分一小部分的漸進方式來記憶──非常近似於他著名的實驗，就是經由餵食穀粒，來訓練鴿子。

桑代克認為，只有儘可能了解一個問題的各個相關細節，頓悟也就隨之出現。

所以他認為一個人在學習語言的時候，文法不是最重要的，而是必須儘可能學會它的單字和慣用語，學習者自然而然地也就會在這個過程中明白了這個語言的文法規則。

可用的東西就留得住

我們不要因此而被嚇到，因為學術上的爭論本來就會將某個重要的公開議題變成一團亂。

因此我們嘗試將仍有爭議的「完形」和「認知結構」的概念，用另一個觀點再仔細觀察──讓我們回想史密斯和他的實驗。

我們將突然「頓悟」，到目前為止可怕的「完形」應該是什麼：它們是思考和學習的樣板、是簡化、是縮寫，也是那個編碼和簡易符號，而藉由這些我們可以記住這世界。

從這角度出發，完形心理學的這些模糊規則突然變得合理了。

現在，我們終於明白了為何人類的思考過程是以「完形」進行──它用縮寫來運作。

對於人們來說，當然只有這種「完形」、「圖像」、思維上的「結構」是簡單易懂的。相較於混亂的事實，縮寫是較淺顯易懂的，這也就是縮寫產生的原因。

一段旋律改變了音高後也能重新被認出──沒錯：個別音調的音高雖縮短了，但音高之間的關係仍可看出；同樣地，當我們發現某人比自己高或矮時，也不需因此明確說出到底是高或矮了多少公分。

不要只學習單一部分，而是要「整體」地學習嗎？這也是確定的，如果將「整體」這個偉大的說法刪去，那人們就只學會縮寫。

當完形心理學（Gestalpsychologie）的主要構詞（Gestalt）被換成一個淺顯易懂的名詞或概念、當人們可以用「縮寫」代替「完形」時，裝飾華麗和瀰漫神祕感的完形心理學，就會因而有一個嶄新的面貌。也因此所有的花邊和神祕都消失了，到那時候，帶有一定程度的暗喻氣味也將消失。

兩學派間的第二個爭論點，就是如謎團般的頓悟。

基於人類思考的組成部分，以及思考本身也是以縮寫來進行，頓悟本身也必須是一個縮寫。

到底是為了什麼呢？

柯勒的黑猩猩可以作為第一個答覆。黑猩猩經過深思熟慮後，決定拿那根棍子。他明白這棍子為何有用處——可以勾到香蕉。這就是牠的「頓悟」，除此之外，沒有別的。

還有阿基米德突然有所頓悟，為何需要水，而這水將溢出浴盆外——為了要測量物體體積的容量，因為這物體呈不規則狀，無法直接測量。而這物體就是一個浸在水中的希臘哲學家。

由此可以得知，神祕的頓悟是某種縮寫，而縮寫是真實情況的簡化。

頓悟無法獨立存在，不能只為了自己而存在。這樣的頓悟毫無意義，彷彿沒有句子的驚嘆號。

頓悟並非外在現象的縮寫，既不是木棍也不是香蕉，既不是浴盆也不是溢出的水。

當要記住所有這些東西時，在人的腦中會有另外一套合適的縮寫來記憶它們。

相對於頓悟，許多發出聲的「阿哈」是自己的呼聲，一種額外的、相當短的、富含意義的注解，尤其藉由這注解喚起記憶中的某些特定描述。

我們可以用一句話來為縮寫下個註腳，那就是「有用的」。

至於縮寫是否對於飲食、賺錢、圖畫猜謎的解答或者天體物理學有用，則又另當別論，是另外一回事。這取決於人們使用縮寫或簡易符號的

當人坐進裝滿水的浴盆中，水會溢出來：因為這種頓悟是有用的，所以對阿基米德是：「阿哈—原來如此！」。

動機、需求和期待。

　　凡是對自己有用的東西，人們都稱之為資訊。

　　所以這也可以解釋，為何要求人們要有學習上的頓悟經驗。一筆貼上「有用的」標籤的資訊，當然會比其他資訊更容易在記憶中找到。

> **不幸的是，人們忘記了一些曾被視為是「有用的」記憶中資訊。**

　　但是如果將原先貼在檔案夾上的這個「有用的」標籤撕掉，當它掉落在我們記憶的檔案室的地面上時，它就變成沒用的。

　　雖然檔案管理員立即發現了它，因為它是如此引人注目。他也知道，它曾經是有用的東西。

　　但是，其他的他就不知道了。

7

如何規劃學習卡

學習機器正常運作

在本書第二章，我們為讀者介紹過了一種人人都適用的學習機器——學習卡。

學習卡除了擁有電子學習機器的所有優點外，還有其他一些優點。

顯然，它們都是依據同樣的原則來運作：

學習機器是由一個附有螢幕的箱子或是像打字機這類東西所組成，這機器可以提供資訊或是向學生提出問題。

學生針對這問題作出反應，並將答案輸進一個自動打字機內。這種方法稱為「主動回答過程」，在沒有其他東西的協助下，學生只能憑自己的記憶說出答案。

例如，當機器提問：「澳洲的首都在哪裡？」這時學生必須輸入答案：「坎培拉」。

另一種問與答的方法稱為「選擇答案過程」。在這種系統中，機器會提出附有多個答案選項的問題，其中只有一個是正確答案。

澳洲的
首都為何？

墨爾本
雪梨
維也納
坎培拉
舊金山

有時候「選擇答案過程」的學習機器會讓學生冒很多冷汗。

澳洲首都的問題可能會有下列答案選項：

A）墨爾本　　B）雪梨　　C）維也納

D）坎培拉　　E）舊金山

>> ....
一台可以運作的現代
學習機器，是台昂貴
的機器。

學生必須按下附在這台機器上的A到E五個按鍵，其中只有一個是正確按鍵，在這範例中為選項D。

如果答案正確，機器會提供新資訊並繼續提問。如果答案錯誤，可能會以其他形式複習相關的資訊，之後繼續提出同樣或是類似的問題，直到學生理解為止。過程是先讓學生上附有新教學資訊的機械式課程，緊接著就是問與答遊戲。

>> ....
機器甚至可以配合學
生的學習速度做調
整。

如果學生錯誤很少而且進步神速，可以略過這種現代化的機械式課程，而去加強那些還沒有把握的知識的流程。機器會隨著學生個人的聰明才智做調整。

有時候，學習機器會在授完由數個小單元組成的大段落教材後，插入一個大範圍的考試，列出很多題目，來測驗學生是否真的理解了。

如果結果是學習機器出現迴轉訊號，那麼學生只好再把尚未理解或是理解錯誤的整個段落再次複習一遍，這時，學習機器可能會用其他形式來複習資訊，並附上補充資訊。

>> ....
可是，我們便宜的學
習卡同樣也可以……
…。

如果學生可以好好規劃我們的學習卡，它其實也很好用。

如同學習機器，學習卡將學習材料劃分為容易理解的一個個小單元。同樣它也可以配合學習

者個人的領悟力，來調整學習的速度。它也可以複習已經忘記的資料，直到記住為止。學生可以自己增加必要的補充資訊。它的一個明顯優點就是，它不會像學習機器一樣會迴轉。學生可以暫時不管複習規則，只複習做錯的部分，而不是整個段落。

重複幾次，直到學習卡最終能完全適應使用者為止。不過，它只能適應某個特定的使用者。反而是可以讓許多學生輪流使用的學習機器，不能夠適應個別使用者。

» 如果正確規劃學習卡，它甚至可以比電子學習機更有效避免枯燥的複習。

正確規劃學習卡

學習卡的一個缺點就是，它比電腦還容易欺騙人。

儘管答錯，學生還是可以將卡片放入下一格中。學習卡會默不作聲容忍這種事。

但是，如果學生真這麼做，就是自己欺騙自己。事實上，他根本無心於學習。因此，不論他是坐在電子機器前面或是在卡片旁，遲早都會放棄學習。

事實上，學習卡的第二個「缺點」，而且還很明顯，那就是每個學生必須自己製作和「規劃」學習卡片。

可問題是，這真的是個缺點嗎？

正確來說，比起其他方式，學生自己動手做學習卡，是可以學習得更好。

尤其是，在製作卡片的過程中，學生學會如

» 可以自己列出學習計畫的人，可以學習得更好。

何將重要且值得學習的內容從印製好的教材、很難理解的論文和枯燥的課堂筆記中抽出；如何將奇怪、重複的句子切割成一小部分一小部分，然後改寫成簡短的問題和清楚的答案，以及如何區分有意義和無意義的東西，還有如何理解。

有了學習卡的協助，學習外語會相對變得容易許多。

因此，一開始我們需要一本好的教科書，課程內容的難易程度，逐課由最簡單到最複雜，教科書中也包括了足夠的字彙和實用的慣用語，以及用許多實際舉例來解說文法規則。

為了規劃我們的學習卡，我們需要一本好的教科書。

還需要一本字典，這樣才可以開始這項學習。

這時學生利用這本教科書，將書中的德文表達方式寫在卡片正面，而把外語（本範例為法語）的表達方式，必要時也將它的發音寫在背面。

然後，他就可以開始背誦了。

只有在一位好老師或錄音帶的協助下，學生才可以學會正確的發音。這是不言而喻的。

到此，我們已完成學習卡的規劃工作。要注意的是，如果要逐個學會字彙，每張卡片只能有一個字彙，事實上，每張卡片應該也只能有一個字彙。所以為了「節省」紙張，而將許多字彙寫在同一張紙上，是沒有意義的。

一堆不同單字擠在同一張卡片上，會破壞學習卡最重要的優點，也就是避免不必要的複習。

譬如一個想要學法文的學生，在同一張紙上

正面	正面	正面	正面
打火機 煙灰缸 煙頭	打火機	煙灰缸	煙頭

反面	反面	反面	反面
Le briquet Le cendrier Le porte-cigare	Le briquette	Le cendrier	Le porte-cigare

錯誤   **正確**

寫下三個不同的單字（打火機 = briquet、煙灰缸 = cendrier、煙頭 = porte-cigare），然後在記憶的過程中，忘記了煙灰缸的法文，之後隨著再次複習這個法文單字，briquet 和 porte-cigare 這兩個單字也會再次一起被複習，儘管這學生已經將這兩個單字牢記了。

但是，如果他將另外這兩個單字各自寫在不同的卡片上的話，即使忘了 cendrier，這兩個單字仍會依其情況，被放入層級「更高」的卡片格中，學生可以暫時不用理會這些格子內的卡片。

藉由浪費兩張紙，學生可以因此節省精力和時間，更何況時間就是金錢，無論如何，他所耗去的時間一定比多花兩張紙來得更多。

這種規則的例外，也就是可以同時在一張紙上列出很多單字，只有出現在像動詞人稱變化這類情況時才有意義，而且說明時最好要注意關聯性：

>> 在此可以看出，正確的和錯誤的學習卡規劃。

>> 兩張紙勝過一張紙；畢竟，這會有助於節省時間和金錢。

正面	反面
Ich（我）mache（做）	Je fais
du（你）machst	tu fais
er（他）macht	il fait
wir（我們）machen	nous faisons
ihr（你們）macht	vous faites
sie（他們）machen	ils font

»
動詞人稱變化的學習
和練習可以讓語感變
敏銳。

動詞人稱變化的學習和練習讓語感變得敏銳，因為這會創造出連結的路徑，透過這些路徑可以在記憶中找出 tu fais 或 ils font 的表達方式。

所以，忽略持續的紙張浪費，將每種變化各寫在一張紙上，以便記住和學習是可以接受的。

正面	正面	正面
ich mache	du machst	er macht
反面	**反面**	**反面**
je fais	tu fais	il fait

除了學校以外，在實際的日常生活中，是不會要求每個人背誦這些單字變化規則的，任何想說法文的人必須立即且正確地使用單字。如同所有文法規則，單字變化的規則可能會讓學習更容易，但卻無法使說話流利這件事變得容易。

抓得住難記的字彙

當學生怎樣都無法理解一個單字的時候，就必須像設計完善的學習機器一樣迴轉，並且利用額外資訊展開一連串的複習。

學習機器會主動提供這種補充資訊。但使用學習卡的學生，必須自己蒐集。

» ·················
補充資訊讓難記的字彙容易記憶。

這非常簡單。

讓我們再回想一下，學生記不起煙灰缸的法文cendrier。他幾乎無法相信，這個他終於可以記起來的生字，就因為他的健忘，又給搞砸了。依據狡猾的「記憶單人紙牌」遊戲規則，他必須讓這張卡片重新回到「笨蛋」格內。

複習到第三次或第四次的時候，學生就會查閱字典，藉由相關的字根來記住這個難記憶的單字。

他會在字典中找到cendrier的相關字，如cendre（灰燼）、cendré（灰色的），還有Cendrillon（灰姑娘）。他也將這些單字分別寫在卡片上，並加入到他的學習卡中。

起初，這些字都像他第一次碰到cendrier這個字一樣難記憶。但是當他將所有這些字都一併加入到他的學習卡規劃中，而必須冒相似性障礙的風險時（因為這些字長得都很像容易弄混），他反而能因此迅速針對這些字的來源，分辨出它們之間的不同而留下深刻的印象。

他就像是同時抓到多個身穿條紋衫罪犯的警察：如果警察無法將這些罪犯銬牢，他們就有可能趁機脫逃。反之，如果他將所有罪犯一個接一個銬好，他們逃跑的可能性就微乎其微了。

克服學習困難的另一個方法就是，重建簡短的句子，藉以記住難記的單字。

讓人一直無法記住的單字，必須像逃跑的囚犯一樣，被鏈結在其他單字或是整個句子上。

在我們的舉例中，可能就像這句子：「香煙放在煙灰缸內。」（La cigarette se trouve dans le cendrier）。這個句子同樣必須寫在學習卡上。如此一來，逃跑的囚犯cendrier這個字就被鏈結在新的鎖鏈上。

切記，造句不能出錯。否則就算學會了這個難記的單字，終究還是個錯誤的句型。初學者最好不要自己造這類句子，最好是引用教科書中的例句。

記住整個句子

學習者不只是要記住單字或是簡短的慣用語，長的句子也一樣要牢記。這點非常重要。只有這樣，學生才可以學會說出完整的一句話。

所以，早期嚴格的教書匠會要求學生將每一課的內容都背起來。這裡面就含括了上百條的詩句或是散文。

不過，這當然是不必要的。

》 沒必要背誦百餘條詩句。

學生引用教科書內課程中相關的句子，然後逐一寫在自己的學習卡上。同樣地，德文母語寫在正面，外語寫在背面，這樣就行了。

即使這句子較長，只要稍微費點力（和字體寫小一點），硬是將這些字寫進學習卡中，也沒有關係，以便能夠「整體」記住。

但有一點很重要，切不可忽略，那就是只有當學生已經掌握了這句話中的每個相關組成元素時，才能真正理解和牢記住這整句話。

正面	反面
Die Rhone entspringt in der Schweiz, Fließt an Lyon vorbel und mündet ins Mittelmeer （隆河發源於瑞士，流經里昂，注入地中海。）	Le Rône sort de la Suisse, passe par Lyon, et se jette dans la Méditerranée.

例如，學生碰到了教科書中的一個例句：「Peu à peu l'apprenti devient maître par son travail」（學徒漸漸經由他的工作成為師傅）。

假設這位學生不認識當中的任何一個字；那麼要求這學生將這句話當作一個「整體」寫在學習卡上，並且要他學會所有單字，這是不對的。

所以他最好將一個句子劃分成十個不同的學習資訊，並且也把它們分別寫在不同的卡片上：

» 分解長句。

正面	正面	正面
逐漸地	師傅	工作
反面	**反面**	**反面**
peu à peu	(le)maître	(le)travail
正面	**正面**	**正面**
學徒	經由	學徒成為師傅
反面	**反面**	**反面**
l'apprenti	par	l'apprenti devient maître
正面	**正面**	**正面**
變成	他的	經由工作
反面	**反面**	**反面**
devient	son	par son travail

正面	反面
學徒漸漸經由他的工作成為師傅。	Peu à peu l'apprenti devient maître par son travail.

　　有些讀者也許會大吃一驚，因為一個句子就要用掉十張紙，出現十個資訊，而且這麼做很浪費時間。

　　但是，時間只有在沒有系統的表面化學習時才會浪費掉──因為粗淺習得的東西，很快又會忘記。

　　假使學生按照我們的指示進行，就會收一石二鳥之效：

● 正確寫下外語，並且不用特意分開練習。
● 在不同的學習卡上，不僅有單一的字彙，也有相關的短句，並將句子當作整體來學習。他可以同時學習到「句法」和「整體性」，而這兩種都各有其優點。

　　特別是在上語言課的初期階段，這樣的努力會得到很多且快速的成效。學生會很開心看到，許多卡片快速地往更高層的學習卡格層移動，這些卡片上面他都填滿了句子的學習材料；他也不再容易遺忘這些資訊。

　　儘管這麼做需要耗去很多紙張和時間在書寫上，但這些都已無關緊要了。

消化數學

利用數學、物理或化學等學科中的資訊來規劃學習卡，也是件簡單的事。這些主題有它自己的語言、文字（線條和符號）和句型（規則和公式）。

當學生無法理解這些學科所要表達的意思時，語言障礙要負很大的責任。數學不好的人，自然無法學會這門學科的語言、字彙和文法。或者，就算他不服輸並靠死背的方式學會了，這就像盲人只認識顏色或亮度這些名稱一樣，他仍然無法了解其概念、意義及用途。

在學習這類學科時，最重要的是，一開始要先學定義，也就是圖示和符號的意義，然後才是公式，最後在上述兩項的協助下，得到問題的答案。

針對這類學科，絕大多數可供我們使用的教科書的內容簡明而貧乏。但至少包含了最重要的定義和公式，可以讓我們轉寫在學習卡上，如右圖所示。

雖然學習卡讓背誦公式變得簡單，但是這些死背的公式，只有在「理解」這個前提下才有用。所有這類學科，從數學到化學，有一點很重要，那就是圖示、符號和公式不是只有背起來就好，還要去真正地理解它們。理解就是，可以開始應用某事。只靠複誦死記來的公式，老師也只能虛張聲勢，

> **大多數學生由於語言障礙，無法成功學習數學、物理和化學。**

正面	反面
圓 定義？	所有點的軌跡，而且所有的點到圓心的距離都相等。

正面	反面
橢圓 定義？	所有點的軌跡，所有的點到兩焦點距離的和都相等。

正面	反面
圓周 公式？	$2r\pi$

正面	反面
圓面積 公式？	$r^2\pi$

完全無法解答高難度的作業。

而且，這種單靠死記的學習，比理解式的學習還要辛苦。

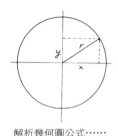

解析幾何圓公式……

例如學生在鑽研解析幾何學的同時，也學到了解析幾何的一個圓公式 $x^2 + y^2 = r^2$。

只要已知x、y、r中任兩點的值，就可藉由這公式確定一個圓的每個點，而圓的圓心就是座標的原點。

假若這對學生來說是一個新公式，這時他就必須依照學習卡的規則反覆複習，直到他將這個新公式牢記為止。

»
一個畢達哥拉斯定理的應用。

由於理解有助於學生縮短這機械化的學習過程，因此他只須將上述所提過的圖示做小部分更動。如下圖：

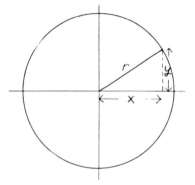

當他「理解」了 $x^2 + y^2 = r^2$ 這公式其實他早就以其他不同的名稱學過了，也就是在他對解析幾何學還沒有任何概念之前，就已經學過的畢達哥拉斯定理： $a^2 + b^2 = c^2$。

意識到這點後，這位學生會搔搔頭，恍然大悟，猶如靈光乍現，他會表現出「阿哈—原來如此！」的所有特徵。他經由「理解」學習，獲得了讓他一直難以企及的「了解」，讓他現在節省了一大堆背記式的複習。

然而他不應該過分信任這種了解，因為它還

是會被遺忘。雖然學生將 $x^2 + y^2 = r^2$ 的公式寫在學習卡上，但學習卡依然還是用問答的方式，如果連帶地也將相關的畢達哥拉斯定理提示於學習卡內，將會對理解有很大的助益：

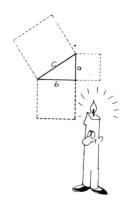

正面

1）解析幾何的圓公式？
2）等同哪種定理？

反面

1）$x^2 + y^2 = r^2$
2）畢達哥拉斯定理：
  $a^2 + b^2 = c^2$

凡是關於數學、物理和化學的學習資訊，最優先使用這種方法。

學生必須儘可能找到，有助於他理解事物的補充資訊，以及儘可能找到內容相符、類似和相關的資訊，並且尋找那些能區分只有表面類似的事物間的差異。

學生必須認識且理解維繫這類資訊的種種規則，因為這些規則是從那些資訊推論出來的。他必須要應用這些規則，也就是說：改變其一般抽象的形象，使其可以符合具體的個別情況。

反過來，學生也必須要能夠清楚明白個別情況，以及他被賦予的任務，而能知道要運用哪些規則來解決問題。

>> 要儘可能找出許多補充資訊，這樣可以更輕易掌握學習教材。

理解和學習並重

在作業習題解答方面，所謂的「範例學習」在數學或是與數學相關的定理上扮演著相當重要的角色。

也就是老師或教科書利用一個具體的實例來說明某一特定問題的解答方式。期望學生碰到其他類似的作業題時，他們可以應用相同或類似的解答技巧來解答問題。

範例學習與藉由實例獲得的「領悟力」密切相關，也經常被認為與等同於學生能力的「智力」有關，一種將所學應用在其他事物上的能力。

在心理學上，這被稱為「歸納」或是「改寫練習」。

但令人驚訝的是，對於自己的「領悟力」和「智力」特別自負的學生，往往無法成功解答作業上的問題。

基本上，這要歸罪於這些學生輕浮的自負。因為他們比其他人更快理解第一個解答範例，還有解答本身，所以再次要求他們謹記這些解決方式時，有損他們的尊嚴。

聰明的學生有時反而因為太過自負，而忘記了輕鬆領悟到的東西。

也因為他們輕視複習，所以忘得也快，以致無論如何都無法將學過的這些東西應用並「改寫」在其他作業上。

即使已把所學學得熟練的學生，也應該儘可能將許多解答方式，寫入他的學習卡中。就像從幾何學中連帶提出的下列兩個簡單例子：

在這兩張記憶卡的背面，只畫了若干線條和圖形，如果它們各自單獨存在，幾乎令人無法理解。相關的問題則清楚寫在正面。

如何將一個角對半均分（左圖）？利用圓規從頂點的兩邊線上取出等距的兩個點，以該兩點

正面

如何均分一個角？

反面

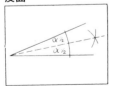

為圓心畫出半徑相同的兩個圓，然後將這兩個圓的交點和這個角的頂點相連，這條相連起來的直線就是這個角的中間線。

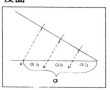

正面

如何三等分直線？

反面

將一條直線均分為三等份（如右圖）時，在直線一端的尖角上畫出第二條直線。在第二條直線上畫出三條等距離線段，利用平行移動的方式，將兩條直線上的各對應點連接起來，如此可在第一條直線上均分出三條等長的線段。

假如學生一次就能理解，我們簡單的作圖便能讓冗長的語言解釋成為多餘。

理解和學習，「文法」和「字彙」這些都很重要，熟知規則和公式就如同擁有一堆個別解答一樣，有助於理解。

從何得知？

如果學生一直停留在學習的剛開始階段，一點基本概念（了解事物所需的基本思考架構）都沒有，他就會不知道怎麼辦才好。

>> ....
只有理解還不夠，還要記憶。

礙於教科書的不足，學生除了可以靠學習助產士或老師的協助來稍減理解的生產痛苦外，幾乎沒有其他辦法可以解決。所以老天要保佑這學生，有一個很好的老師。

沒有「愚蠢」的問題

學生其實也可以自己輔助自己。

但學生本身要能摒除被認為是學生美德的稱讚，擺脫謙虛、害羞、靜坐聆聽等習慣，特別是不要害怕因為提出「愚蠢」問題而感到丟臉。

>> ....
擺脫那些死板板的「學生品德」。

不要忘了：老師有義務要回答問題。

要理解就要有糾纏不休的態度，以及勇於和老師持相反意見的精神。他必須清楚地知道，老師有義務回答學生的提問，而且也沒有所謂的「愚蠢」問題，只有那些視而不見問題的學生才是笨學生。

本書的主旨不是要反抗一個可能有缺失的教育體制，也不是要反對那些不夠資格的教師，而是指出阻礙最少、能有效化個別學習的道路。

有時也會發生，老師對於厭煩的問題不仔細聆聽的情況，這時學生還不如問自己的家教。因為經驗告訴我們，與其惹惱一位公職的教書匠，不如問家教來得輕省多。

總之，陷入困境的學生需要這種家庭教師。

但家教經常扮演著培育專家及像樂隊助理指揮的角色，其實不一定非得如此。

所以學生最好藉由學習卡，自己來複習、補強聽課時所不懂的內容，以及加強記憶力等工作。

家教其實還有另外的功能，也就是協助學生規劃學習教材，因為這些規劃對他們來說難度太高。正確地說：應該是協助學生建立所有有助於理解，而必須要運用到的資訊。

≫ 家教應該協助學生規劃學習卡。

家教當然不是一般的教書匠。家教必須具備正確的專業知識及卓越的教學能力。

這類家教的身價當然也不菲。

如果某人能成功地將一種知識中最重要的問題如數學問答一般清楚地表達，讓學生可以理解

它們；能簡短到可以寫在學習卡上；而且可以從多方面去解釋、從很多不同的思考路徑去理解，那麼他的價值將遠超過他那多數昂貴的同行。

「軟性」科學，可理解的規劃

當我們想要加工「軟性」科學中的資訊，或者當我們必須從教科書或書籍中學習，需要猜測且需對假設作出額外解釋的時候，這些都是很困難的事情。

首先，這種教科書都含括了大量的定義。這些定義都是這門學科語言中的專業術語，必須把它們當作字彙一般牢記，也就是説逐字記住。

假如我們碰到的是心理學相關的東西，舉例來說，我們就必須將「刺激」和「反應」的概念寫在我們的學習卡上（下列的定義引用自一本辭典，我們假設它們是正確的）：

>> 必須逐字牢記定義，因為當中的每個字都很重要。

正面

刺激
定義？

反面

……外在和內在條件，這些條件可能影響生活。

正面

刺激
種類（6）！

反面

機械的、化學的（乳酸、毒藥等等）、滲透的（抽水）、由熱造成的、聲音的、電子的刺激。

正面

反應
定義？

反面

生物對於內在或外在刺激的回應。

認識愈多這類詞彙和概念，我們愈容易理解這門專業語言。當我們不認識一門科學時，自然無法理解它。

可惜的是，像心理學這類「軟性」科學，不曾將這些基礎概念真正變成「硬性」的知識。

哲學、社會學也一樣，甚至連表面嚴謹具有邏輯的法學也是如此。每種學說、每個學派及許多個別學者用同樣的字彙描述其他的事物和現象，因而引發偶爾混亂的局面。

≫.......................
一個用語經常有很多不同的定義。即使沒用，也得全部學起來。

因此，學生必須將此用語的絕大部分不同定義牢記好，還要知道什麼時候要用哪種定義。否則他會像所謂的「專家」一樣：完全不懂自己在談論何事。

然而，定義的規劃相對來說就較簡單。

分解教科書

將大篇幅的教科書、手稿、或函授教材運用在我們的卡片上，並不容易。

假設我們是維也納心理學教授伯特・羅拉雪博士的學生。我們請他來執行這項測試，我們猜測羅拉雪會詢問我們有關記憶和學習的問題。

因為我們現在是學生，所以我們購買了由羅拉雪與其瑞士同僚共同撰寫出版的《實證心理學》教科書。下列關於記憶力研究的段落即引自該教科書：

實證記憶力研究，是由三位男性共同創立，

他們分別在一八八〇年到一九一〇年這段期間各自獨立投入記憶、行為和再造過程的研究：有德國的艾賓豪斯、美國的桑代克，以及蘇俄的帕夫洛夫。由於其民族思維與生活觀點的不同，這三位心理學家對於學習的研究方向也有所不同，相較於其他領域的心理學研究，這樣的影響要來得更明顯。艾賓豪斯，歐洲人，探討如何去記憶和長久牢記知識；桑代克，美國人，研究實際行為模式的養成，還有帕夫洛夫，蘇俄人，致力於解釋環境所產生的永久性影響，長久以來，俄國的心理學界就認為環境是人格發展的決定性因素。經過五十多年直到現在，歐洲、美國和蘇俄等地仍各自保有這些研究偏好的趨勢。

這段文章是關於一件史實的整體描述。

如果我們能一字不漏地記住，即使對考試非常嚴格的羅拉雪也找不出錯誤。

因此我們必須將此段落的內容，分割為一小部分一小部分，並以問答的方式將它們寫進我們的學習卡上。

這時，我們絕對禁止隨意將這些句子分割為二。

否則，看起來可能會像右圖所呈現的卡片內容一樣。

我們回想一下：我們的學習卡正面是問題，背面是答案。

在這張卡片上，也是有「問題」，只不過那

》》..................
學習卡也可以應用在教科書上

正面

> 實證記憶力研究，是由三位男性共同創立，他們……

反面

> 分別在一八八〇年到一九一〇年這段期間各自獨立投入學習、行為和再造過程的研究：有德國的艾賓豪斯、美國的桑代克，以及蘇俄的帕夫洛夫。

注意！這是個錯誤範例，示範完全錯誤的分段和規劃。

是句子的開頭，而該句後面的部分還有結尾，則當作是「答案」。

但這是一種非常愚蠢的問答方法。

就和問教書匠問題一樣笨，所以這張學習卡也就進入教師和學習者的「幽默箱」中，意思就是對於這類問題笑笑以對即可。

如果測驗題中的一題為：「瑪麗亞·泰瑞莎沒有什麼？」

而出題人希望得到的答案為：「當第一次西西里亞戰爭爆發時，瑪麗亞·泰瑞莎還沒有登基為王。」

如果我們是這樣規劃我們的學習教材，無異於要求學習者變為演員，去硬背所扮演角色的台詞。這麼做還可能會搶了演對手戲演員的台詞，把它們變成自己的。

≫
適合演員的句子，對學生來說還是太長。

要求演員背這麼長的台詞固然沒錯，因為演員必須要逐字說出台詞。但對於學生來說，這是沒有意義的。學生不需要記住全部的字句，只要記住其中重要的陳述就可以了。

只需記住重要的陳述

何謂重要的陳述？

如果我們是為了實用的目的來學習，那麼我們所學的東西都是有用的。但如果我們是因為考試才學習，那只有可以解決考試問題的資訊才是重要的。

我們就針對考試來做探討——在德國未經考

試、證書及學位的認可，即使是珍貴的知識寶藏也只有一半的價值。

如果我們仔細觀察上述文章中的第一句話，可以導引出下列試題：

我們再次從批判的角度，仔細來觀察第一個句子。

● 實證記憶力研究創立於何時？

　　答案：在一八八〇到一九一〇年這段時期。

● 誰創立了實證記憶力研究？

　　答案：德國的艾賓豪斯、美國的桑代克，以及蘇俄的帕夫洛夫。

● 哪個心理學分支是由艾賓豪斯、桑代克和帕夫洛夫所建立？

　　答案：實證記憶力研究。

● 艾賓豪斯、桑代克和帕夫洛夫研究哪些項目？

　　答案：記憶、行為和再造的過程。

● 誰開了記憶、行為和再造過程研究的先河？

　　答案：艾賓豪斯、桑代克和帕夫洛夫。

● 艾賓豪斯、桑代克和帕夫洛夫三人是共同合作研究嗎？

　　答案：沒有，他們是各自獨立作業。

這時我們可以將每個這類問答，寫在學習卡上。我們可以用這種方式，一步步將整本教科書中重要的內容分解，並寫在我們的學習卡上。

這應該會是一種「規劃」學習卡很有用的方法，只是需要花很多的時間和腦力。

我們還可以將現成的句子轉換成一種較簡單

>> ....
幾乎難以估計，有多少試題隱藏在這一句話裡。

的問答方式，即心理學上所稱的「克漏字填充試題」。不必重新改造這些句子，只要將那些詢問字刪除，以空格來取代即可。這些空格就像是數學中的「未知數」和「問號」一樣──學生要將答案正確填入空格中。

現在，我們試著（如下圖）根據這種方法寫在我們的卡片上：

正面	反面
實證記憶力研究，是由（..）男性共同創立，他們分別在（....到....）年這段期間（....）投入（..）、（..）和（..）過程的研究：（..）的（....）、（..）的（...）以及（..）的（....）。	（三位）（1880到1910）（各自獨立）（記憶）（行為）（再造）（德國）（艾賓豪斯）（美國）（桑代克）（蘇俄）（帕夫洛夫）

如同我們所看到的，現在我們的學習卡上含括了十二個「未知數」，也就是出現在文章中的括號空格。

括號中的點數與刪掉的用字或數目的字數完全一樣。

此時學生可以藉助這張紙，隨時測驗自己，經由回答測驗中的問答，便能將這重要句子的內容記住。

由此，他可以節省很多將整個句子背下來的精力。何況將句子轉變成其他形式的問答方式，有時反而是種很複雜，至少是很花時間的工作。

儘管如此，我們不能以這種成果為滿足。因為我們違反了學習卡的使用原則，也就是每張學

習卡上的問答應儘可能的少，萬一我們忘了答案，才不用所有資訊都要重新複習過。同一張紙上有十二個問題的確是太多了，紙上的空間都快不夠了，但因為這是在記憶前後連貫的文章，所以對於這種基本原則的堅持，可以放寬限制。

我們在這張已填滿十二個問題的卡片上，還要再插入一個問題：艾賓豪斯、桑代克和帕夫洛夫建立了什麼？——實證記憶力研究。

雖然紙的空間快不足了，但如果我們也將這個資訊從第一張卡片中移走，然後用空白或是一個「空格」來取代，那麼這張卡的正面根本就沒有重點內容，複習也就無法繼續進行。

下面我們並沒有大幅度改變羅拉雪的句子，並分別寫在三張不同的卡片上。下面為第一張：

在自己製作的克漏字填充遊戲上，插入了太多問題。

正面

> 實證記憶力研究，
> 是由在（..）的（....）、
> （..）的（...），以及
> （..）的（....）創立。

反面

> （德國）（艾賓豪斯）
> （美國）（桑代克）
> （蘇俄）（帕夫洛夫）

我們可以剔除關於「三位男性」的資訊，這點在此是多餘的贅述，因為從名字就可以看出他們三個是男的。現在，我們需要第二張學習卡：

正面

> 艾賓豪斯、桑代克和
> 帕夫洛夫創立（……）

反面

> （實證記憶力研究）

第三張卡是必需的，實際上是第一張的相反；考試的時候，也可以提出這樣的問題。第三張看來如下：

正面	反面
艾賓豪斯、桑代克和帕夫洛夫分別在 (.....到.....)這段期間(....)投入(..)、(..)和(..)過程的研究。	（1880年到1910年） （各自獨立） （記憶）（行為）（再造）

現在我們有三張不同的學習卡，上述內容是第一句中，可能會當作試題的題目。我們將這些卡片放入學習卡片箱中的第一格，並且繼續觀察下一個句子。

它讓我們了解一件事，即他們三位的研究是從其民族的思維出發。如果我們可以記住艾賓豪斯、桑代克和帕夫洛夫三人的名字和國籍，自然也會有這樣的理解。因此沒必要將這個句子列入我們的規劃中。

繼續下面的句子。它們規劃起來都很簡單：

正面	反面
艾賓豪斯，(..)人， 探討如何去(..)和 (....)知識。	（歐洲） （記憶） （長久牢記）

正面	反面
桑代克，(..)人，研究(..)行為方式的養成。	（美國）（實際）

正面	反面
帕夫洛夫，(..)人，致力於解釋(..)所產生的永久性影響，長久以來，(..)的心理學界就認為環境是人格發展的決定性因素。	（蘇俄） （環境） （俄國）

現在我們來察看這最後一個句子，並弄清我們如何利用「未知數」來詢問特定字彙和概念，以規劃學習卡。

最後這個句子會被列入規劃中，是因為詢問與「環境」有關的因素，而這是一個非常重要的問題。

同樣重要的是，相較於其他國籍的學者，正是這位蘇俄籍的學者特別關注環境因素。因此，這兩個「未知數」：再一次提及，帕夫洛夫是「蘇俄人」，以及「俄國」心理學界認為環境對於人格的形成有很大的影響力。

由於我們都是非常謹慎小心的學生，再加上因為不是很有把握，所以我們還是會擔心，羅拉雪在考試的時候，是否還會提出其他問題，如：就蘇俄心理學界的觀點，環境會在哪方面產生影響（人格發展），這種影響屬於哪種性質（永久）。

» ································
考試中的誠信問題：教授也可以問其他相關的問題。我們自己也可以為這備戰。

我們最好再製作一張關於帕夫洛夫研究目的的卡片，來對抗這種對考試的恐懼。

正面

| 反面 |
蘇俄人帕夫洛夫，致力於解釋環境所產生的（.....），長久以來俄國的心理學界就認為環境是，（....）的決定性因素。

（永久性影響）
（人格發展）

現在剩下最後一句：「經過五十多年直到現在，歐洲、美國和蘇俄等地仍各自保有這些研究

偏好的趨勢。」

這個句子應該能促進理解。當我們記住文章中這些生硬的資訊時，也將不會再喪失理解力。

為了一段從羅拉雪書中取出的段落，我們寫了六張學習卡。假使我們一開始就將教科書中所有重要的資訊都如法炮製，並都理解所學，這樣我們就不用再害怕考試了。

有畫底線的將被學會

由於未經練習的新手仍需花許多時間思索，所有事物對他而言將顯得更加複雜。

事實上，事情沒那麼嚴重。尋找字彙幾乎不用花什麼腦筋，只要將學習卡上正面要刪除的字，放置在背面就可以了，就像是「機械式」動作一樣簡單。

為了達到這個目的，每個學生必須專心一意不想其他事情：也就是在我們要學習的文章中，先用鉛筆將重點畫線。

我們先做這件事，看看從羅拉雪的教科書中選出的段落，在畫過線之後看起來會如何：

令人驚訝！教科書內容的規劃絕對沒有像第一眼看到時，那麼複雜。

實證記憶力研究，是由三位男性共同創立，他們分別在一八八〇年到一九一〇年這段期間各自獨立投入記憶、行為和再造過程的研究：有德國的艾賓豪斯、美國的桑代克，以及蘇俄的帕夫洛夫。由於其民族思維與生活觀點的不同，這三位心理學家對於學習的研究方向也有所不同，相

較於其他領域的心理學研究，這樣的影響要來得更明顯。艾賓豪斯，<u>歐洲人</u>，探討如何去記憶和<u>長久牢記知識</u>；桑代克，<u>美國人</u>，研究實際行為模式的養成，還有帕夫洛夫，<u>蘇俄人</u>，致力於解釋<u>環境所產生的永久性影響</u>，長久以來，俄國的心理學界就認為環境是<u>人格發展</u>的決定性因素。經過五十多年直到現在，歐洲、美國和蘇俄等地仍各自保有這些研究偏好的趨勢。

如果我們再一次仔細瀏覽這文章，而且特別注意沒有畫線的地方，我們會發現，比起一般害怕考試的學生畫的線少了很多。

» 文章經過我們第一次處理後，畫有底線的部分比一般情況少。

例如這類學生會將第三行中的「過程」兩個字畫線起來，還有第九行中的「知識」以及「行為模式」、第十二行中的「心理學界」與「決定性因素」等畫線起來。

而我們並沒有這麼做。

因為「過程」在這裡是非常沒有意義的文字，有很多種的「過程」，像<u>記憶</u>、<u>行為</u>和<u>再造</u>過程，但是在這裡不是那麼重要。

同樣地，「知識」也有很多不可思議的論述，但是在這裡，我們只對知識的<u>記憶</u>和<u>長久牢記</u>有興趣。

而「行為模式」也有百萬種，「記憶」也是，但是在此只有<u>實際行為</u>模式是有意義的。

接下來是我們文章的最後面，重點不是「心理學」，而是俄國的心理學界。畢竟這個世界充

斥著「決定性因素」，然而在此只有那些會影響人格發展的東西才是重點。

因此這種模式的方法也是很清楚的，用鉛筆將一些文字畫線：我們只將那些在概念上最能精確、最能具體說明個別論述的文字畫線起來，總而言之，不精確的文字不要畫線。

我們有三個不要畫太多線的好理由。首先是基於學習理論——凡是能記住具體事物的人，也同樣能記住一般性的事物；還有兩個實際理由：

一是，在學習卡的正面，我們需要保有所詢問之事的線索。這些線索最好是透過一般性、不具特定意義的文字來傳達，而這些文字恰是不用畫線的地方，畢竟這是發問的特性，即提問一般性問題來獲得具體資訊。

第二個實際理由，只在具體陳述上畫線：如果把一般性的敘述連同具體敘述都畫線，像是將「知識」連同「記憶」和「長久牢記」，「過程」連同「記憶」和「再造」都一起畫線，這樣我們就會重蹈覆轍，犯下學習卡原來要避免的錯誤：重新熟記整篇文章，而無法專注於最重要的事物上。

因此，正確畫線是第一步，藉由這步驟可以讓我們把看起來似乎是很複雜的學習卡規劃工作，合理化、機械化以及模式化。所以，我們可以把只畫每個重要論述中概念最具體的字句，當作是最高原則。

規劃的第二個步驟就是，將已畫線資訊所在

的句子謄寫在我們的卡片上。依據下列基本原則，這個步驟也可以變得機械化，重複操作：

● 縮短句子，但不會因為這樣而影響理解。
● 儘管句子太長，但為了可以寫在學習卡上，可以將句子切割改寫在兩張或更多張的學習卡上。
● 每張卡片上「未知數」要儘可能的少，也就是留有空格的問題。當一張紙上的「未知數」超過五個時，會阻礙學習進度。

熟能生巧

　　將整本厚厚的教科書熟記，是耗時耗神的工作，這種看法一直都存在。

　　但它們的矛頭指錯對象了。因為要將整本厚厚的教科書全部熟記，學習當然就是一件苦差事。

　　為了習得羅拉雪在《實證心理學》教科書中所含括的所有資訊，勢必要花很多努力，這與能夠具備中級外語能力所需的努力一樣多。

　　那些相信只要奮力死背個十四天，就可以完成這項任務的人，無異是自欺欺人，失敗收場。

　　學習卡將書中內容轉移到記憶紙上，文章轉化為最小的學習步驟的方式凸顯了這種錯誤。假設現在學生要將全本教科書的內容，當作是他要接受的學習任務。

想將整本教科書學會，如同要把一個外語掌握好，需要花很多精神和功夫。

　　在規劃完第一部分後，接著要精確地評估，知道可能有多少個星期、多少個月可以讓自己書

寫和記憶，以掌握那些對自己很重要而必須要保留下來的資訊，還有每天需要多少小時來做這些事。

面對這樣的任務，學生有可能會渾身顫慄，喪失勇氣，害怕他所要面對的工作。

假使這個學生持續規劃他的學習教材，就會像學習語言的學生一樣，利用「貝立茲效應」，也就是學過的資訊會大大加速學習進度。

首先這牽涉到熟練與否，經由熟練他可以整理書中的句子和段落。學習份量會一頁頁的增加，直到他終於不能有意識地分析這些句子，幾乎只能機械式地書寫。

沒理由感到渾身顫慄：一步步會讓工作變得更簡單。

這會產生一個危險，就是學生會失去分辨重點的能力，而將一些完全不重要的東西抄在學習卡上，不過這還不是那麼嚴重。

因為人類的惰性、沒耐心和一心想儘快往前奔到終點的渴望，總是佔上風。甚至於對那些最用功和孜孜不倦的學生來說，它們依然是影響其學習的關鍵因素。所以學生會試圖忽略不重要的內容，如此一來，他們就不需要將這些東西抄寫下來。

>> 惰性和沒耐心在這種學習過程中，甚至可能是有用的，粗心大意是較危險的。

真正比較危險的是，犯下粗心大意的錯誤。學生在製作學習卡的過程中，因為匆忙，所以在寫的時候將重要的文字漏寫或是弄混。

直到要背記改寫過的內容時，他才會發現這個錯誤。突然間，這些資訊變得不再有意義或者本來就是沒意義的。

然後學生滿臉疑惑地坐在那兒，並且試著到處從手邊現有的資料、教科書或者講義中，找出可以解釋這種無意義的內容。

所以當學生改寫資訊到學習卡上時，也要標明出處和頁數，這是有幫助的。在我們的實例中：Ro 115在這裡表示羅拉雪第115頁。這樣他就可以快速找到出處，自己也不用為此而生氣。

➤ 不要忘記標明頁碼！

隨著愈發熟練，還有擔心會出現太多書寫工作，學生在規劃學習卡的時候，反而會出現持續簡化工作的效應，這隨即成為系統學習的第一個成果：學生的辨別能力變得更加敏銳；學生在教材中進步得愈多，愈發讓他覺得有記憶價值的內容愈少，這是肯定的。

➤ 辨別輕重的能力會逐頁變得敏銳。

學生在改寫教科書的時候，在頭幾頁時，他幾乎是逐句逐句改寫，猶如對待聖物一般敬畏地把它們依序寫在學習卡上。然而隨著時間過去，他對這些句子的敬畏之心逐漸遞減。最後，他只把每頁、每一大段中的四或五筆資訊寫進他的卡片中，有很多頁甚至連一句都沒有。即使他用這種方式學習，他還是見多識廣的人。

學生學會將資訊理論中稱為「多餘」的資訊刪去，圖示、文字、陳述，這些可以在不會流失資訊的情況下縮減。

➤ 最終，只有重要的內容列入卡片內。

最後，他也學會了在空間不夠的情況下，某些內容無法詳述，甚至不能闡明，這時他只能將整頁或整段中的重要資訊概括地整理，脫離教科書作者的表達方式，用自己簡短的話語改寫在學

習卡上。

　　羅拉雪的《實證心理學》教科書總計有四百六十一頁。

　　將每張學習卡填滿約需三分鐘的時間。我們假設，一本教科書內重要的資訊平均要填滿五張學習卡，這樣我們便可以「規劃」我們的卡片，一頁花十五分鐘，兩小時內就可以有八頁教科書的份量。另外，事前還要花一個小時的時間集中注意力瀏覽和畫線這八頁的內容。

如果你用我們的方式學習，考試成績會讓教授睜大眼睛。

　　加加需要三個小時；為了真正的學習，我們每天再增加三個小時，在每天六小時的努力下，像羅拉雪的書，我們就可以在百餘天內K完——而且是如此全面——考出讓教授大吃一驚的成績。

　　每天六小時做一百天，這是曠日費時、「工作量」龐大的工作！

　　當然，沒有人會強調，學習卡會讓學習和努力白費。它只是儘可能地讓學習變得有系統，而且一定會有成效。想好好學習並記憶同一本教科書和書中資訊的人，如果利用一再閱讀、目不轉睛，還有喃喃自語地背誦句子和空行，並在紙張邊利用食指記憶的傳統方式，這樣即使花了一年的時間也不會成功。

　　但是如果他堅信終究還是會成功，那麼事後他有可能會懊悔，因為最後他還是會忘了絕大部分的東西。

考試速成祕笈

許多學生現在會笑著思考。

因為經驗告訴他們，現在不用再照本宣科、一字無誤地來準備考試了。現在的教授幾乎都不再考過於瑣細的東西。只要他們的考生可以學到些許知識，學生至少接受從教材中學過的東西，這些教授就很滿足了。

因為接受這樣的經驗之談，所以有些大學生把上帝當作是好人，考試前三個星期才臨時報佛腳，開始唸書。

這個時候，教科書對他們來說當然沒有什麼用處，因為時間如此短促，不足以應付厚重的教科書。所以他們會從教書匠的手抄講義中學習，又或者因為這類講義價格昂貴，所以從其他學生抄寫的筆記來學習；如果可以的話，「教科書」的概念要在這樣的關聯下重新定義：教科書是一本由教授撰寫的書，可讓專業的教書匠從中製作講義，學生再從這裡面整理出筆記，然後在短短的時間內就讀這些筆記內的東西……。

> ≫ ················
> 如何根據從手抄講義抄寫來的筆記學習，在這筆記內整理了教科書裡的重點。

如果我們想跟上潮流，就必須要能適應現代考試準備的習慣。我們必須注意到，一些還在就學的年輕人，他們這種幾乎正當的需求，會讓人回想到以前大學生讀書的情況。

> ≫ ················
> 給學生的提示：11點55分才開始死背。

學習卡對於這個族群一樣有用。對此，這些學習卡只需做「表面」的規劃。

假設有位學生打算用兩個星期甚或一個星期不到的時間，開始準備關於德國工作權的考試。

> ≫ ················
> 七天速成課程：七十頁的講義──外加每天六小時。

如果他現在為了這個主題而去買一本厚厚的教科書，實際上無濟於事。而一份完整的輕薄函授課程講義，大約七十頁就足夠了。

如果學生在考試前這短短的時間內，只想要剛好足夠應付考試的話，這七十頁他就不用逐句逐筆從頭至尾不停地在他的學習卡上改寫資料。

首先，先將整份講義瀏覽一遍，只把最最最重要的資訊寫在學習卡上，而且每頁只記下一筆資訊就好。

他必須做些許的努力，第一天就將這七十筆資訊牢記。然後立即開始，恪遵我們在「記憶單人紙牌遊戲」中的遊戲規則，不斷反覆背誦這些學習卡。

假若他用這種方式每天背誦三小時，就完全足夠了。接下來，他可以運用剩餘的時間，繼續從函授課程的七十頁講義中，找出有知識價值的資訊，然後同樣將這些資訊不斷地列入到他的學習卡規劃中。

在這整個過程中，他不用從頭到尾、徹底地深入，而是採重點式學習，就像一名中隊士兵，在戰火中挖掘壕溝：士兵們不會這麼笨，在這種炮火連天的情況下，立刻鑽進離地面兩公尺深的地方去，更何況，他們還必須穿過空曠地，才可能會找到這種深度的壕溝。所以他們挖掘壕溝一開始到處都一樣，只有二十或三十公分深，讓他們有緊急可以遮蔽的地方，如果是在較低淺的壕溝內，他們就必須用腹部爬行。之後他們才會挖

深這壕溝，好讓他們可以直立走路。

聰明的學生也不會依照講義的順序，來加工他的資料，而是依據它的重要性：首先是最重要的，然後是稍微重要的，之後才是他應該要認識，但不一定要了解的資訊。

如果學生用這種方法每天有系統地持續下去，學生的知識寶藏漸漸地從完全「不會半點」，即常聽說的「迷迷濛濛」和「一竅不通」，轉變為「有點概念」，最後則經由這些斷斷續續的片段資訊，就足夠應付可怕的考試了。

從這樣的緊急學習中，無法學到很多東西，而且也不會在記憶中停留太久；但足以應付考試所需。

藉由學習卡的協助，短短幾天不到就收到了令人難以置信的想要成效。當然學生不會天真地以為，用這種方式學到的東西可以經得起長時間考驗，永遠不會遺忘。

以如此短的時間習得的知識是不可能長存的，在他的眾多學習卡中，頂多只會有一張繼續前進，最後進入學習卡片箱的第三格。但是用這種方式學習，學生至少有機會可以通過考試，而這也算是種成就。

8

I.Q.幽靈

一隻叫做「I.Q.」的怪物

要解決重大的課題，富有創造力的聰明才智是不可或缺的。

也有些科學家們（尤其是心理學家）在遇到問題時，就會致力於「創造」。他們會創造出一些華麗、閃亮的名詞，而且這些名詞大部分都是拉丁文和希臘文。

但問題並不會因此總是被解決。

但纏繞著這個問題的名詞，卻因此立刻有了生命似的。相較於蘇格蘭的女鬼，這些名詞像文字幽靈和概念幽魂一樣，糾纏人類的層面更廣、時間更久，整個地球都被這些文字幽靈和概念幽魂所恐嚇威脅，孩子也因此變得不快樂，大人的工作、希望與未來也因此被剝奪。

我們現在所討論的這個科學的問題就是所有問題的解決之道，也是使全世界不安的概念幽魂之一，這個科學問題就叫做「智力商數」。

每當天真、無辜的人類屈服於所謂的「智力

> 「智力商數」恐嚇威脅著整個地球，孩子因此變得不快樂、大人的希望也被剝奪。

測驗」之下時，這個由兩、三個字母所組成的怪物就會一再地出現。

受測者必須回答問題，解答一堆題目，每答對一題就獲得一分，若答錯或是未作答則該題不予計分。

之後所有的分數會被加總起來，並且得到一個心理學的專門術語「得分」（score），也就是所謂的分數。根據這個分數，受測者的成績會以百分比的方式與整體人口的平均成績作比較，或是在青少年族群與兒童族群中，或是在適當的年齡族群中作比較。

這個百分比數字就是「智力商數」，簡稱為「I.Q.」。

»»
「I.Q.」將一些人蓋上「天才」、一些人蓋上「笨蛋」的戳記；而這個判決是無期徒刑。

當受測者的分數超過平均分數的50%時，受測者會得到150分的I.Q.成績，並且被認定為「天才」。

如果受測者只得到平均分數的一半，那麼他的I.Q.成績就只有50，他會被視為是頭腦遲鈍的笨蛋。

如果這種智力測驗只是出於趣味性，或是像有時候畫報上所畫的只是為了受測者的私人娛樂，那麼這都還可以忍受。然而非常遺憾地，這種智力測驗卻是一件相當嚴肅認真的事。測驗所得的智力商數會悄悄地出現在受測者的學籍檔案與人事檔案中。它常常就像犯罪紀錄一樣；不過差別在於：之前的判刑紀錄會被消除，但一個極差的智商分數卻會永遠跟著它的受害者，直到受

害者去世為止。

但這一切原本是以完全無害為前提開始的。

人的智力各有高低，原本就是一個不爭的事實。在學校中，一些學生的理解力會比其他同學來得好，這也是眾所周知的事。這些其他的同學則需要特殊的、適合他們的教育。

大約在十九、二十世紀之交，法國的教學管理機構想出了這種先進的、值得讚許的點子，他們極欲確切地知道，哪些孩童需要這種輔導。

» 這個災難約開始於十九、二十世紀之交的法國。

教學管理機構委託心理學家比奈（Alfred Binet, 1857~1910）設計一套測驗，這套測驗可以科學的方式精準算出，一位孩童是否適合就讀普通學校，還是必須接受特殊學校的教育。

第一份智力測驗與伴隨而來的「智力商數」因此而誕生了。這個數值原本的目的在造福社會，然而很遺憾地，由於人類自己的胡搞瞎搞，使智力測驗發展成一種災難，並且再也無法擺脫它了。

» 第一份智力測驗是出於善意，但是……

導致這個不幸的主要原因源自於一個獨斷的、完全未經證明的假設，是一個嚴重的結構上的謬誤。

自從比奈創造這個智力測驗之後，智力測驗已經經過千百次的改良，但經過改良的測驗與其原始結構仍有一個共同點：測驗結果是一輩子有效的。

他們想要將「糠秕」從「小麥」中分開，並且是永遠地分開。就像用篩子，將聰明的人從不

智力測驗想要將智力層面的「糠秕」從「小麥」中分開；但卻也因此造成嚴重的傷害。

聰明的人中篩選出來，徹底地分離出來，因為索邦區心理機構的所長比奈認為聰明才智是一種上天賦予、無法改變的東西。聰明才智是一種每個人必須與其共同生活的天命，就像是眼睛的顏色、骨骼的構造以及天生的膚色，因此在某種程度上愚笨就成了一種不可治癒的遺傳疾病，因為世上沒有可以治癒愚蠢的草藥。

這就是，直到目前仍是，大部分智力理論的基礎，是他們最高、最牢不可破的公約數。但這第一個假設從一開始就是相當明顯的錯誤，智力測驗的創始人比奈必須考慮到這件事，因為早從七十年前開始孩童就一年比一年聰明了。

「沒關係!」比奈認為。

對此他有所「解釋」。比奈相當天真地將人類的智力成長與生理成長做一個比較。他認為，只要兒童的身高繼續長高，他們的智力也可以一樣地增長。

這個理論藉由一種計算技巧將受測者的年齡也一併計算進去，不過他「與生俱來智慧的不變性」的教條是不會因此而受損。經由這種方式，這種經過計算出來的 I.Q. 就可以保持不變，也不會陷入學術偏見的危險當中。

不過，比奈也不會因此認為 I.Q. 可以無限成長。

比奈宣稱，兒童的智力在十五歲之前都有可能會變得聰明，雖然這與人類智力不變的這個原則相互矛盾。

比奈宣稱，十五歲之後人類的智力就不會再增長。

「從那時候開始，」這位法國人說，「就算沒有計算的操控，人類的聰明才智一直到死都不會有任何改變，聰明的就是聰明，愚蠢的就是愚蠢。」智力商數的運算公式也做了相對應的修正：十五歲以後就結束了──rien ne va plus（所有的事物都不會改變）。

大部分的人（至少在法國）接受學校教育的年齡只到十五歲為止，比奈並沒有注意到這點，因此，他也沒想到智力的成長只到十五歲為止，很可能和學校教育與學習有關。

當然，比奈並不是故意犯下這些學術錯誤。

比奈是研究智力的開路先鋒之一。他對於那些智能不足的孩童能夠接受特殊學校教育，相當具有貢獻。他也因此犯了一個嚴重的錯誤，但這不是他的錯誤，而是應該歸咎於他的後繼者與盲從者。幾十年來，一代接著一代，他們毫無批判能力不斷地重複這個錯誤，而不幸受害的人更是數以千計。

> 歷代的學者不加思索地不斷重複比奈的錯誤──不幸受害者無以數計。

直到現在，科學界開始慢慢地、非常遲疑地、很難為情地認知到，他們所犯下的錯誤是多麼的可怕。這個錯誤之所以可以如此長時間不被發覺，相當有趣地是歸因於這是「解決問題」的問題之一：在人類腦袋中的真正答案常常因為對傳統的、典型刻板的盲目信仰給阻礙了，但是錯誤的解決方式卻像鐵銹一般地腐蝕在人類的大腦中。

心理學家早在幾十年前就已經發現了這個現

象。一九三〇年，德國心理學家敦克爾（Karl Duncker）稱這個現象為「功能性執著」（functional fixedness），民間則稱之為「專業性的盲目無知」。

專業性盲目無知的心理學家。

但這還是阻止不了那些堅信聰明才智不變法則的心理學家，這些心理學家幾乎到今天還是身陷於同樣的「專業性的盲目無知」。

聰明才智到底是什麼？

智力測驗應該是測驗智力。

但究竟什麼是「聰明才智」呢？

如果我們在心理學文獻中為這個充滿神祕、近乎形而上的東西尋找一個定義時，我們所能找到的只是少得可憐的一些陳腔濫調而已。

「聰明才智」這個概念的定義都是一些陳腔濫調。

也就是說，把聰明才智與對新情況的適應能力等量齊觀，或是對抽象資訊的處理能力，或是根本就把聰明才智與學習能力之間畫上等號。

但是這裡所謂的「情況」是什麼？在什麼狀況下可以被視為「抽象」？什麼又是「處理」？

另外一組定義（克雷奇〔David Krech〕，《心理學要素》）：「聰明才智是一種適應能力，這種能力展現在能有效地解決社會生活的共同任務上。」

但是什麼叫做「有效地」？為什麼只有「共同的」任務可以被聰明地解決呢？又為什麼只有在「社會」生活上呢？

心理學界自己也對這些「定義」相當不滿

意。但他們總是以這種想法來安慰自己，他們認為聰明才智似乎是無法掌握的、不可被定義的數值，但是卻可以相當精準地被測量出來。而且之前的科學家並沒有做得比他們好：雖然幾百年前的物理學家不知道冷和熱是什麼，但他們可以測量出溫度。

而測量聰明才智的工具就是智力測驗。

因此，我們最好（如果我們想要比較了解這整件事）把這個測量工具放在放大鏡下檢驗，挑選一個德國國內常用的智力測驗仔細地檢查。

我們在智力測驗的使用手冊中，首先看到的是另一個對聰明才智的定義。

這位智力測驗的作者認為聰明才智是「人類整個個性結構中的一個特殊結構」；並且，更進一步地：「聰明才智將精神能力與智力能力架構為一個整體，其成果會表現在效率上，並且賦予人類有經得起考驗的能力……」。

>>..............................
一份德國常用的測驗所定義的聰明才智為集文字幽靈之恐怖大成。

到底什麼是「結構」呢？至少在這個面向上。

這位作者的回答是如此：「……結構就是所有的環節都會在結構中按照等級被依序地排列，就像身在一個階級制度中多少會受到影響，因此這些在等級結構中的環節會深受主導中心的影響……」。

我們再次檢視這些相當有智慧的文字幽靈集合，它們所展現出的力量無疑地遠遠超過神祕預言的力量。

知識決定一切

基於上述理由，我們寧可著手探討一些具體的試題，專家嘗試經由這些試題測出受測者的智力。不過，我們僅以測驗使用說明手冊的範例作為討論的例子，以免真正的試題外洩，而失去其價值。

我們現在來看看「試題組一」的題目：

兔子與下列哪一種動物最為相似？

a）貓　　b）松鼠　c）野兔　d）狐狸　e）刺蝟

「希望」的相反詞是……？

a）悲傷　b）絕望　c）痛苦　d）愛　　e）恨

智力測驗探索的是學生是否可以區別刺蝟與野兔；但是這點卻不足以證明受測者的智力。

受測者必須在試題所給的五個選項中選出正確答案，答對了，受測者就可以獲得一分。

然而從受測者在答案卷上的回答中，受測者、心理學家、老師到底獲得了哪種智慧？

真的能夠非常嚴肅地宣稱，只有那些擁有神祕的結構整體的人才能夠回答這些問題？而其他的人就不行嗎？

這種宣稱無疑地完全是胡說八道。

首先，第一試題組的答案和所謂的「結構」無關，而是取決於特定的個別知識。受測者是否經常看到貓、松鼠、野兔、狐狸、刺蝟與兔子，或者至少看過這些動物的圖片，只有如此，受測者才能說兔子與野兔最相似。

第二個先決條件則為受測者必須知道這些動物的名稱；這些動物的德文名稱。

但如果測驗中所使用的字句是受測者不懂的語言時，例如在測驗卷上用（英文）「rabbit」代替「兔子」、「squirrel」代替「松鼠」、「hare」代替「野兔」、「fox」代替「狐狸」，以及用「hedgehog」代替「刺蝟」，那麼這份測驗就完全失去意義了。

而第二題要求受測者在「悲傷」、「絕望」、「痛苦」、「愛」以及「恨」五個選項中，選出「希望」的反義詞。

»..................
表示情感的名詞也至少必須聽過，不過這和「智力」幾乎沒有任何關係。

同樣地，這題目也要求受測者某一程度的專業知識。受測者被要求至少聽過這五種情感表達。

答對題目的第二個前提就是，受測者已經學過這些情感名詞，並且也知道「反義詞」這個字的意思。

在這種情況下，也只有如此，受測者才會勾選「絕望」這個選項，答對試題。

被測驗的應該是具體的專業知識與語言知識。

被測驗的是這名受測者是否認識一些動物的種類、情感名詞以及某些特定的德文字彙。

就連抽象也是可以學習的

同一個測驗的第二組試題給受測者五個選項，其中四個在「某種程度上」是相互關聯的。

受測者必須找出那與其他四個不相干的第五個東西。

第一題的五個選項為：

　　a）桌子　b）椅子　c）小鳥　d）櫃子　e）床

同一組試題的第二題選項如下：

　　a）坐　　　b）躺　　　c）站　　　d）走　　　e）跪

　　乍看之下，好像要正確回答這些問題，必須
要擁有那種所謂與生俱來、不變的卓越才能，而
這種卓越的智慧正是這個智力測驗所要探索的。

　　上述所舉的兩個例子，只有藉助足夠的語言
知識與專業知識才能夠正確回答。受測者必須了
解這些名詞各自背後所具有的特性，他必須要知
道這些名詞在現實世界中所表達的意思。

　　當他將這些事實做一比較時，答案自然就出
來了：

　　桌子、椅子、櫃子與床都是無生命的物品，
而小鳥是有生命的。

　　「坐」、「躺」、「站」以及「跪」都是靜態的身
體姿勢，「走」則是動態的動作。

　　智力測驗的作者可能會駁斥，這些題目只與
專業知識和語言知識有關；他們可能會說，受測
者不只需要了解桌子、椅子、櫃子、床與小鳥，
或者是「坐」、「躺」、「站」、「跪」以及「走」所
代表的意思。

　　他們可以說，受測者必須進一步能分辨「相
似」與「差異」，從這項辨別能力可以看出他的
智力，他性格中像謎一樣的部分，而這個部分是
可以被測量出來的。

但就連這也是一個謬誤。事實上，這裡所說的問題也同樣與語言和專業知識有關。也就是說，受測者是否了解「相似的」與「不相似的」這兩個字的意思。唯有如此，當受測者了解這些字的意思並且能夠正確地使用這些字時，他才有能力去解答這些試題。如果受測者不諳英文，但說明中仍然寫著「similar」與「dissimilar」，而非「相似」與「不相似」時，我們可以想像，很明顯地，這個「智力」的試題將成為無法解開的謎題。

接下來是這份測驗的第三組試題。

在第三組試題組中，每一道試題都有三個字，第一個字與第二個字間有「某種關聯」，而在第三個字與五個答案選項之間也存在著「類似的關聯」。受測者必須找出這第三個字：

森林：樹木＝草原：？

a）草　b）乾草　c）飼料　　d）幼芽　e）草地

暗的：亮的＝溼的：？

a）雨　b）日子　c）潮濕的　d）風　　e）乾的

第一題的答案是「草」；第二題為「乾的」。這又再次顯示，似乎這些問題所測驗的不是個人的經驗與學習經歷，而是與此毫不相干的、且某一程度上是從一開始就具備的能力，一種抽象與真實的思考能力。

但是，這能力真的是一種不可改變且無法經由學習獲得的能力嗎？

≫ ············
絕大部分的智力測驗所測驗的都是語言與專業知識。

當然不是！這種抽象思考並不是上帝的禮物，像嗎哪汁液一樣只會滴在與滴進那些天才的頭上。抽象完全不是形而上的東西，它是與一個真實物件、具有唯一特性（或是特性族群）的邏輯、語言的應對，雖然該物件的其他特性均非常「抽象」，不過這不在我們的討論範圍內。抽象思考是可以透過學習與不斷練習來獲得的能力。

樹木在森林中與其他樹木一起生長，這是樹木眾多特性中的一個，而森林也是因為眾多樹木才能變成一座森林；那什麼東西會生長在草原上，並且草原也是由其所組成的呢？

「暗的」這種狀態具有的特質是不可能在同一時間又有「亮的」存在，「暗的」是「亮的」相反；那什麼狀態是不可能與「溼的」共同存在？「溼的」相反是什麼？

這些一再地顯示，這個測驗所要測出的並不是某個神祕的上帝的禮物，而是受測者對事物的概念，他是否學過「森林」、「樹木」、「草原」這些名詞，和對這些名詞的掌握度的高低等等，以及他是否對於辨別這類特性的同質性與差異性有足夠的練習。

沒有適合中美洲叢林黑人的智力測驗

經由上述智力測驗的題目，證實了我們的懷疑。

舉例來說，測驗中會要求簡單的數學運算、一連串按照某一特定規則排列的數字，受測者接

» ·····························
抽象思考不是一種只給特別有天賦的人的禮物；它是可以透過學習與不斷練習來獲得的能力。

著排列這些數字；顯示一些幾何圖形，然後受測者必須找出一塊可以與這些幾何圖形相連結的圖形。

這裡所牽涉到的又是一些可以透過學習與練習所獲得的事物，部分甚至是學校所教授的知識，最終也與文字和數字有所關聯。

有些題目雖然不屬於狹義的學校授課內容，但受測者被要求回答的問題也許是在學校裡沒有學過的東西。

但這些東西有可能是他們在其他地方學過的知識，例如從父母親那兒、從遊戲中、從兒童猜謎中，經由好奇甚至是不經意中學會的。

總之，他們必須先學習過這些知識，否則他們根本不會。

如果同一批受測者不是在一個充滿文字、數字與幾何圖形的文明社會中成長，而是在亞馬遜的原始叢林或是在澳洲的原始森林中長大，他們可能對於解讀蹤跡相當在行，或是使用起澳洲飛鏢出神入化，但在面對這種智力測驗時，他們絕對是束手無策，不管他們天生有多聰明。

讓我們來做個總結，什麼是測驗使用說明沒有告訴我們，但卻由試題洩漏出來的訊息：

這份智力測驗以及所有這類型的測驗，完全無法測驗出在受測者腦袋或是靈魂中從出生就具有的不變的天生能力。

它所測驗出的只是受測者到目前為止的所學而已。

這個測驗所測量的不是聰明才智的多少，而是教育程度的高低。

從智力測驗的結果只能得知受測者接受測驗當下的知識程度。

這測驗想要測量的充滿神祕的「整個個性結構」，說穿了不過是受測者所學得的知識的一個組構罷了。這麼說來，這類型的測驗也許測量的是當下、學習的最新情況、受測者在接受測驗當下的精神狀態，而以測驗結果去做進一步地，甚至對未來的推斷完全是非分的要求。

不過，智力測驗不足以判斷受測者日後的發展情況。

對此，直到目前為止，只有極少數心理學家認真嚴肅地思考過這個問題。

其中一位就是加拿大的心理學家賀伯（Donald Hebb）。一九四九年，他非常氣憤地察覺到，所謂的智力測驗基本上只是測驗所學的知識，而非天生的聰明才智，如果真的有這種東西的話。

儘管如此，民間進行智力測驗的事實並不會因此而動搖。

解決問題的四階段

如果聰明才智是可以透過學習獲得的話，那麼解決問題的方法也應該是可以學習的。上述試題的解答毫無疑問地都是可以學習的。不過實驗心理學家狡猾地設計出一連串其他的、更複雜的問題，要回答這些問題的要求就更高了。

解決問題的方法可以透過學習獲得嗎？

他們所要求的答案對於受測者而言是完全陌生的東西。若不如此，就沒有「問題」可供測驗，而只有「重複」以及「記憶」的題目。

一道真正的問題應該具有下列四項特徵：

● 這個問題發問的對象是受測者，也就是答題者。

● 因此在他開始作答時，這個答案對他而言是未知的。

● 儘管如此，他應該找出答案。

● 這個答案必須是正確無誤的。

≫ ....
這些是一個真正的問題所必須具備的特性。

這些長期以來喜歡困難艱澀答案的心理學者與其他學科的學者當然不會錯失這個機會，他們又再次地在測驗試題中運用大量的文字幽靈與概念幽靈。

光光是「問題」一詞的定義就多到足以集結成冊。因為每項分類都是不可或缺的，因此問題就會依照其解決的方式，例如像「經由解釋」、「經由預測」與「經由發明」被歸類。找到答案的思考方式會交替地受到許多不同觀點的影響，例如「直覺的」、「有生產性的」、「有創造性的」、「有目標的」、「獨特的」觀點的影響，當然也會受到「理性的」、「抽象的」以及「合乎邏輯的」想法的影響。

≫ ....
科學從解決問題的各個關聯中衍生問題。

就連把想法變成答案的階段也被分門別類，並且在不同的名稱下被執行。

第一個階段稱為「準備階段」。這個階段包括答題者用來了解問題與其細節的所有時間。

≫ ....
解決問題的思考方式與思考階段。

第二個階段叫「潛伏期」。這段期間是解題者雖然已經了解問題，但還完全不知道如何解決問題；是一個令人不滿意的狀態，因此學者胡契

生（Forscher Hutchinson）稱這個階段為「挫折階段」。

第三個、也是決定性的階段稱為「創造階段」，因為是否能找到答案就看這個階段，因此這個階段也被稱為「闡明」、「領悟」。如果真的到了這個階段，他的答案會廣被稱讚為頓悟（見227頁），而且對我們來說，這可能是常常碰到的「啊哈─原來如此！」的經驗。

第四個階段，也是最後一個階段是「驗證階段」，透過某一程度的驗算確認所找到的答案是否是正確答案，或者只是一個無用的幻想而已。

>> 要走到「闡明」、「領悟」的階段，是一條漫長路。

問題解剖

我們只能像一些乖巧的心理系學生非常守本分地、費盡心思地、忘我地、孜孜不倦地在文字與名詞的叢林中前進，而這座叢林是這些學者在解決問題這個地方所種植的。

然而我們最好就此打住，並靜下來好好地想一想，這對於解決問題來說根本不重要。

一個真正的問題（之前我們看過）只有在這個情況下才成立，就是當這個答案對受測者而言是陌生的，也就是說答案是未知的。

>> 在這裡，我們將詳細地為你介紹一個典型的問題；從這個問題中你可以學到許多東西。

我們來思考一下，這是否正確？正確度又是如何？並且以這個目的為前提去觀察典型問題當中的一個問題，心理學家試圖在尋找這些典型問題的答案過程中扮演主導地位。

這個問題是由斯德哥爾摩的心理學家塞克利所設計的。

他希望受測者將木製的小板子放在上圖所示的三角墊木上，並且使木板保持平衡，讓木板的一端在幾分鐘之後會自動地下降，而另一端則自動升起。

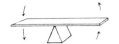

塞克利教授的問題：這個木製的天平應該在幾分鐘之後自動向左邊傾斜。

為了達到這個目標，受測者只能利用塞克利教授所提供的東西（如前頁圖所示）：在木墊和木板旁邊的木製圓柱體、蠟燭、兩個木製的正立方體和一盒火柴。

我們按照受測者在解答問題時可能的思考路徑試著走走看。

首先，他必須知道在木墊尖端、保持平衡的木板是天平，天平的兩端必須要平衡。

只要天平兩端的重量一樣，天平桿，也就是我們的木板，就不會有任何改變。

受測者必須進一步清楚地了解所謂「平衡」的意思：天平一端的重量必須等於另一端的重量。

當我們的受測者掌握整個情況後，他會逐漸意識到將發生什麼事，如果原本一直處在平衡狀態的板子突然失去平衡，並且是在受測者沒有對著木板吹氣、用手指去壓它或是搖動桌子的情況下（受測者禁止做出這些動作）向一邊傾斜時，壓在一端的重量必須自動加重自己這端的重量，或是減輕另一端的重量。

如果實驗者沒有做出任何動作，天平的兩端

» ⋯⋯⋯⋯⋯⋯⋯⋯⋯⋯
嚴禁觸碰、下壓、吹氣和搖動！

會自動失去平衡嗎？

受測者否定這個問題。

但是他知道，當天平兩端的重量改變或是被挪移時，兩端有承重的天平會失去平衡。

當塞克利先生所提供的其餘物品可以充當重量時，受測者就會繼續思考——在腦海中或是用手指頭——可以將這些物品分別放在天平兩端的所有排列組合，例如：

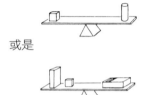

或是

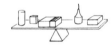

或是

你可以看到右圖許多的可能性，但這些可能性卻都不是這個問題的答案。你必須想出一個更好的（更獨特的）答案。

然而，這一切對我們深思熟慮的思想家們並沒有多大的幫助。

他每次都必須多少花一些力氣，利用塞克利先生的配件讓天平達到平衡。這有時候就像是用卡片搭一棟特別複雜的房子一樣的困難。但一旦成功，整個結構就會相當穩固；而大家望眼欲穿的重量轉移最有可能發生的情況是當實驗主任打噴嚏的時候。

» 萬一受測者除了打噴嚏之外想不出什麼其他的方法時，那他就得宣告放棄。

若是受測者沒有辦法轉變想法的話，那麼他就得宣告放棄。

只有當他把提供物品的特徵與特性研究透徹之後，他才有可能會找出正確的答案：

→火柴可以燃燒……

→火柴可以點燃蠟燭……

→一支被點燃的蠟燭會燃燒……

→一支在燃燒的蠟燭會變小、變輕！

因此受測者在實驗的道具中找到一項重量本身會改變的物品，如此一來，這個問題的答案就變得易如反掌了：

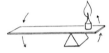

蠟燭必須燃燒，這就是問題的重點。

他讓天平桿較長一端的重量固定，短的一端擺上站立著的蠟燭，然後他需要的東西只是點燃蠟燭的火柴而已。蠟燭在燃燒幾分鐘之後，開始失去一些重量，導致天平的另一端比較重，並且朝地面的方向下降。

這正是塞克利所期待的答案。這關係到學生，這名斯德哥爾摩的心理學家告訴我們，多數的學生需要好幾分鐘的時間與集中精神才能找出這個所希望的答案。

針對這個問題，可以想見還有其他答案，這些其他答案可能連塞克利自己也感到驚訝。

» 這裡還有一些可能連教授先生自己也感到驚訝的答案。

其中之一與上述的典型答案基本上很類似。

這個答案也是由同一基本想法出發，也就是說天平桿的其中一端應該「自動」下降，兩端的平衡必須改變。這個答案也將燃燒的物質會喪失重量的概念一併計算進去。

不過之後的解決方式就有所不同了，是採下列的思考方式：

　　→燃燒中的物質會喪失重量……

　　→木頭是可燃物……

　　→木墊所支撐的天平桿是一塊木板……

　　→如果木板的一端著火了，它就必然會失去一些重量，如此一來天平就會失去平衡，木板的另一端自然就會往下降……

　　→也許可以用塞克利提供的火柴點燃天平桿的一端，不過如果是實心木頭就不易點燃……

　　→天平桿的木頭必須用可以燃燒久一點的火燄點燃……

　　→蠟燭燃燒的時間當然比火柴久……

　　如此一來答案就相當清楚了。

　　點燃的蠟燭不應該放在木板上，而是應該置於保持平衡狀態的木板一端的下方。不久之後天平桿就會開始燃燒，然後會減輕一些重量，使另一端變得比較重。

　　同一個答案的另一種可能性就是，答題者將蠟燭一分為二，將其中一塊黏在天平的一端，另一塊則點燃放在下面。

　　經由受熱，天平上的那塊蠟就會融化並且滴下來，這一端的重量就會減少，天平就會開始向另一端傾斜。

　　在同樣的這個理論基礎上還可以發展出另一

燃燒中的木頭也會變得比較輕。

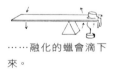

……融化的蠟會滴下來。

答案：受測者利用蠟燭融化的蠟將一塊木塊黏緊在天平的一端；擺放的位置則必須非常靠近邊緣，如果沒有將木塊與木板黏住，木塊就會掉下來。

然後，將點燃的蠟燭置於黏著處：

蠟受熱融化之後，木塊就會脫落，天平兩端就會失去平衡。

就算是用一塊黏住的木塊也一樣可以達到目的。

下一個答案則是建立在一個完全不同的想法上。

受測者的思考出發點並不是去改變天平兩端的重量。

他是由實驗主任所禁止的事項為出發去做思考，以吹氣的方式去干擾天平的平衡。

他思考這個禁止事項很明顯地與受測者所引起的空氣流動有關。

相反地，利用題目中所提供的東西組成一個自動的風箱，這點是許可的……。

空氣或是氣體的流動也有可能是伴隨爆炸而來……：

→當火柴被點燃，整盒火柴迅速燃燒時，它的作用不亞於爆炸！

如此一來，受測者又找到解答的關鍵。

答案的可能性有很多種，這裡我們僅舉出兩種：

» ....
讓我們以一種全新的思考方式出發。

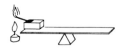

受測者點燃蠟燭，然後將天平的一端放上整盒火柴，並且讓天平保持平衡，將火柴盒打開到可以看得見火柴頭的寬度，並將一支火柴插放在開口處，這個火柴頭已經被點燃了，並且超出天平的邊緣，然後受測者將燃燒的蠟燭擺放到火柴頭的下方，讓這根火柴著火。

這根火柴的功能就像導火線一樣。當這支火柴完全燃燒，燃燒的火焰到達火柴盒的開口時，整盒火柴就會同時燃燒。爆炸火焰所產生的爆炸壓力擠壓火柴盒，所以放有火柴盒的天平一端會往下降。

第二個答案也是以同樣的理論來思考，甚至還不需要利用到蠟燭。

受測者只要保持天平的平衡就可以了，然後點燃一根火柴，並且把這根火柴（如上所示）插入火柴盒開口處的小縫裡，他將這個插有燃燒火柴的火柴盒放在天平一端的下方。

這裡的每一個答案都是建立在引爆火柴盒的道理上。

這根燃燒的火柴也像導火線一樣。不久之後，所有火柴盒裡的火柴都會燃燒，這回爆炸的壓力會使天平的右端往上提高。

現在，我們試著透過圖解來解釋所有能夠回答塞克利教授問題的答案。

我們可以看到，受測者的思路在某些特定的地方會受到阻礙，就像被擋在一扇被鎖上的門外一樣。只有當他找到那支正確的鑰匙，他才能夠

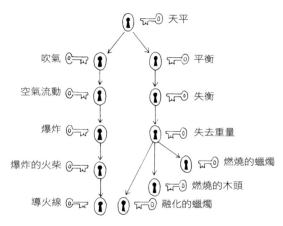

圖中標示：天平、吹氣、平衡、空氣流動、失衡、爆炸、失去重量、爆炸的火柴、燃燒的蠟燭、燃燒的木頭、導火線、融化的蠟燭

繼續下去。

在圖表中，只要會發生阻礙的地方，我們就以一個鑰匙孔表示，旁邊則是開鎖的鑰匙。

上圖證實並沒有一把可以開啟所有鎖的萬能鑰匙，即使是用那所謂的「聰明才智」——整個個性結構中的一個特殊結構——也無法開啟。

而能夠開啟這些已鎖上的門的鑰匙是由許多特定的、非常具體的個別知識所組成：答題者必須了解什麼是天平、什麼是平衡、只有在天平兩端不等重時，天平才會傾斜；他也必須知道，一支正在燃燒的蠟燭會喪失重量，燃燒的木頭也是一樣，或是正在融化的蠟會滴到地板，又或是爆炸會引發空氣流動，以及火柴可以爆炸等等。

如果答題者本身不具備這些知識，他就不可能找出這許多解答中的任何一個答案。

另一方面：如果受測者愈是經常地、頻繁地接觸到天平、重量、燃燒的蠟燭、融化的蠟與爆

每一個問題都有其受阻礙的思考「通道」。必須要先找到開啟這些鎖的鑰匙，才能解決問題。

》………………
光有「聰明才智」不足以解決問題：還必須具有大量的知識。

炸的火柴時，那麼他愈容易把他已有的經驗用在解答這個問題上，進而找出答案。

這又再次顯示，要解決這種「智力」問題的前提在於答題者到目前為止的所學。

因此，最優秀與最聰明的解題者就是知道最多的那個人。

五個自我嘗試

讓我們跟著這個新的蹤跡。

首先我們檢驗看看，知識、資訊、到現階段的所學與所練習的一切是不是真的對解答問題是必要的，並且我們再就這個目的來觀察幾個問題：

問題一

■ 問題一

這裡有六支筷子，請在只能移動兩支筷子的情況下，將每一支筷子的兩端與另外兩支筷子的一端相連。

問題二

■ 問題二

請將這九個圓點用四條直線連接起來，並且這四條直線必須是一筆劃，不能中斷。

■ 問題三

一名農夫帶了一隻狼、一隻山羊和一顆包心菜來到一條河邊。他必須乘坐小船過河，但這艘船實在小到除了農夫之外，只能再多搭載一隻動

問題三
站在河岸旁的農夫

物或是那顆包心菜。當著農夫的面，這兩隻動物都非常聽話，但如果農夫不在，山羊就想把包心菜吃掉，而狼就想把山羊吃掉，農夫該怎麼做，才能讓它們都能完好如初地渡河？

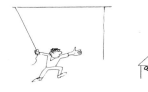

問題四
天花板的兩條細繩

■ 問題四

受測者在一間房間裡，從房間的天花板垂下兩條細繩，他必須將兩條繩子的下擺綁在一起。但儘管他伸長了四肢，還是無法同時抓住兩條繩子，他在解題中唯一可以使用的工具就是剪刀。

■ 問題五

在像沙漠般炎熱的高溫下有一間水泥蓋成的倉庫。倉庫是空的，它的四面牆壁無論內外都非常平坦光滑，屋樑綁著一條麻繩，上面吊著一具男屍。這條麻繩短到像是那名男子自己爬上去的，但是他的雙腳卻又在距離地面兩公尺的高處搖晃。唯一能夠進出這間倉庫的門是一扇鐵製的大門，不過這扇門的門閂是由裡面鎖起來，從外面是無法打開這個門閂，大門前面停著一輛貨車，除此之外沒有其他的線索。究竟發生了什麼事？

問題五
倉庫裡的死者

為了能夠與受測者感同身受，你最好先試著自己找出問題的答案。

請你一起來解答！你有五分鐘的時間。

請你拿出紙筆，並且試著找出答案。每個題目你有五分鐘的時間去思考。

準備好了嗎？開始！……

現在，你可以參閱292頁到294頁的詳細解答。

打破舊有的思考模式

你也許注意到了，有些題目並不是這麼簡單。你或許察覺到有一、兩題的答案對你來說是很困難的，或者是根本不可能知道的：它有可能對你而言是在解決問題重要思考上的「新的事物」、「陌生的事物」。

勇敢的去思考一些看似荒謬的點子。

第一題中，不要將這六支筷子放在一個平面去思考，不要將它們放在一個桌面上去排列，而是在一個立體的空間，也就是幾何學上所謂的「四面體」。這就是第一題的「新的」思考方式。

這裡決定性的思考轉變是由平面變成空間。

第二題也是類似的思考方式。為了解開問題，受測者必須不受限於圖形，四條直線不能侷限於這九個圓點所框住的正方形內。

因此，他必須打破舊有的習慣：題目中九個圓點的排列令人聯想到棋盤——下棋的所在——棋盤之外是不能下棋。只有在受測者能想到解題規則並沒有這種限制時，他才能解開這道題目。

只有解答謎題者經由一個不尋常、不正常的「荒謬」與「不合乎經濟的」過程，才有可能找出第三題的答案。農夫必須採取一般在運送東西

過河時不會出現的作法，就是說農夫必須再次把山羊載回來一次，就一般的想法而言，這麼做是浪費時間與精力。

同樣地，在這裡又可以發現到，只有打破原有的思考習慣，才能找到開啟門鎖的那把鑰匙。

許多受測者都無法識破第四題，因為他們沒想到因為剪刀本身有重量，所以可以當成細繩的擺錘。如果受測者的理解只停留在剪刀的用途是剪斷東西，那答案就會被習慣性的思考所阻礙。

同樣的思考模式也適用於第五題。那些認為這名死者是藉助一些固體、不會改變的物體，或是一些技巧自殺的受測者都無法解開這道題目。

拋棄原有的想法，做出另類的思考。這名男子用貨車運來冰塊，並把冰塊堆砌成金字塔的形狀，然後爬上金字塔。

現在，回到我們想要探索的問題：這裡所有問題的答案真的都是「新的」、「陌生的」，或者對受測者而言是「未知的」？

當然不是！

每一個看得懂這類題目的人當然都知道，筷子不只可以在同一個平面排列，也可以排成立體；直線可以無限延伸；小船可以來回載運貨物；剪刀有重量；而冰塊會溶化，水則會蒸發消失掉。

所有對於找到答案而言必要的資訊，嚴格說起來都不是「新的」或是「未知的」。

就連最不聰明的受測者也一定曾學過、看

>> 承認吧！對你而言，所有可以找出答案的想法，基本上都不是陌生的、新的，或是未知的。

>> 無法回答上述問題的人並不是知道的太少，而是沒有能力活用他的知識。

過、記過這些資訊。如果這樣他還是無法答對，那他不是缺乏知識，而是沒有能力活用所擁有的知識。

具體地說，無法回答這些問題的人是沒有能力跳脫習慣的窠臼，用另類的思考方式去思考問題。

所以儘管那些答對問題的受測者的確有「某些東西」勝過其他人，一種充滿神祕的「結構」，就像答對杜蘭朵的謎題的童話王子的神奇能力，但是這種罕見、與生俱來、無法描述的上帝的禮物就是我們所稱的「智力」嗎？

這個問題不能完全被否定。

一名成功的解題者當然有其過人之處，他具有失敗者所缺乏或是更多的某種東西，但是這絕對不是「某種東西」應該被用引號特別加註出來，或是被當作一種特殊的天性加以崇拜或畏懼的原因。

儘管這對我們的日常生活而言非常不尋常，但這個習慣就跟其他習慣一樣並無二致，一個全新的、陌生的、異於平常的思考習慣，跳脫一般常用的看法與觀點的固定模式，用完全不同的方式去看待與對待世界萬物。

問題一之解答：一個由筷子組成的四面體。

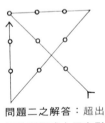

問題二之解答：超出圓點所圍成之正方形的連接線。

這個習慣是可以經由學習與系統性的訓練而

獲致的，但它不能，至少在這裡不能，被系統性的學習。

將筷子排成一個所謂的「四面體」，一個由四個等邊三角形所組成的金字塔，這就是問題的答案。所有嘗試將筷子排列在一個平面，一個桌面上，注定會失敗。

問題五之解答：冰塊是自殺的工具

只有在受測者跳脫四條直線必須在九個圓點所圍成之正方形的想法，他才能找出答案。

這名男子自殺了。也許是要給警方出個謎題，他用貨車載來冰塊，並且把冰塊堆成金字塔，然後從裡面將大門鎖上，爬上冰塊堆砌成的金字塔，將麻繩固定在屋樑上，並且上吊自殺。冰塊溶化了，水則因為高溫被蒸發了。

這位農夫前前後後總共必須渡河七次：帶山羊過河，自己一個人回來；載包心菜過河，再帶山羊

問題三之解答：山羊必須被載回來一次。

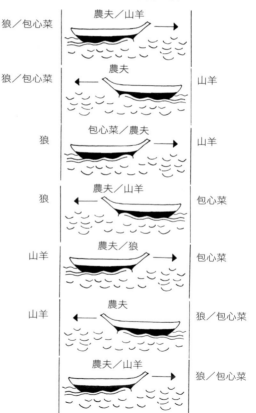

回來；帶狼過河，自己一個人回來；再帶山羊過河。當受測者決定讓農夫將原本已經帶到對岸的東西再載回來時，他就找到答案了。這個想法是和平常載運習慣相互矛盾的。

剪刀被當做擺錘綁在細繩的下端，受測者讓剪刀可以像鐘擺一樣來回擺盪。當他手中所握著的另一條繩子的下擺靠近鐘擺時，就可以同時用兩隻手捉住這兩條繩子，並將它們綁在一起。只要把剪刀當做擺錘，很容易就可以找到答案。一般來說剪刀的作用是剪斷東西，因此會誤導受測者用剪刀去剪斷繩子，這麼一來當然是無法解開題目了。

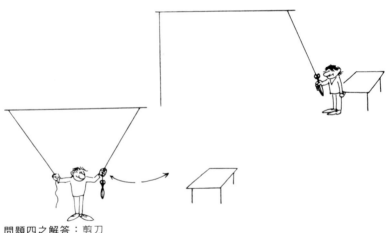

問題四之解答：剪刀不只可以用來剪東西而已。

創造力的火花

一種特殊的思考習慣方式

聰明才智是集結知識、所學之資訊、練習與其所需之努力於大成的一種特殊形式。

它是一種特殊的思考習慣方式。聰明的人在思考時不斷地練習自身的智力，而愚笨的人則從來不嘗試著去鍛鍊它。聰明的人特別會去訓鍊自己的想像力與直覺、想法、假設、臆測與想像、動腦遊戲與天馬行空的幻想。

他從早到晚不停地在假設與猜測中練習，這些假設與猜測至少在目前是無法證明的，而且其中大部分在日後會被證實是錯誤的。

聰明的人是在陌生荒野中的漫遊者，在一些不知名的小路上漫遊，這點對他大部分的「聰明才智」相當重要。他離開自己所熟悉的道路，周遭許多人都在這些路上磨蹭著，但他只忠於自己的想法。所以當錯誤發生時，他也不可以因此而難過。因為假設與錯誤從路途的一開始就是他唯一的同伴。

> » ·················
> **聰明的人不斷地鍛鍊：想像力、想法、幻想、臆測與猜想。**

「Hypothese」(假設)是一個希臘字,是德文「Unterstellung」(假設)的意思。英國物理學家與數學家牛頓稱Hypothese為「虛構的原因」——一個想像的東西,這個東西也許(但不能完全肯定)和事實相吻合。

在前一章中我們已經了解,受測者要解開問題,除了必須具備特定的知識之外,還需具備其他的東西。他必須要有提出假設的能力,也就是說:他必須要能想像一些在這個時間點上尚未存在於他頭腦中的東西,一些假想的東西,也就是牛頓所謂的「虛構的原因」。

雖然尚未真正付諸實行,但他必須要能想像以不同的方式去排列六根筷子、四條直線如何串連框成正方形的九個圓點;如何讓狼、山羊和包心菜安然無恙地渡河、如何使從天花板垂下的細繩運動、要如何藉由某個物質爬上屋樑後,又如何讓這種物質消失。

他必須要能想像一些現實中未發生的可能狀況。

因此,「聰明才智」中的一個重要部分就是對於不符合現實的、或尚未成真的事物具有假設能力與想像能力。以可靠的知識做為基礎,「聰明才智」是一種假設、臆測、懷疑、猜想、虛構、謎團,以及想要得知謎底的強烈慾望。

對於那些篤信智力不變的專業智力測驗受測者而言,假設能力根本不重要。

他們會說:「如果一定要將『聰明才智』定義

每個人必須要對尚未存在的,也就是假想的東西,具有想像力。

「聰明才智」大部分是假設能力。

為假設能力的話，那麼這種能力是一種天生的、不會改變的恩惠，而這個恩惠將聰明的人與不聰明的人區分開來。」

他們說的也不無道理，不過那只是極小的部分而已。

這種藉由極貧乏的資料可以做出廣泛假設的天分，的確是一種與生俱來的才能。

人類藉助猜測進而熟悉這個世界，這是得自人類遺傳的資產；人類具有假設與猜想能力，這是上天的禮物。

然而所有人都被賦予這項恩惠，而非只有少數人而已。

每一個出生的嬰兒都具備這項能力；每一個孩童都在使用這能力，而且比大部分的成人使用得更為頻繁。它是—— 就像我們的五種知覺——每一位健康的人都具有的組成要素。

更甚者：若沒有大量、持續不斷的假設持續形成的話，就連最簡單、最直接的意思表達也沒有任何大腦有能力去處理。因為我們的五種感官會不斷地在我們的大腦引發大量的臆測，這些臆測中或多或少有一些是正確的，也因此我們的五種知覺得以發揮其功能。由於我們可以憑藉感官知覺對事物做出判斷的根據相當薄弱，所以甚至連最可靠的感官知覺在現實中也不過只是一個可能性較高的假設而已。

>> 甚至連最可靠的感官知覺，在現實中也不過只是一個可能性較高的假設而已。

阿拉伯人比較拿手

Fr Mnschn, d lsn nd schrbn knnn, st dsr Przss stndgr nd nmmrmdr Hpthsn-Bldng schn s slbstvrstndlch gwrdn, dss s hn nrmlrws gr ncht mr bchtn.

這個句子完全面目全非。

但這並不是排字工人的錯，而是本書作者故意將句子弄得如此支離破碎。

儘管如此，還是請仔細閱讀這個句子！嘗試由文字的背後去了解這個句子到底怎麼了，以及它所要表達的意思⋯⋯。

» 這個句子見鬼了，到底發生什麼事了，為什麼如此支離破碎？

在這個句子中，所有的母音都被省略了。為了要能了解這個句子，你必須加入母音，儘管只是憑你的想像。因此你必須不斷地反覆猜測每一個字、想像各種不同的可能性，並且排除其他不對的可能性，直到找到正確的字為止。

» 你注意到了嗎？我們給你出了一道有待解答的問題。

你有一個必須解決的問題，你親身體驗到（也許甚至是惱怒地察覺到）為了解開這問題需要多少臆測與假設。現在你已經成功地找到答案了，也許。

這個句子如下：

Für Menschen, die lesen und schreiben können, ist dieser Prozeß ständiger und nimmermüeder Hypothesen-Bildung schon so selbstverständlich geworden, daß sie ihn normalerweise gar nicht mehr beachten.（對於識字的人而言，提出假設是一個持續、且樂此不疲的過

程，而且這個過程是如此的理所當然到當事人甚至根本沒有察覺到。）

對我們來說，這個不完整的句子是一個問題，但同時也證明這句話的正確性。

它更進一步驚人地證實，解決問題與學習和練習有密切的關連。因為如果這個句子不是缺少母音，而是以阿拉伯文寫成的，那麼每一位識字的阿拉伯人都可以流暢、不費吹灰之力的理解這個句子。

» 這個支離破碎的句子證明「解決問題」是可以學習與練習的。

究竟是怎麼了？阿拉伯人對這個比較拿手嗎？所以阿拉伯人天生就比我們聰明嗎？

當然不是。

話雖如此，不過只要不是文盲，每一位阿拉伯人都可以輕易地解決這個問題。他每天要解決成千上百個這類問題。他必須（只有在閱讀他的母語時）提出假設，並且仔細斟酌，直到找到正確答案為止。不過整個過程都相當快速，而且理所當然到他完全沒有察覺到這個過程。

這一切並不是歸功於他阿拉伯腦袋中神祕、與生俱來的「特殊結構」，而我們歐洲人的則是失靈的「特殊結構」，而是完全歸功於教導他閱讀和寫字的學校。事實上，阿拉伯字只有子音，欠缺母音。

» 阿拉伯人的腦袋並沒有比歐洲人的腦袋好。

芮茲柯夫的救火員

形成假設的過程從直接的知覺感受就已經開始了。每一個被感受到的事物都是一個暫時的假

設，這個假設的形成是建立在所接收到的感官數據，之後它們會被一一地檢驗。

對於常見的、眾所周知的事物，一般成人幾乎無需再去做一個查對的動作；同樣地，如果這事情是經常發生的，那三、四歲的小孩也無需再做驗證的動作。

我們無法意識到這些都一再地與假設有關，就像我們無法了解正在閱讀報紙的阿拉伯人一樣。

雖然我們相當相信我們眼睛所看到的東西，但還是很有可能得到錯誤的結論。

我們看見一位身穿制服、站在十字路口、指揮交通的人。

理所當然是一位警察……。

理所當然？他也可能是一名郵差或是守夜人員。不過只有當我們清楚地、帶著批判的眼光親眼看到這個人與他所穿的制服時，我們才會想到這個可能性。

在我們眼前，有一名穿著黑色褲子的女孩在街上蹓躂，「她」穿著一件寬大的黑色毛衣、留著及肩的長髮。一位女孩？她回過頭，「她」有著短短的、雜亂的鬍子，這個「女孩」是一名嬉皮……。

現在我們對這個時代現象已經相當地習以為常，但是在十年前可能每一個見到這個景象的人都會大吃一驚吧！原本以為是一位「小姐」，但仔細一看，竟然發現是個男人。

我們以習慣的思考模式看待事情：因此一名留著鬍子、叼著煙斗的「女孩」會令我們目瞪口呆。

我們「認出」從遠處走來的一個人，並且非常確定那個人是一個老朋友，但當他走近時、正當我們已伸出手要打招呼時，卻發現他是個陌生人：又是一個假設，一個我們一時之間非常確信是正確的假設，但最後卻仍是錯誤的。

因為我們生活的周遭對這些現象與感官印象已經習以為常，所以我們的「日常假設」就不會被這些現象所迷惑、欺騙，因此這類經驗也就相當稀少了。但當身處在一個陌生的、不熟悉的環境時就另當別論了。

若一名習慣在白天開車的駕駛，當他不同於以往在夜晚長途駕駛時，他就常常變成「通天眼」了，把路上的污漬當成人體的一部分、把黑暗的灌木當成岔路、把路墩的指示燈當成車尾燈。

一名都市人晚上獨自穿越森林時，他就看到巫婆、精靈和埋伏在暗處的殺人犯。風吹過葉子颼颼作響的聲音讓他以為是猛獸，害怕得縮成一團：錯誤的假設，這個假設會被慣於夜間行走於森林的人譏笑。

以這個救火員的猶太笑話來說明經由眼睛所形成的假設過程最合適不過了：

>>⋯⋯⋯⋯⋯⋯⋯⋯⋯
一則猶太笑話說明了假設是如何形成的。

每天夜裡，芮茲柯夫的救火員都坐在他的塔樓上四處觀望，嗯，沒有火災！

突然他看到，在布科威茲村的山丘上有亮光。

>>⋯⋯⋯⋯⋯⋯⋯⋯⋯
第一個假設：錯誤。

─布科威茲村山丘上的亮光⋯⋯，救火員解釋說：「應該沒什麼吧！應該是查莫維克茲吧，

是他從小酒館提著燈回家的亮光吧……」——那個查莫維克茲嗎？為什麼是查莫維克茲？他不是今天已經被送到醫院了……

救火員繼續解釋。

——可能是最後一班公車吧……公車？如果是公車，那汽油早就用光了……

——應該是賀許吧！他點亮豬舍裡的燈……他不是說了，就是那個他家的母豬馬上就要生小豬的賀許？

——那個賀許？為什麼是賀許？我今天不是碰到莎拉了嗎？賀許的老婆。她不是已經告訴我了，他們家的母豬昨天就生了，十二隻小豬……？

——那應該是月亮吧！救火員解釋說：「布科威茲村上空的月亮……月亮？但是，今天不是滿月！」

——應該是星星吧！救火員解釋說：「布科威茲村上空的星星……」

救火員把手伸出窗外，手變溼了。

——「當我把手伸到外面去，」這名芮茲柯夫的救火員解釋說，「而且手變溼了，這就代表下雨了；如果下雨了，那就表示天空烏雲密佈；當天空被雲遮蓋時，那麼就不會有星星了……」

這名救火員一邊用手抓著頭，一邊解釋又解釋。「沒有星星……也不是月亮……也不是公車……也不是賀許……也不是查莫維克茲……」

然後這名芮茲柯夫的救火員從椅子上跳了起

≫ 第二個假設：也必須被排除。

≫ 就連第三、第四和第五個假設也都被已知的事實，或是感官所駁倒與剔除其可能性。

≫ 終於，這最後一個假設是正確的。

來，把號角吹得震天價響，並且一邊跑一邊大喊著：「失火了，布科威茲村失火了！！！」

「解釋」這個字等同於猶太的「思考」，因此產生假設，然後這些假設會被證實或是被排除掉。

這個救火員故事的好笑之處在於整個過程進行的速度就像電影中的慢動作一樣的緩慢，而且從頭到尾是有意識地在進行。

>> 猶太救火員緩慢的思考過程在大多數人的腦袋裡，是像閃電般快速進行著。

透過不同可能性的猜測選擇，在不同的感官印象與不同的人的情況下，同一個現象的理解過程也會完全不一樣，雖然進行的過程是無意識，並且是快速地進行著。

這使得這個軼事成為笑話，我們每一個人可以從這名芮茲柯夫救火員的故事中重新認識自己。

大腦的謬誤

透過觀察，認出東西、形體、大小、遠近與比例，並不只是眼睛的任務而已。在觀察的過程中，大腦也下意識地一起參與這整個過程。眼睛所需要負責的只是少數幾條光線，其他則都是由大腦來處理。大腦提出假設、解決問題，而這些問題是透過眼睛抓到光線所產生的，而且只要我們是處於清醒狀態，它就持續地發生著。

>> 眼睛只需要負責幾條光線；其他則完全由大腦負責。

只有在問題變得模稜兩可，並且有各種不同的答案時，或是發現我們的大腦做出明顯的錯誤假設時，我們才會意識到它。

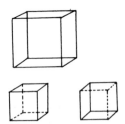

請仔細地注視這粒骰子：它突然自己動了起來。

舉例來說，下頁的這個圖形就是一個模稜兩可的問題，這個圖形就是所謂的「惱人的骰子」：

長時間注視這個骰子，就會經歷一個奇怪的「現象」，這個骰子在不變動任何一條線的情況下，會突然改變其外表與型態。

實體視像突然改變，我們就從左上角注視這個骰子，從左邊、從底面來觀察這粒骰子：

我們現在知道這是怎麼回事。眼睛看到特定的線條，腦子將這些線條轉變成假設。

我們將這裡所畫的圖形視為「骰子」的這個事實就已經是一個假設，而且是一個相當冒險的假設。我們真正可以看到的其實只是兩個畫於同一平面的四方形，這兩個四方形的各角都經由特定的直線連接起來。

雖然這個「骰子假設」的形成是下意識地、非常自動地、而且是相當快速地，但是對我們的天性或是大腦裡的「結構」而言，這個假設（和伴隨而來的解決問題的智商能力）絕對不是與生俱來的。

它當然是可以學習的，經由練習、經由不斷的描繪。一般來說，會藉由這種線條在圖上描繪出骰子。在第一個假設（骰子）之後，緊跟著就是第二個假設，這個假設的產生也是相當快速的，也就是從哪個立足點來觀看與畫出這個假設的骰子。

我們眼睛所捕捉到的線條無法提供清楚的資

大腦非常倉促地下決定：假設快速地一個緊接著一個。

訊，但是大腦卻倉促地下決定，並且立刻從兩個可能性中選出一個。但為了另一個可能的假設，這個可能性（完全是自己的繼續假設）就又被摒除在外。這所有的一切都發生在我們的意識、緩慢且有意識思考的理智釐清這個混亂之前。

所謂的視覺假象證明大腦自動性的假設可能是很離譜的錯誤。事實上它們並不是「視覺」，眼睛完全是無辜的。這應該是無意識運作的思考機器的過錯，思考機器在這些情況下做出錯誤的解答。

請觀察右圖一，並且立刻回答這個問題：AC線段和BC線段，哪一條比較長？

大多數做過這個測驗的人都認為AC線段比較長，但這是錯誤答案。我們的圖形——心理學家稱之為「桑德圖形」(Sandersche Figure)——是典型的視覺假象，實際上AC線段和BC線段是完全一樣長。

另一個例子，右圖二：

AB線段和CD線段，哪一條比較長？

如果我們沒有變得比較小心和比較具有自我批判的精神時，我們又會再次受騙。儘管這兩條線段看似不等長，但其實它們是一樣長的。

最後一個例子，右圖三：

圖畫中哪一個人畫得比較大，是穿著短褲的男孩還是那名男士？

» ⋯⋯⋯⋯⋯⋯⋯⋯
這裡還有三個例子證明我們多麼容易因慣有的思考方式而被假象所欺騙。

AC線段和BC線段，哪一條比較長？

箭頭之間的左圖與右圖的哪一條線段比較長？

哪一個人畫得比較大，是男人還是小孩？

請不要再被混淆了。圖中的男士和男孩一樣大。我們的大腦飛快地（太快地）決定的這個假設（問題的答案）又是錯誤的。

在這些例子中的錯誤結論，都是基於類似的原因。

由於經年累月的實際經驗——也就是說經由持續的、長期的學習過程——我們的大腦已習慣認為在小的圖形中的線條一般來說是比在大的圖形中的線條來得短。

這個「桑德圖形」是由兩個平行四邊形組成，左邊的平行四邊形比右邊的大：因此，我們頭蓋骨下的思考機器就會推斷，認為左邊的平行四邊形的對角線必定比右邊的對角線來得長；下一個圖畫中左邊的圖形整體看來比右圖的短：因此，我們的大腦就決定左圖兩個箭頭之間的線段必定要比旁邊圖形中相對應的線段來得短。

認為下一個圖案中站在走廊背景後面的男士要比前面的小男孩來得大的看法，對於喬普斯法老王（Pharaoh Cheops）年代的埃及人而言，這種錯誤是不太可能會發生的。

之所以會產生這個錯誤，是因為我們已經習慣以正確的遠近比例描繪所有的東西——包括男士、小男孩和走廊。

圖案中的遠近表現法是正確無誤的，只有背景的那名男士不是按照遠近比例來畫。儘管如此，透過一個自動執行的假設，他的實際尺寸會立刻被我們的大腦編排到繪畫的透視系統當中。

》對於西元前的埃及人而言，這個男士與男孩的錯誤是不可能發生的：因為他們完全沒有遠近透視的觀念。

雖然這兩個人形完全一般大小，但經過這樣的系統這個男士就好像比那個男孩大。在喬普斯法老王的子民身上，這種錯誤是不可能發生的，因為當時的古埃及人還沒有遠近透視的觀念。

有兩個鼻尖的人

不是只有視覺假象，所有的感官知覺都有可能形成錯誤的假設，這些假設都是在知覺的範圍內完成的，不過同樣地，這並不是感覺器官出了錯，而是大腦的問題。

這類自欺例子中，有一個就是「兩個鼻子」。

請將右手的中指與食指交叉，並且將突出的指尖儘可能地靠近的鼻子，讓鼻尖位於兩隻手指之間。你會很驚訝地「發覺」，生平頭一次，有了兩個鼻尖。當然你也知道這一定只是個錯覺，實際上只有一個鼻子。

又是大腦惹的禍，大腦又做出錯誤的答案。基於長年累月的經驗，大腦知道通常在同一時間這兩隻手指的外側只能觸碰兩個不同的東西：

但是當我們把手指交叉的時候，這兩隻手指的外側就變成內側了，並且可以同時觸摸同一件東西。這是先前都不曾有過的經驗，因此是一個完全想像不到的假設，所以大腦就決定做出一個想像得到的、但卻是錯誤的猜測，即一個人，而且是同一個人的臉上存在兩個鼻尖。

所有這些東西不只是直接的感官，而且也是察覺能力、學習能力、記憶力，以及記憶複製的

當用交叉的手指去觸碰鼻子時，你會驚訝於所發生的事情。

能力。

人類的記憶實際上同時也是一個不間斷的解決問題的過程。我們經由察覺與學習所獲得的大量資訊，實際上只有少部分片段會被儲存在大腦中。在日後回想時，這個問題就必須被解決，如何將這些記憶片段組合起來、將欠缺的部分透過適當的假設來補全，透過臆測來想像事情的情況可能是如何。

因此心理學家耐瑟（Ulric Neisser）有理由將每一個記憶過程類比成古生物學家的工作，「由一些骨頭殘骸去推論恐龍的外型」。

現代語言學相當關心的一種語言的發展，也就是小孩子所使用的語言和正開始學習說這語言的人。

這種兒童語言的「文法」絕對不是僅只於模仿而已，就像無數嘗試所證明的一樣，它同樣也是一些假設的成果。兒童試著在這個年紀以自己的方式、在沒有特別的指導下去解決問題，可能根據一些規則去架構成人的文法。

由於他所使用的字句是其他人所不了解的，所以他就創造了一套屬於自己的假設文法。在這假設性的文法中，每一個假設會隨著他不斷進步的語言知識而不斷地被摒棄，並且被另一個新的假設所取代，直到這個問題相當正確地得到解決為止。

這一切都證明了一件應該被證明的事。

提出假設的才能、具有創造力的臆測天分、

「記憶」也是解決問題的方式之一。

兒童學語言時，會以他們自己的方式去解決一連串的問題。

拼圖遊戲與幻想的天分，以及思考與想像的天分絕對不是少數被選定的人的特權。

它是普遍的人類特性，一種相當平常的、每一個人都擁有的天賦，某種程度上，它就像眼睛、耳朵、手臂和雙腿一樣，是我們身體的一部分。

聰明才智能否遺傳這個問題，也在此獲得了解答。

是的，它是可以遺傳的東西，是每一個人一出生就擁有的天性。

「紡紗工人」是有用的人

問題是我們如何對待我們所擁有的這個遺傳來的東西，我們是否充分利用和維持它、增強它，或是低估了它。

如果假設能力對我們的智力具有舉足輕重的地位，那麼我們必須要刻意地、有系統地維護這個能力，並且激發這項能力。

當小孩在敘述自己所編的故事時，他們總是會被潑冷水，並且被斥責為「說謊的人」。只要稍有理智的每一位青少年心理學家都譴責這項剝奪兒童幻想的行為，兒童的幻想是他們首次、也是相當笨拙地嘗試透過思考的遊戲與猜測使現實世界更為完整。

然而，反對這項才智的最大罪行則發生在學校裡，從入學的第一天到最後一天都持續地在發生，如果這個新任的校長是從正規師範體系出身

的話。

教學計畫和課程總目錄對有創意的幻想力下了戰帖。所有師生都相當認真嚴肅地看待各個科目，所有科目誓死要達成的學習目標，很可能只是為了完美掌握先前按照教學計畫已詳細了解的教材。

幻想力——一項具有創造力的思考過程——很遺憾地，多半會受到教學計畫的壓抑。

幻想力被貶為不切實際的空想，這種空想就像「挪移開似地（發瘋地）」脫離了規範，而不受束縛的獨立思考則被貶低為自抬身價。批判性的問題會受到質疑，超乎想像的靈機一動會被視為一項危及學校能力網安全的危險。

若有人勤於思考，就會被譏笑為「Spinner」（紡紗工人，引申為愛胡思亂想的人）。

誰思考得太多，就會被譏笑為「Spinner」（愛胡思亂想的人）。

這裡所說的「Spinner」原意是指製造紡紗線的人，是有用的人。但是這個名詞的引申語意卻含有侮辱的意味在內，「Spinner」變成泛指一般有精神方面疾病的人。

如果一名學生突然想到一些之前未被教導的東西時，(在最好的情況下)他會被認為是一名令人不舒服、吹毛求疵追求真相與自誇的勤奮學生，不過這當然只有在他的問題是必要且完全正確無誤的情況下。

然而這個學生會誤認為，他的突發奇想是否是個錯誤，他只能縮著頭，並且將自己完全遮掩起來。他怪罪於求知慾望的放肆，讓他被歸類在不適當的一群中。他會被當作廚房裡的小偷一樣，不乖乖地等待自己的那份食物，卻很不聰明

地想去偷吃智慧這鍋大餐，就像傳說中那隻偷了廚師的蛋，最後被逮到的狗。

至少他會被人嘲笑說：有人又在憑空想像、天馬行空了，他們的頭可能比較大！不過他所能提出的也只是一些笨拙的、錯誤的假設而已。他嘗試去思考，而且是出自天性，雖然大部分的思考都是不正確的。

這種現象始於一個年紀最小的小學生，終於一名大學教授。

» 可惜大部分的思考都是不正確的；因此許多現代人都極度厭惡「怪異的想法」和「反覆不停的猜測」。

一名中小學生、一名大學生、一位學者對於所有事物都不可以用猜測的，他必須要清楚地知道。從早期求學時就表現出對「愚蠢的反覆猜測」、「白日夢」和「怪異的想法」的極度厭惡，到後來轉變成為完全輕視，保守的學術界以這種輕視的態度懲罰每一個未經證實的假設。

每一個想法，就算是最頂尖的、最貼切的想法，在一開始的時候也只是一個幻想、一個推測、一個憑空想像，這些思想家並沒有完全了解每一個想法。

他們不計任何代價想要視學問、知識與學說為完美的、永恆的與不容反駁的真理，之所以如此，是基於一個正當的動機：因為他們痛恨錯誤。

不過如此一來，他們便陷入了一種特殊形式的精神分裂：沒有錯誤就沒有假設、沒有假設就沒有答案，正確的答案都是經過幾百個錯誤後得來的。

» 只有經過錯誤，並不斷提出新的假設，新的思考過程才能獲得答案。

沒有錯誤就沒有答案

我們也可以反過來說：是否能找到正確的答案，並不只是取決於問題的難易程度與答題者的機智與否，錯誤的多少也是能否解答的因素之一，這些錯誤雖有其風險，但卻可以忍受。

只有從錯誤中才能學習。

不能勇於嘗試的人，終究無法成為贏家。這句話也適用於思考上。

為了安全起見，美國太空總署NASA不會將所有的發展計畫委託一間機構或是一家公司，而是同時將各個計畫分別委託給數家機構與公司。

光是如此就已經違反了「學術上只准有真理、不准有錯誤」的準則。如果NASA不是在開始就假設會有人搞錯、失敗的話，那麼就會有更多廠商參與發展計畫。

這種模式已行之有年。美國太空總署允許事後將結果加以比較，例如哪一家公司達成最佳的研究成果，他們是採用哪一種方式。

這裡顯示，相較於其他方式，「腦力激盪」的思考層面與深度均較佳。

腦力激盪的作法是儘可能把所有人集聚一堂，連那些資格只是剛剛好合乎標準的人也可以參與。在沒有任何畏懼與顧慮的狀況下，在場的每一個人儘可能將自己所有的點子與想法表達出來，儘管這些想法與點子是不完全的、未成熟的與輕率的。

這是有效的方法：在毫無畏懼與顧慮的狀況下，儘可能想出許多點子。

腦力激盪放棄科學界所要求的不容改變性。它把錯誤、疏忽與愚蠢都相當清楚地一併計算進

去，並儘可能地提出假設，即使是一百個假設中有九十九個都是錯誤扭曲的也不在乎，只要有一個是正確的就夠了。

任何一位真正的科學家天天都是這麼做的，只是他們都是為自己這麼做，並且是私下偷偷地做，才不至於因「不莊重」而丟臉。他們例行性地、近乎不自覺地抓住成千上百的猜測。這些猜測大多都是不正確的、幾乎沒有用的，而且這個假設會成為偉大想法的機會非常低，可能一生只有一次。在這麼多的猜測中可能只有一個偉大的想法。

也許他可能在五十年後才會因為這個偉大的想法獲頒諾貝爾獎。其他他所想到的想法或點子都不可能讓他因此獲得任何獎項。

因為諾貝爾獎得主能夠證明他們有能力解決問題，所以會被認為很聰明。當他們被問到是如何辦到時，他們通常都會給這種怪異的答案：一種「單純的好奇」驅使他們、一種智力的「遊戲本能」、一種「對自我能力驚訝」的樂趣。

> 「單純的好奇」有時候甚至會以獲得諾貝爾獎做為回報。

天真的特性有可能創造偉大的智力才能，聽起來雖然奇怪，但事實確實如此。這些天真的傾向並不幼稚，所有人、所有小孩都有這些傾向，然而只有少數的孩童能一直到長大成人還繼續保有這些特質。原本應該由學校教授的這套有系統性的創造力訓練並沒有被列在教學計畫上。如果學校在創造力訓練上發揮了任何的作用那也只是個案而已，學校以強迫學生考試的方式阻礙想像

> 學校的一個嚴重缺陷：缺乏系統性的創造力訓練。

力的提升。在這種情況下，只有極少數人真正做好準備，所以對於他們不知道的東西，他們必須用猜測的，這也是某種形式的智力練習。

無論如何，總算有老師出於自願願意為學生的智力盡點心力。

一些老師讓班上的學生練習智力測驗的題目，就像智力測驗所要求的一樣，大部分的練習題是德語系國家中幾乎所有學生都無法回答的題目。這些題目當然不是跟智力測驗的題目一模一樣，否則的話，就變成洩密、背叛學校與叛國。不過也相當類似，老師從現有的智力測驗考題中自己拼湊試題。

智力測驗的出題者對這種行為感到相當憤慨。他們認為這就像是印製偽鈔或是欺騙行為一樣的陰險與不正當。他們聲稱這種事前的預習與模擬會扭曲學生的測驗成績。

他們所說的也不無道理，雖然事實並非如他們所想像的。

» ....
想法先進的老師可以藉由這個方式訓練學生的智力。

事實上，如果一位老師只花了幾個鐘頭幫學生做系統性的練習類似的題目的話，那麼他可以預期學生的智力測試成績最多可以提高二十個百分點。

儘管如此，這個成績並不能算是作弊。它就和之前所有測驗的結果一樣是貨真價實、如假包換的。這項測量工具也會繼續保持其中立性。

雖然它的價值還是有所改變，但另有其他的原因：老師也許是出自於良心的折磨，所以他們

想到藉由少量的、簡短的練習來達到操控智力、改善智力與增長智力；至少在這個對智力測驗有效的狹隘範圍之內。

» ……………………
「被操控的」智力。

崇拜測驗者對這些「洩密的」老師感到十分不滿，他們不滿的另一個非常好的論點就是：聰明才智是可以教授與學習的。

嚴格地磨練幻想力

其他的證明在這段期間已透過科學證實是錯誤的。

英國學者丹‧佛斯特、詹姆斯、弗農與魏斯曼都曾非常清楚地表示，系統性地練習解決問題有助於有效的、長期獲得證實的「練習—獲得」。這裡所謂的「練習—獲得」也只是對於測驗所想測試的智力有直接的增長而已，除此之外，別無任何其他幫助。

一份由S.T.勞斯（S.T.Rose）撰寫的訓練計畫在一九六〇年代初被視為思想落伍。該計畫訓練蒙古症兒童有創造性的思考，其中一個方式就是讓美國太空總署快速達成目標的「腦力激盪」。

» ……………………
就算是對智商較低的兒童，這套想像力訓練也有相當的助益。

下列為「腦力激盪」訓練的規則：

● 嚴格禁止直接批評任何由孩童所提出的建議答案。
● 激勵孩童儘可能地提出自己的建議。
● 他們被鼓勵將自己的建議，即使是荒唐的建

議，和其他小朋友一起共同推理。

● 直到最後結束的時候，才對他們所想到的建議提出判斷與批評。

　　這和我們長期以來所使用的學校教育方法簡直有天壤之別！這套訓練計畫讓這群蒙古症兒童有顯著的進步，這再次顯示了想像力訓練是智力練習。

　　結論已經一清二楚了。這套方法對於學校、對於教育、對於未來都十分重要，想法先進的老師在幾十年前就想到了這套方式，但是大部分的人都誤解了這個方法。

　　它的內容不在於為了不要只有一個模糊、且大部分非常膚淺的「了解」而強迫學生盡量學習與牢記許多有用的資訊。雖然學生一如既往一樣必須要學習一樣多的、甚至更多的東西，但是透過合理的方法。

　　可是除了狹義的教學與學習教材、單字、公式、規則、數據、定義、概論，以及之前所解說的、所學過的東西之外，還有其他東西必須要學習與訓練；幻想力、想像力、全新、完全不受拘束的想法、勇氣、思考，種種的這些都是需要磨練的，唯有如此，才能得到正確的答案。

　　另一個科學的說法：要有提出假設的勇氣，即使這些假設是不正確的。

　　從最低年級開始，學校必須將解決問題視為教學重點，視為所有科目中最重要的東西，並享

未來的學校需要有突發奇想的磨練與接受錯誤想法的勇氣。

有較高的評價。相較於德文、算術、拉丁文、數學與公民學科這些科目，如果這些假設正確的話，也應該要得到較好的獎勵。

獎勵的方式可以是給予高分、口頭稱讚與頒發獎狀，而不是像現在一樣只是像鸚鵡般地動嘴說說罷了，而是對於那些獨特的想法給予獎勵，就算是錯誤的嘗試（只要這嘗試是真誠的）。

這點相當困難。

這種良好的意圖早就不適用在這個方面。

獎勵錯誤與冒險嘗試失敗與我們社會的基本觀念是背道而馳的。這裡的基本觀念是指所有的事都必須是穩穩當當的，不冒任何風險。如果這獎賞真的可以用錢買得到的話，那麼它的下半輩子最好是在洛雅斯保險公司投保。

穿越智力研究叢林的旅程有其必要，因為可以知道那看似神祕又廣闊的智力並不是如此神祕不為人知，而且智力是可以改善與增加，這是相當值得的。

但是要怎麼做呢？什麼是我們必須練習的「腦力訓練」，讓我們可以變得「聰明點」？更具體地說，就是讓我們有能力去解決問題？

在第八章的例題中，我們看到這些所謂的「智力」都是由知識、由資訊所組成，若不具備這些知識是無法解答這些問題的。

> » 光有「聰明才智」不足以解決問題：還必須具有大量的知識。

因此我們必須學習更多的、儘可能多的資訊，這些資訊必須對於我們做出抉擇、對我們的職業、對我們生活上的問題能有所幫助。這很簡

單，現在我們知道應該怎麼做了。

不過，光是如此還是不夠。

只有在解決者有能力看到這些資訊的組成、要素與關聯時，一個足以稱之為問題的問題才能夠以原本就具有的資訊解決，否則這些資訊都被忽略了。

當然這也包括受測者的機智、天賦與「智慧」。他能認出與利用那些眾所周知、但少數「聰明人」沒有注意到的資訊要素。如果這些資訊是不為人知的，那麼這問題永遠也沒有答案；如果是熟悉到每一個人都一眼就能看出的問題，那麼每一個人都可以不費吹灰之力克服這個問題，這個問題也就不是問題了。

» ⋯⋯⋯⋯⋯
聰明的問題解決者察覺到一些其他人所忽略的關聯性。

就這方面來看，我們有必要再次檢視那些我們在上一章所討論的問題。

每一個人一定都知道解答題目所需的資訊：燃燒的蠟燭會變輕、筷子也可以利用空間的概念加以排列、直線可以無限延伸、山羊不僅可以被運送過河，也可以再次被送回來、一條細繩下端綁上剪刀就可以當做擺錘使用，以及冰塊會溶化、水會蒸發。

在這個關聯中，對於問題中所有東西的特性的看法是不尋常的、陌生的，且到目前為止是不熟練的。

「不聰明」的受測者的想法會被一般慣有的、想像得到的與制式的想法所左右：蠟燭是用來照明的、剪刀的功用是剪東西、筷子是擺在同一平

面上、基於目的性被運送的貨物不會再次被運送回來、一般而言「遊戲場所」是侷限於圓點所圍成的範圍、可以讓人爬上高處的梯子或是金字塔大都是用不會改變、可以長時間保存的材質做成的。

「一般而言」、「大多數」這些字眼已經說明了一切。

照這麼說來，「聰明」、「解決問題」就是指一些跳脫慣有規範與日常習慣的想法。

因此，這就產生了要用什麼方式訓練與磨練智力的問題：經由不斷的與不鬆懈的努力，隨時都可以看到不只是所有事物少數的、尋常的、一般的與日常的特性，而是包括它們所有可以想像得到的特性。

> 重要的是，不只要能察覺到事物的「尋常」特性，還要能夠尋找它們所有「不尋常」的特性。

一件事情，千百種想法

舉個例子，一個非常粗略、不完全的例子，因為這類智力的過程幾乎無法藉由字句來表達：一個人看到一支榔頭。

這支榔頭對這個「正常」人而言，也就是說他的思考是侷限於日常的規範當中，就是一個單純的、明確的、有特定用途的工具。它的用途就是將釘子釘入木頭當中、將堅硬的物品敲碎、將凹凸變形的金屬板敲平，或是一種可以把手指頭弄傷的東西。

若一個「聰明」人能認真地專注思考，同樣一支榔頭對他就有無窮的可能性，有上千種不同

> 曾經想像過一支普通的榔頭有哪些潛在的可能性嗎？

的使用方式與功用，當做可扔擲的東西、當做武器、當做楔鑿（因為可以用它頭部平坦的一邊把門撬開）、當做燃料（因為榔頭的手柄是木頭製的）、當做鉤子（可以將它掛在樹枝上，並且可以在上頭綁上洗衣繩）、當做撥熱爐火的撥火鉤（不過事前最好先把手柄弄溼）、如果手柄夠平坦的話也可以當做鞋拔、若用另一支榔頭或是石頭將它打入土裡就可以當做帳篷樁、如果使用得當就可以當做槓桿、當做紙鎮、當做擺盪擺錘的一部分、當做可以沉到水中深處的鉛錘、當人掉入隙縫中時可當做踏墊、當做以重力加速度往地面下墜的秤陀……。

如果當初牛頓看到掉落的蘋果只想到要吃蘋果的話，那麼他就不會發現地心引力定律了。

同樣一支榔頭，在「聰明的」腦袋中，當然會引起無數象徵性的想法，像是雷神的鎚子，像是歌手屈尼‧羅培茲（Trini Lopez）的〈自由的鐵鎚〉，像是令人連想到採礦的十字鎬，或是鐮刀與鐵鎚，還有引起大家注意與讓大家安靜的英國法官的木槌，和奧地利的國徽等等。

相同的道理不僅只適用於人體部位的應用，也適用於有特性的所有概念、適用於原因、功效與關聯、關係、同異點。

「尋常」與「聰明」這兩個字在上述文章中都被加上引號，因為它們原本並無價值判斷之意，它們應該只是表示兩種不同思考方式及其連帶行為。心理學稱其為「聚集的」（集中的）思

看到蘋果不應該只想到吃。這個眾所周知的道理幫助牛頓發現了一項重要定律。

考方式與行為，以及跳脫慣有的思考軌道的「分離的」（分開的）思考方式與行為。

不過我們現在非常清楚，「分離的」思想與所連帶的「聰明的」思考必然更加複雜、涵蓋更多層面，數量也更多。

如果真的要掌握這種思考方式，不可以只是偶爾練習而已；只有在問題發生時才例外地喚起對這種思考方式的一點興趣。

聰明的思考不是閒暇時的娛樂、不是星期天的樂子、不是業餘者的運動。它需要全天候的練習，直到它變成一種如影隨行的態度、變成一種思想狀態、變成一種性格特色，不然它會屈服於惰性之下，並且消失無蹤，而且是永遠消失。

> ▶ 聰明的思考必須長期練習，直到它變成個性的特徵為止。

這對「錯誤的」思考者是不容易的

這會造成極大的不便，尤其是對初學者。

若必須經常不同於其他人試著以「分離的」與破除習慣性的方式去思考問題，那麼就不能將這個習慣任意置之不理，因為目前這個習慣還未深植在日常生活當中。

它就像歌德的魔法學徒一樣，擺脫不掉他自己所召喚的魔鬼（「分離的」思想），因為這些思想已經深植在他的腦袋之中。

從此之後，不管在處理簡單的、單一的工作，或是處理最理所當然的、最枯燥單調的工作時，他都會發展出一些「錯誤的」想法。

如果他所從事的職業是機械性的工作、耗費

> ▶ 不要感到不好意思：儘可能地發展出一些「錯誤的」想法。

體力的工作，對他而言也許就沒有多大的關係。他可以一邊自動、不假思索地幹活，一邊不影響工作地練習他的白日夢。所謂的白日夢是指不符合社會規範的聰明思考與解決問題。周遭的人會嘲笑他是發瘋的怪人，但還不至於與他為敵。

如果這名智力學徒白天的工作是屬於腦力性質，也就是我們所稱的腦力工作、智力工作時（這類型的工作規定和指示非常的巨細靡遺，相對地也非常枯燥乏味），那就另當別論了。

我們的魔法學生會想要在每一必要的關鍵處想出各種不同的可能性；提出與工作相關的假設，如何可以換個方式做，並做得更好。當我們順著事物的天性思考時，大部分的假設應該都是不正確的。

毫不隱藏地說出心裡的話。

他會說出自己的想法，也會把自己的想法、點子（其中許多是錯誤的與不好的）在工作上與朋友圈中毫無隱藏地大肆宣傳，也因此他會追隨自己的假設(就算是錯的也一樣)，並且認為每一個人應該都會歡迎這種罕見的智力活躍。

然後他突然發現，而且是很震驚、很沉痛地發現，他變成一個受人敵視的非我族類。

由一個沉默的怪人變成一名危險的瘋子、一名令人無法忍受的怪物、搗亂者、一個有怪癖的人（還有一個相當貼切的形容：一個不願意從共同的大鍋菜中分食精神糧食，而寧可自己烤麵包的人）。

>>......................
給所有思考新生的良心建議：先不要告訴別人你的1001個想法，否則會被認為是發瘋的搗亂者和非我族類。

他立刻會親身體驗到至少下列五個抵制非我族類者的侵略階段，美茵茲的心理學家及行為研究學家畢爾茲（Rudolf Bilz）將這五個階段劃分如下：

≫··
這位有怪癖的人可以由周遭人的所作所為中經歷到這所有的一切。

● 私下懷疑。
● 惡意嘲笑、公開取笑。
● 輕蔑、嘲諷、荒謬可笑、惡意的玩笑。
● 使用肢體暴力、從窗戶扔擲東西到打耳光與打人。
● 身體上的傷害、動用私刑、集體迫害。

大家看不到並且蔑視他那少數的（初期總是為數很少的）好點子；大家會把他不成功的點子（在這個實驗研究中多到數不清）像一塊濕抹布一樣地甩在他的臉上。

同樣的情形發生在兒童身上時，也許會被當做是「不知輕重」而不多加理會，但若發生在成人身上，則會被烙上「不合群的看法」。

在最好的情況下，他會被當做笨蛋，糟一點的會被當成是壞心的陰險者、破壞者和煽動者。

如果不相信的話，大可以試試看。

如果他每天告訴老板、同事、朋友，或只是告訴一些家人這些「事實」，確切地說：是這些正確與不正確的假設。如果這些假設是他從事實推演出來、是以邏輯推理所觀察出、而且與目前主流想法不同的話（否則這些假設就不是新的解

決嘗試，也就不是聰明思考的表現），他就會知道到底是怎麼一回事了。

當一個人在成年之後才開始嘗試發展自己的智力，如果他無法馬上進入到一個較「高階的」智力形式，而是停留在相當不友善的智力形式（沉默、隱瞞、虛偽、欺騙與挖苦諷刺的形式）的話，那麼他學到的會是害怕，而不是不同的思考。

然後，對他而言這整件事就像一名在一群笨男人面前佯裝愚笨與天真的聰明女子。他變成一名表裡不一、令人捉摸不清的人。而且值得注意的是，很多聰明的名人其實愚不可及，因為他們就是上述的這類人，其中不乏有權力的人、政經界與公家機關的高階人士，以及在學術界享有盛名者。

一個深不可測的問題：「為什麼？」

親愛的讀者已經被提醒了。

若誰現在還有興趣繼續探究智力與解決問題這條充滿荊棘的小路，那麼他需要進一步的實用性建議。

不同的思考必須以「新的」、「不同的形式」進行的這個提示，只適用於簡單的初級練習。在每一個課題上，這種新的、跳脫一般概念的方式都可以形成幾乎無數個想法。但若它們盡是無目標性、漫無目的的想法時，它們就是一堆一無是處的幻想與冥想。

避免告訴老板事實，或是在那一刻時的想法。

對於那些不理會我們的提醒，仍然想要變得更聰明的人的進一步忠告。

因此，我們需要用一些方法與頭腦來盡量限制這些無意義的天馬行空。我們可以在第279頁中找到心理學將「問題」這個概念細分為三組：第一組可以透過「解釋」、第二組透過「預測」、第三組則經由「發明」來解決問題。

這些又是一些相當空洞的名詞，不過儘管如此對我們還是有幫助的。它們可以變成問句，對於思考的新手而言，這些問句的作用就像是大霧中指引道路的無線電指示一樣。

第一個問句就是「為什麼？」

這可以是一個深不可測的問題。

為什麼小狗有四隻腳？這個問題可以是問狗的演化史、一個物種的起源，甚至問到最原始的細胞，而且還可以問得更加深入。

> **為什麼小狗有四隻腳？**

為什麼當我們把手中的石頭鬆開，石頭就會掉到地上？

> **為什麼這顆石頭會掉到地上？**

這個問題的回答重點就不是歷史與發展。當我們仔細地思考這個問題時，我們會發現，這裡所使用的「為什麼」這個字另有其他的意思。現在所問的重點是關於重力定律，一個自然定律的解釋。

為什麼這顆石頭會掉到地上？

答案可能是有人拿起石頭後又把它放開。

「為什麼」這個字所問的是另一種事實、一個非常具體的原因，一個確切的、合乎自然法則的特定因果關係。

為什麼殺人犯會被關在監獄中？答案是因為

這個懲罰是由法律所規定的。但這種答案非常不詳盡。若要深入探討、一層層地抽絲剝繭的話，那又會產生新的疑問，並且這些疑問會一直被用「為什麼」這三個字深入詢問。它會涉及到對死刑的爭辯、會碰到懲罰的作用是在於改善或是嚇阻的這個問題、會碰到天賦人權、實證主義與社會學法律觀點的爭論、國家權力與人性報復的權利（原始權利）、碰到公平與正義的問題、回答者是採取什麼立場。

「你為什麼愛我？」

又是一個「為什麼」，不過這次是一個特別混亂、不清楚的「為什麼」。答案應該是什麼呢？諂媚嗎？是生理與心理偏好的表達？人類情感、本能、需求與安定的宣告？一種愛情的發展過程史？或是希金斯教授的答案：「我已經非常習慣你了」，這句話（摘錄於一本與學習無關的書）所傳達的訊息是愛是一種習慣與訓練的過程，這點與學習過程相當類似。

若一個人習慣問「為什麼」，那麼他這一輩子直到去世為止都有非常足夠的問題去思考。不過前提是只有當他不是整天在書堆中鑽研時，才會有助於智力的提升。

他必須讓自己想到一些新的、不同於以往的、「分歧的」答案。他不能害怕錯誤。

若可以去除掉害怕，就可以由「為什麼」這個疑問很快地找到最後的答案。依個人的個性與命運，每一個人對問題有不同的處理方式。也許

他是憤世嫉俗的人或是慈善家、也許是哲學家或是愛挖苦別人的人、又或者是傳道者或是革命家，即使如此，一旦當他學會如何使用他的智力，他一定也與其他一般的專業哲學家、愛挖苦別人的人、傳道者和革命家有所不同。

也正因為如此，他會令人感到不舒服，並且不受歡迎。

但相對地，他也會經常獲得一些自己想要但卻從來沒有正確理解的思想自由，這實際上是一個可以透過學習獲得的藝術，一個聰明人獲得新點子的能力。

》·····························
這個被多所引用的「思想自由」是一種可以被學習的藝術。

「如果這樣的話，會怎麼樣呢？」

如同上述所說的，第二組的問題可以透過「預測」來解決。

第二組題目的疑問句是：「如果這樣的話，會怎麼樣？」

我們再次以斯德哥爾摩的心理學家塞克利的經典問題為例，不過做了一些修改。

我們想像塞克利已經將蠟燭放在天平上，並且使天平的兩端保持平衡，不過他還沒點燃蠟燭。

老題目、新問題：「如果我把蠟燭點燃，會怎麼樣呢？」

塞克利問他的學生：「如果我把蠟燭點燃，會怎麼樣呢？」

學生們被要求將他們過去的經驗套用在一個未知的、未發生的情況上。在這個例子中：他預估在蠟燭燃燒一陣子之後，天平的一端會自動往

上翹起。

但就算他可以說出這樣的預測，也並不表示他有千里眼這種特殊的才能。經驗的套用在這裡也是可以練習的，最好是每天都可以練習上千遍。不管是碰到小問題、無聊的問題、或者是大問題，只要是發生在我們周遭的問題都可以拿來練習。

「如果我現在超車的話，會怎麼樣？」

如果在桌邊的刀子掉下去會怎麼樣？如果在屋簷旁的雪塊斷掉了會怎麼樣？如果我現在走過去，然後告訴老板我的看法？如果我生病了並且失去我的職位？如果我把辱罵我太太的傢伙海扁一頓？如果我在度假時錢被偷了？如果我老了，再也無法工作了，那會怎麼樣？

如同所見，持續地練習這類問題可能會引起一種情緒，我們稱之為悲觀主義。然後開始產生害怕、痲痺和信仰失敗主義的傾向。

» ＊＊＊＊＊＊＊＊＊＊＊＊＊＊＊＊＊＊＊＊＊
不要害怕與悲觀。

我們不應該因為這種智力練習而過度對生活產生負面的看法。小心謹慎固然很好，有時候甚至是必要的，但大家卻把它加以擴大誇張。有人因為小心謹慎而耽誤了自己的一輩子。當他們去世後，我們就會覺得他們不再是這麼聰明。

因此為了訓練每天對於未來的預言的智力，我們需要一條附加的決定準則。

» ＊＊＊＊＊＊＊＊＊＊＊＊＊＊＊＊＊＊
＊＊＊＊＊＊不好的預測只有在最差的情況下才會被考慮。

這條準則的內容：不好的預測只有在最差的情況下才會被考慮，並且進一步推演下去。它們並不是增長智力的訓練場，我們是在完全不能、

也無法避免的情況下想到這些不好的預測。它們有其警告作用，如果這些預測真的發生了，我們也能夠快速地、果斷地排除這些狀況。

這可能會發生嗎？

能知道這件事是不錯的，不過現在不要再在這個想法上打轉了！

另一方面，我們應該要追隨那些對未來果敢且正面的預測：這裡應該有一些東西可以傳承下去吧？——太好了！到底是什麼呢？如何傳承、何時傳承、從誰那裡傳承？

》 最好多多想想對未來正面的預測。

這個一直苦苦追求成功、避免災難的智力層面的決策過程所代表的不只是智力而已，它也將幸運的人從不幸的人中分離出來（甚至連這種「幸運」都是可以練習與學習的，不過它不是本書要討論的主題）。無論如何，它將那些有「興趣」的人與那些只會操心的人做了區隔。

「興趣」這個字也許是「關於什麼事」的最佳表示。興趣可以是關於藝術的、文化的、運動的、商業與技術的。只有在他們能提出問題，並且嘗試去找出答案時，這些人才是聰明的並且真正可以令人對其產生興趣。

「為什麼」這個問題充其量只能表達出求知慾而已，這求知慾可以經由一些陌生的答案得到滿足。

「會怎麼樣呢？」這個問題就需要許多自己的想像力。在培養想像力的過程中，不斷練習的機會一定多過智力的增長。想像力可以培養堅定

》 培養堅定精神的問題。

的精神、以及主動追求靈感和直覺，若不如此，這些東西都會在我們尚未察覺時就已經從身邊溜走了。

這正是將幸運與不幸的人區隔開來的真正原因。

「我必須做什麼呢，以便⋯⋯？」

第三組問題可以透過「發明」來找到答案。

而它的問題應該是：「我必須做什麼呢，以便⋯⋯？」只有當答案是從前不曾出現過的，才能「聰明地」解決這個問題。

但只是如此還不夠。這種「發明」與其他的解決問題方式不同，它不可能是個看似答案的答案。它的點子與解答不只是空前的，還必須能證明這個答案在某一特定用途上是可行的。

想像力必須被攤開來接受嚴格的檢驗。

> ≫ ⋯⋯⋯⋯⋯⋯⋯⋯⋯
> **有時候，我們也必須**
> **要能限制想像力。**

「為什麼？」和「會怎麼樣呢？」這兩個問題多少可以很抽象地回答，有一些問題的解答相當容易用一些美麗、不著邊際的話就可以被滿足。

● 為什麼我賺的錢那麼少？—因為我的老闆是個鐵公雞。

● 如果我有足夠的錢的話，那會怎麼樣呢？—我要為自己蓋一棟房子。

● 為什麼我的車子發不動？—這台不中用的傢伙壞掉了。

● 為什麼我會變得這麼胖？—我吃得太多了。

● 如果我會説五種語言的話，那會怎麼樣呢？——
我會是一間飯店的主管，這是我一直以來追求的
夢想。

　　這些是那些透過解釋與預測的問題解答中，
非常陳腔濫調也非常簡單的例子。不過它們説明
了解釋與預測都可以是純粹的想像，沒有一個真
實的結果；正確與否，完全取決於個人。

　　而我們要説的這名「發明者」則是完全處於
現實的世界，因為他想要改變現實。他下定決心
要做些東西，他必須發明一些方法，藉由這些方
法達成他的目標。他必須使用這些方法，然後他
就會看到實際的結果：他的發明是不是有用。

　　他不僅要想出一些點子，還要有成果和行
動。它們不需要是技術性的、能取得專利的。一
篇報紙報導、一種特別的吹喇叭的辦法、一種不
同於以往的賣牙膏方式、一封情書也可以是一種
「發明」。

> 一種特別的「吹喇叭」
> 的「辦法」，連這個
> 也是一種發明。

　　只要一個行為可以改變現實，或者只是小小
地滿足了自己的期望稍稍改變了一個人，抑或只
要能達到想要達成的目標時，這個行為就是一個
獨特的行為。

　　不過這個發明必須要被實踐，不是光想想而
已；行為檢驗想法，所以在發明中不斷地練習是
最好的訓練，同時也是智力的試金石。

批評與懷疑

現在還有一個問題：要從哪裡弄來大量的問題給有潛力的問題解答者做練習？

他應該要根據解釋、預測與發明這三點去尋找，說的比做的容易。沒有使用手冊的腦力訓練存在著這樣的危險性，我們的智力新手從此以後全心鑽研於一些徒勞無功的沉思當中，變成一個陷入沉思的、與社會脫節的做夢者；或是他醉心於智力測驗遊戲（與日常生活脫節的遊戲），這種遊戲只會產生出錯誤的猜謎者，而不是實用的智力。

要脫離這個困境只有一個方法，不斷批評是打造出「真正的問題」的唯一、也是可以貼近事實的方式，而且這個方式無論何時都有用。

這個被多所稱讚、具批判性的思考並不是偶一為之，可以隨意喊停的腦力訓練。如果真的想要讓這種思考有效運作，必須讓它變成一種根深柢固的習慣，並且隨時抱持著懷疑的精神。

這種對於已存在、並且被認同的答案抱持著持續懷疑的態度，對於舊有的、一般認定的觀點看法抱持懷疑，光光是對於所謂理所當然的論調的正確性有所懷疑就足以點燃創造力的火花，創造一些新的、有創意的點子。

只有先對舊有式樣的品質產生懷疑時，才可能製造出一個品質較佳的水龍頭。

若是堅信所有舊有的東西一定都是好的，那麼永遠都不可能，連一絲可能性都沒有，去思考

和從事新的事物。

這種一直在否定的聰明才智並不是不好，但也要有所限制。對於既有答案的批評必須是要有成效的，而不是只具破壞性而已，並且也要有自我批判的精神，也就是說：對於自己的新想法，我們的思考新手應該抱持著同樣苛刻的懷疑態度，就像他當年為了試驗自己的新智力而對於一些不熟悉的想法與既有想法抱持批判的態度是一樣的。

這個對自我批評的說明應該可以消除持續的批判有可能將智力推向極端激進的擔憂。因為我們所鼓勵的批評是一種正面的、具有建設性的批評，除此之外，這種批評還有相當重要的自我批評做為控制。

如此一來，也唯有這樣，他才有希望在「假設」這個需要運氣的遊戲中和在許多的失敗中贏得一次勝利的機會。

10

勇氣與希望

聰明才智是可以學習的嗎？

許多我們的讀者希望在看完本書之前能夠製作一個學習卡片箱並且開始學習——單字和公式、數據或是定義。

但也有人非常想學習，但卻缺乏勇氣去學習。儘管前兩章中舉證歷歷，但他們仍然認為聰明才智與愚蠢是一種與生俱來的、遺傳的，並且不會改變的性格特性，為懷疑自己的效率能力找藉口：「我太笨了做不來」。

在他們不斷地為自己的不想努力學習找理由的同時，他們發現了另一個將於本書末討論的部分，也就是將惰性、膽小和聽天由命合理化。

這是一個雙胞胎研究，乍看之下，它的結果會讓人覺得愚蠢的人是無法學會聰明的。

如果兩個精子使兩個卵子受精，那麼一對雙胞胎就會在同一時間受胎，所以他們也會同時出生。在這種情況下，這對異卵雙胞胎與其他一般的兄弟姐妹無異，他們有相似之處，但在細微的

> ≫ ⋯⋯⋯⋯⋯⋯⋯⋯
> 一個對我們來說普遍又方便的藉口：「我太笨了學不來」。

> ≫ ⋯⋯⋯⋯⋯⋯⋯⋯
> 雙胞胎研究得到的知識。

部分卻又有所不同。

但也有雙胞胎是在受精後共同存在於同一個卵子中，這種「同卵」雙胞胎或是「完全一致的」雙胞胎的所有遺傳是一樣的，小到連細節的部分都完全一致；如果真是如此的話，那麼他們的天賦、才華與聰明才智也應該會完全一樣。

如果我們將一對同卵雙胞胎在出生後就把他們分開，並且讓他們在不同的環境下成長，會發生什麼狀況呢？

雙胞胎研究做為學習心理學之用。

雙胞胎中接受較好教育和生活環境較佳的那個會不會比另一個更聰穎、更有智慧與才華呢？或者這是不可能的？這項實驗可以證明聰明才智是可以學習的？還是聰明才智是無法透過學習得到，它只能被遺傳？

這項雙胞胎研究提供我們許多遺傳似乎要比環境重要的研究結果與測試結果。此外，這些結果顯示同卵雙胞的智商會比一般的兄弟姐妹更為相近。所以即使雙胞胎在很小的時候就被分開，並且在完全不同的環境（一般兄弟姐妹是一同在父母的照顧下一起成長）下成長，結果也是一樣的。

難道我們的希望落空了嗎？我們的努力白費了嗎？人類智力的高低是一開始就確定了？無法改變嗎？一無是處的人悔恨地指責自己「太笨了」是有道理的？

這些一般而言聰明絕頂的人（這個例子所指的是一些雙胞胎研究學者）如此輕率地下了定

論，真的非常令人訝異。

他們的結論是：人類的智慧取決於基因遺傳，而非（或是極小部分來自於）環境、教育以及他的思考訓練。

這是由他們的統計數據所得出的結論。

但是要說明智力是否可以學習這個問題時，這些數據則是最不適合的方法。這些數據只能確認實際上發生了什麼，但不能推測可能會發生什麼事。

它顯示的是現階段、主流的規範、規則與平均值。

» 學者如此匆促地下了定論，真的令人感到非常訝異。

» 統計也有可能是錯誤的訊息，因為問題提問的方式不正確。

愚蠢是可以治癒的

至今大部分的人都認為愚蠢是無法改變的，它就像一百年前的肺結核一樣被證明是無藥可救的，至少無法藉由醫療方式被治癒，但是統計數據對此毫無幫助。

以後連愚蠢也是可以治療的。在大腦正常健康的前提下，聰明才智就如同閱讀與寫字一樣是可以教授與學習的。

這種情況在現今已經可以看出端倪，雖然不是一般普遍的現象，但這種情況並不包括在統計數據之內。

一九三七年，學者紐曼、符瑞曼與賀爾奇格在芝加哥大學所發表的雙胞胎研究中就發生過這種例外。

他們將十九對新生的同卵雙胞胎分開，並且

讓他們在不同的環境中成長。

這十九對雙胞胎的智商平均只相差九分，並無很大、很顯著的差異，這反倒是證實了同卵雙胞胎即使是在不同的環境下成長，智商也所差無幾的想法。

但有一對雙胞胎則是完全出乎意料，這對雙胞胎是一對姐妹，她們的人生在她們十八個月大之後就截然不同。

這對美國雙胞胎姐妹的情況完全不一樣。

其中一個女孩在美國下層社會長大，只唸了兩年的書；而第二個女孩就如同報告中所說在一個良好的農村中（in good farming community）長大，並且最後還唸了大學。

當她們三十五歲測驗智力時，第二個女孩的智商比第一個女孩高出二十四分。最高可以達到的智商極限是二百分，所以二十四分是非常大的一個差距。

為什麼會形成這樣的差距？

相同的遺傳基因，智力卻如此明顯地提升，這個差距顯然歸因於第二個女孩的環境與學校教育。

但是是哪一種學校教育呢？

相較於在下階層長大的姐妹，這第二個女孩會更有系統地了解這些需要解答的問題嗎？

在她的「高等學校」或是大學裡難道有一個主修科目叫做形成假設、想像力、不同的創造力思考訓練？

當然不是。也許現在美國的學校已經可以找到一些相關的課程，但在第一次世界大戰之前，

當這個女孩求學的時候，這種智力上的大幅提升只能藉由碰到一位思想特別開放的老師或完全是巧合才會發生的。

這類的巧合在現今也不過是極少發生的例外。對於智力研究而言，如果十分精確地去探究這種例外的情況，那麼成果將會非常豐碩。光是這種例外的存在就足以證明科學的看法是往錯誤的方向發展，如果他們只是讓自己隨著統計學上的平均值隨波逐流的話。

今天的例外會是明天的規則。

如何培養才能？

認為自己太笨而老是學不會的人總是自責，並且完全無條件投降，不過這無條件投降也可以以一個溫和的特別型態呈現：「我沒有數學頭腦」、「我沒有語言天分」，或是當他需要學習操作技巧時，「我的手太笨拙了」。

用這種論調（是自己的損失）可以讓每一個人藉此逃避任何的努力。這些藉口是一般民間最常用的，很遺憾也是學術偏見對於天分與才能只能遺傳，而不能經由學習獲得的另一種說詞。謹慎的學者在表達上會較為小心，他們只會稱其為天生的「學習敏感症」。

如此一來，只是將這個應該是遺傳、天生的謎一樣的東西換了一個名字，並且將它在因果關係上更加向後推了一大步。按照這個專有名詞「天生的」早就不再是指能力本身而已，像是數

學或是音樂的天分，而是指發展數學或是音樂的天分的能力。

聽起來很不錯，但缺乏說服力。

這個後退的程度可以任意地往後延伸，甚至退到這個能力只是天生的這種說法，發展那些可以掌握能力的能力，可以透過數學能力產生的能力。

如果真的必須運用假設的話，那麼應該選擇一些更好的假設。

譬如說這樣的假設：天分與才華是在幼兒期透過一個過程所形成的，這個過程在特定的物種身上是一個眾所周知的「特性」，特別是鳥類具有這種習性。

這種特性是存在的。舉例來說，當小灰鵝從蛋殼孵出的那一剎那就緊跟著母鵝，這種聯繫是一旦「形成」就不會改變的，從那個時候起，這些小灰鵝就不會再跟隨其他的母鵝。

然而這個特性也不是一定如此，總是會有例外。這正是動物學家勞倫茲（Konard Lorenz）在他的誤導灰鵝特性過程中的實驗，這些實驗也變得聲名大噪。

他用保溫箱將雛鵝孵育出來，然後讓這些雛鵝面對一個抱枕、一顆足球或是一個汽球，並且在這些東西上面綁上一條細線，用這條細線牽動這些東西，或是讓這些東西自己移動：雛鵝們完全把這些會動的東西（甚至是用手腳在地面上爬行的勞倫茲）當做是母鵝，並且從此以後只跟在

》》
天分，一個應該是遺傳、天生的謎一樣的東西，原來是一種「能力的能力的能力……」等等。

這樣東西的後頭。

　　至於哺乳類動物這類特性的形成過程仍有待證實。儘管如此，雖然方式較為複雜，但人類在出生不久後就會有所好惡，這點是可以想像得到的；在人類幼兒期大腦基礎架構中的好惡方向都已經形成，依循這些方向他日後會發展成為數學家或是音樂家，這是可以想像的。

➤➤⋯⋯⋯⋯⋯⋯⋯⋯⋯
目前還有一個假設，一個聽起來很具說服力的假設：在人類出生的第一個月就決定了他未來天分的發展方向。

　　這樣的看法當然可能只是一個假設而已，不過這個看法比起遺傳性的數學天賦這個假設更具可信度。幾千年來，人類沒有數學一樣活得好好的，如果要將數學天分算入人類悠久的遺傳史中，就連最簡單的算術運用開始年代都太年輕了。

「迷信的」鴿子

　　另一個關於天分與才華如何形成的更具說服力解釋，是美國心理學家史金納的制約實驗。

➤➤⋯⋯⋯⋯⋯⋯⋯⋯⋯
天分與才華能夠經由練習被喚醒嗎？

　　我們已經認識史金納造成轟動的實驗（詳見第101頁），他在極短的幾分鐘之內教會鴿子用嘴去啄一張團體照上每一個人頭的特技，我們已經認識他的正面強化的方法、逐步接近的方法，以及經由上述方式所達成的行為塑造。

　　史金納想出了一個與眾不同，並相當有趣的實驗做為對照。

　　一般來說，史金納用以下的方式來控制他的鴿子，如果鴿子做出他想要的動作，他就會壓一下飼料桿，給鴿子一粒穀子做為獎勵。

➤➤⋯⋯⋯⋯⋯⋯⋯⋯⋯
另一個對學習研究非常重要、非常具有啟發性的鴿子實驗。

史金納同時也想要知道，如果不管鴿子做了什麼動作，飼料機器都會在固定的間隔時間就給鴿子飼料的話，會發生什麼事呢？

剛好在給飼料時鴿子所做的動作會不會因此被強化？這個巧合的機率會不會隨著時間而提高？鴿子的動作是否仍然維持不變？或是會改變牠們的動作？如何改變？

為了要知道這個結果，史金納將鴿籠的飼料桿綁上一個計時器，不管鴿子有什麼樣的動作，每隔二十秒就給鴿子一粒穀子。

這個實驗的結果非常令人訝異，而且也許就像史金納的「行為塑造」一樣，這結果對於學習研究相當重要。只不過一下子的時間，這些原本被莫名其妙固定餵食所刺激的鴿子發展出非常特定的、引人注意的、固定且不斷重複的行為方式。頸部和頭部奇怪地彎曲著、雙腳和翅膀不斷地來回，幾乎是有節奏的舞動……。

史金納解開了這個謎團。這種一成不變的動作（每隻鴿子都不同）完全是巧合的產物。但一旦習慣了，對於這隻動物而言，這個動作就變成行為心理上的必要性。

舉例來說，某一隻鴿子會發生以下的情況：

這隻鴿子做了一個動作，譬如說點頭，剛好在牠點頭的那一剎那，飼料機中彈出一粒穀子。

如此一來，牠的第一個動作──點頭──就會被「強化」，也就是說：這隻鴿子會比往常更頻繁地重複這個動作，因此這個動作與餵食同時

發生的機率也就相對地提高了。

然而，這還不是我們所要討論的情況。對於行為改變來說，下一個重要的動作是抖動右邊的翅膀；這個動作又是一個巧合，在同一時刻又有一粒穀子掉出來，強化了這個動作。

這隻鴿子重複這兩個動作的次數更為頻繁——點頭和抖動翅膀。

接下來的第三、第四個與其他的動作都被巧合地強化了，這些動作加起來就變成：這隻鴿子的右腳是舉起來的，並且全身豎直一直抖動。

所有這些動作與其他另外更多的動作變成了一個完整的行為過程，這個過程很自然地與餵食動作同時發生的機率愈來愈頻繁，而這會使得這些動作一再地被強化，一直到這隻鴿子只會不斷重複這個動作順序：點頭、抖動翅膀、舉起腳、挺直、點頭、抖動翅膀、舉起腳、挺直……。

史金納稱呼這個奇特的現象為一隻鴿子的「迷信行為」；「迷信」是因為人類的迷信也是將完全偶然發生的現象賦與幸運與不幸的意義，這種「它帶給我幸運！」的情形，其實在現實生活中根本不存在。

同樣地，這隻鴿子也「猜測」，牠的幸運經歷——穀子——應該是起因於先前的動作，也就是點頭、抖動翅膀、舉起腳帶來的「幸運」，所以牠就不斷地重複這些動作。

這些「迷信的」推論在鴿子的腦袋中當然是一種無意識行為，它只是一個反射與持續強化的

。

透過強化的幸福感，鴿子學會真的「跳舞」。

刺激的一種自動連結而已。

　　毫無疑問地，也有相當多的、也許是大部分的人格特質都是在有意識或無意識下形成的。即使是最棒的理智也常常只是人性特質的信徒與走狗而已，特別是當事物關係到需求、感情與好惡時更是如此。剛好就在這些人性特質中隱藏著動力、吸引力、努力、成功的喜悅與從事的樂趣，這些特質可以讓一位熱情的音樂家變成具有音樂才華，甚至將他變成音樂天才。

幾何──輕鬆愉快地被強化了

　　這些動機要如何形成？

　　當然可以說它們是遺傳來的。

　　但我們也可以猜測，它們的形成原因與史金納的鴿子的「迷信行為」很類似，經由一個（正如同史金納所說）「與強化作用相關的巧合」。

　　初期的方向很可能在孩提時代就已經確定了。

　　許多巧合僅是一次的童年經歷，但這次經驗卻造成持續的心理干擾，這點是絕對可以證明的。若某個人在童年時曾被貓嚇過一次，那麼他這一輩子都會非常怕貓；有些人害怕黑暗更勝於怕人，因為他們小時候曾在黑暗中被嚇到過。

　　美國心理學家華生（J. B. Watson）做了一個惡名昭彰的實驗，測試當人類受到一次驚嚇後所產生的持續影響。他讓一個小孩玩洋娃娃，突然那個洋娃娃發出聲音，那個小孩從此以後就對

洋娃娃產生畏懼感。

為什麼同一個不合理的過程無法產生正面的作用呢？關於這點沒有合理的解釋。

一個小孩正在玩一個平面的、非常幾何的東西，剛好在這個時候媽媽拿著一個瓶子走過來：藉由這個動作很碰巧地和「幾何」相遇，而且是一個很愉悅的、很正面的強化作用，這個小朋友從此以後會更頻繁地探究幾何。如果其他的強化作用也是以此方式進行的話，那麼就會形成小孩對於幾何與數學天分的基礎。

或者每次當父母想要哄小孩安靜時，就在隔壁的房間裡播放悅耳的音樂，小孩聽了一會兒，直到他的聽覺與想像都放鬆，並且沉沉入睡為止，這是一個正面強化的刺激。

這名小孩會立刻將音樂與「舒適」劃上等號，如此一來，雖然他的父母親根本沒有想到這個可能，但他的音樂天分的基石就從此奠定了下來。

>> 如此一來，數學與音樂的天分才得以發展。

「操控」不一定就是壞事

我們的大部分動機，不管是出自善意或惡意，透過這種巧合的強化作用在幼兒期就種下種子，這是大家幾乎都認同的。

科學界寧願拿鴿子，也不想用人類做實驗對象，因此很遺憾地對人類在這個過程中所引發的個別作用的了解就相對少得可憐，否則就可以有意識地操控引發一些天分與才華。

>> 我們了解鴿子的一切，但對於兒童卻幾乎是一無所知。

對於一些人而言，通常是善心人士，這種想法是相當可怕的。他們害怕人類操控人類，透過黑暗的力量任意改變人類的性格與靈魂。

這是無庸置疑的。就連學校與教育也是「操控」，只是有時候他們操控得不夠漂亮，因為完全沒有任何成果。

» 學校與教育也是「操控」。

此外，這個透過巧合的強化作用而形成的動機、天分與反天分的想法對我們還有另外的作用，它解決了到目前為止遺傳理論與環境理論所不能解釋的矛盾。

這裡又是需要說明解釋的例外狀況：有一個上流家庭的小孩，他的兄弟姐妹通通都是受人尊敬的好公民，但他卻變成一個犯罪的騙子。或是倒過來：一個來自最差環境的小孩，他的兄弟姐妹都讓社工人員提心吊膽，但他卻變成了著名的醫生或是大學教授。

» 透過「巧合」，人們可以變成罪犯，或是變成一個受人景仰的大學教授。

這種例外發生的頻率多到超乎人們想像。

這些案例證明了既非遺傳也非環境是決定性的因素。它們顯示巧合與在適當時刻重複行為方式的巧合性強化也具有重要的影響。

如果把它看作是一種「特性塑成」，這個試驗以及這些過程就會比較容易理解。

一些教育學家與青少年心理學家甚至開始著手進行研究。他們認為上述或是每一個童年的經歷會「鑄成」性格上的一種特性，就像鑄造錢幣一樣，這個特性一旦形成就不會改變。

» 令人欣慰的是：人類不是灰鵝，人類的習慣是會改變的。

儘管如此，人類在這方面與把一顆足球當做

母親的灰鵝還是有所不同。動物的「特性塑成」完全受本能控制，是一次性且不能倒轉的事件，並且只會朝著某一特定的狀態發展。而人類則是經由學習過程被「塑形」，即使是在無意識的情況下。

這個結果並非是不能改變的命運。它只是根深柢固的習慣，不管是好習慣或是壞習慣。不管它們是什麼時候和如何得來的習慣，它們是可以改變的、可以改掉的，可以被新的或者更好的習慣取代掉。

有時候必須藉助外力幫忙，但在很多情況下當事者也可以自助的方式改變習慣。

❯❯⋯⋯⋯⋯⋯⋯⋯⋯
人可以由學習中自助。

治癒靦腆的人

在這章節中，我們要討論另一個、也是經常聽到的論點，這是學習失敗者為他們的失敗與處境所找的藉口：「我的意志太薄弱了。」

所謂的「意志薄弱」實際上就是害怕，不管是表現出來的害怕或是私下偷偷地害怕。

❯❯⋯⋯⋯⋯⋯⋯⋯⋯
大部分隱藏在這所謂的「意志薄弱」背後的就是害怕。

害怕的情緒有很多種，這些情緒一定有其真實的意義與存在的必要性——害怕在開車時受傷、害怕因重病去世、害怕因不小心而危害到生命、害怕因說話不得體而破壞友情等等。

這種害怕就如同身體上的疼痛一樣是一種警訊。若沒有這種警報裝置，就很容易發生危險，並且會丟掉小命。

但對工作與學習所產生的畏懼則不屬於此範

圍。它們只會造成損失，除此之外，毫無其他作用。這種害怕與一名不敢接近女孩的年輕男子的靦腆有許多相同之處，所以也可以用相似的方法處理。

美國心理學家渥爾普（J. Wolpe）的實驗清楚地顯示如何去除這種靦腆。

害怕學習就像一些少年的靦腆一樣是可以治癒的。

他的實驗白老鼠是一名大學男學生，這名大學生從來沒有對女同學提出過約會的邀請。光光是接近女孩子，他就會突然害怕起來，他會因為激動而臉色蒼白或是滿臉通紅，開始發抖和結巴，然後逃走，而那女孩則會嘲笑他。

渥爾普開始治療這名害羞的青年，他和這名大學生一同為一齣非常短的「戲」寫劇本，這齣戲只有兩個演員，一個情節：一名男子打電話向一位女孩提出邀約。

然後這名膽小的青年被要求坐在電話旁，他必須唸出他的角色台詞，而渥爾普的女助理則在另一個房間的另一支電話旁扮演那女孩的角色。

這練習一直持續到這名大學生可以相當流暢地說出事先寫好的稿子為止，然後這名助理開始慢慢脫稿演出，強迫這名大學生即興對話。當這也順利地進行之後，這名大學生必須和這名年輕的小姐進行面對面的練習。

最後他們會從樓上的窗戶指定在庭院裡散步的其他女孩，這些女孩也是渥爾普的女性助理，他必須下樓與她們對話。

其中一位「助理」根本不是渥爾普的員工，

不過對話還是進行得很順利。

之後，這名年輕人完全不會再害羞了。

我們來看看渥爾普是以什麼方法（這些方法在這段期間已被重複、演練許多遍）達到他的目的：

● 逐步地接近：渥爾普沒有強迫這名靦腆的大學生馬上並努力地克服他的「意志薄弱」，而是讓他慢慢去適應、習慣愈來愈難的任務；

● 經由一個有著令人厭惡的專有名詞「去敏感化」的過程，也就是說：這名大學生習慣了每一個接近的步驟，他可以承受較多的害怕，剛開始是一點點，然後越來越多，就如同雙手因工作而長出厚厚的繭時，手掌就會變得不敏感、沒知覺；

● 最後就是透過大量練習每一句話與手勢，藉助這些話與手勢可以很容易釣到好女孩，經由學習學到一些他之前不拿手的資訊與行動；還有關於誘惑的藝術也必須要學習。

竟然有這樣的東西：對抗害羞的學習計畫。

不過，在異性面前感到害羞（雖然也算是與「學習」有關）不是本書討論的重點。

渥爾普的方法經過一些修改後也可以用在克服對工作的畏懼，這種畏懼阻礙所謂「意志薄弱者」的學習。

我們絕不能等到出現一個德國的渥爾普來「去敏感化」地管教我們，我們必須自動自發，我們的學習卡箱並不是一位老是拒絕一切的高傲

》………………………
這個學習上所表現出來的害怕的「意志薄弱」能被去除嗎？這裡有一些建議：

》………………………
請思考：學習卡不是一位高傲的人，而是一位非常熱心的女孩。

的人，而是一位熱心的溫順女孩。

你還害怕嗎？你還認為自己是個意志薄弱的人嗎？

好，那麼你不要一口氣做得太多。

» · · · · · · · · · · · ·
不要一口氣做得太多！

當然你不會想要學外語，那會浪費太多時間，而且也太難了。沒有人會提出這樣的要求。

你要做的只是到最近的一家紙類專賣店去買一個適合的紙箱。

» · · · · · · · · · · · ·
做一個學習卡箱──只是為了試試看······。

然後將這個紙箱做成一個學習卡箱──只是為了看看到底可不可行。

» · · · · · · · · · · · ·
······寫一些學習卡······。

然後你要在一些紙片上寫滿德文和英文，真的只是為了確定這是不是可行。

如果這些紙卡已經準備好了，學習卡箱也有了，你就試一次看看，用這種方式是否真的可以學習，純粹是出於好奇······。

» · · · · · · · · · · · ·
······然後試看看。純粹出於好奇！

» · · · · · · · · · · · ·
不管是追女孩子或是學習都適用：慢慢地、悄悄地接近比較好。

這種逐步的方法不只適用於追女孩子。如果不是一開始就試著用最大、最英勇的努力去克服對學習的恐懼的話，那麼學習就不會是一件可怕的事；最好的方式是慢慢地、悄悄地接近。

這所有的一切都是值得的嗎？

這個具有破壞性的問題可以阻礙所有充滿動力的學習努力。當然每一個人都知道長期下來學習一定是值得的。但另一方面我們也知道學習可以提供一些有效的「正面後續效應」（詳見第103頁及之後的章節），例如遙不可及的成功（像通過考試）、好的成績與工作上的升遷（總是來得

太遲）。

成功的喜悅是最好的「強化」。

我們也知道對成功的喜悅和達成學習計畫是最佳的「強化作用」，但很遺憾地，它們只對曾親身體驗過這種成功，並相當熟練如何達成成功的人才有作用。

至於其他的人則需要（至少在剛開始的時候）附加的獎勵，或是一種較強的吸引力，這吸引力必須是可以立即見效的；那麼問題又出現了，要如何在沒有外力的幫助下獎勵「強化」自己呢？

一位現今相當受歡迎的德國暢銷書作家在二十年前，當時他的寫作生涯正要開始，他用一種奇怪又非常有效的方法透過自我強化來激勵自己的寫作。

他坐在打字機前，在他的腦子裡、在他的記事本中已經有了新的小說故事大綱。

旁邊放著十杯裝滿紅酒的酒杯，這些酒杯就像小兵一般排排站在那兒。

然後他開始寫作，每寫完一頁，他就犒賞自己一杯紅酒。

每次當他喝紅酒時：一位作家就是這樣犒賞自己，並且變成全世界家喻戶曉的作家。

開始的時後，他的寫作生產力驚人地大幅提升，這名作家每天可以創作十頁到二十頁，每一位專業作家都知道這是多麼高的效率。因為他是一個很正直的人，所以只有在他真的滿意自己所寫出來的東西（這些作品甚至是很好的），他才會伸手去拿紅酒。他是正面效應（在期望的反應發生之後產生了強化作用）的最佳例子，史金納也許就是受到這名作家的激勵。

當他差一點就死於酒精中毒時——他的創作力在幾年之後就減退了——他必須費盡努力才能戒酒。

儘管如此，他的例子還是具有相當的教育意義。他告訴我們快速的自我獎勵可以是多麼的有效，但同時也告誡我們以酒犒賞自己是非常的不恰當。

以喜愛的食物做為每一次進步的獎勵，也是非常不適合的強化方法，因為如此一來會導致肥胖症的發生。

一個有效又沒有危險的自我獎勵方式就是自我誇獎。每一個人都可以做到，而且不花一毛錢，在每一個小成功之後至少拍拍自己的肩膀，不過這個方法也不是任何人都適用，這只適用於那些已發展出學習自尊的自我學習進階人士。

> **自我誇獎只適用於自我學習進階人士。**

那只剩下一樣東西，就是可愛的金錢。

如果上面所提到的作家用馬克硬幣代替紅酒做為強化自我的方法，那麼他就用不著受那麼大的苦。

付薪水給自己！

現在一定有人不滿地皺著鼻子在想，一切都不需要再把它當做一回事了。

要自己付錢，才能學會些東西！

要先賄賂自己，才會做事！？

誘惑、引誘、欺騙、耍詐欺騙自己，為的只是可以執行自己蹩腳的決定！？！

這些人會認為，如果有人覺得這是必須的，那麼他應該比較想維持既有的現狀，這個人會是一個軟弱又無能的笑話人物，完全不值得同情⋯⋯。

不是嗎？

這些人開始懷疑，並且開始老調重彈，討論擁有者在面對非擁有者時所抱持的傲慢態度、對努力與不努力的偏見，以及天生個性上就缺乏對學習的熱忱。

»⋯⋯⋯⋯⋯⋯⋯
如果你很傲慢自大的話，你最好不要再繼續閱讀這本書。

他們應該不要再繼續閱讀這本書，這些人。

如果他們覺得這些可以讓「懶人」變努力的訣竅與方法太蹩腳，如果他們覺得所有的方法都沒有必要時，他們大可以放心地舒服地坐在椅子上好好地休息。

他們是不是真的像他們所做的一樣這麼完美，這個問題還沒有答案；而且為什麼他們——如果我們真的仔細檢視——實際上會的東西如此貧乏，或是只會同一類型的事物，像是與他們的工作有關的事物、與自己的專業領域有關的事物，不過那是他們的事，與我們無關。

相反地，對我們來說，所有與學習有關的方法都是適合的，甚至是用錢來獎勵自己。

這一點錢總是有的，而且數目又是這麼小，沒有人會連幾馬克的零用錢或是香煙錢都沒有吧，只要一點點錢就可以達到激勵學習的目的。

我們假設你是一個窮人，被國稅局、被老婆和孩子以及其他的義務給剝削光了，你只有非常

少的錢可以支付你的個人需要，我們假設，每個月三十馬克。

你就用這三十馬克，把它們保留起來。

現在你考慮一下你想要學什麼，並且打算一天花多少時間來學習。

英文，每天半個小時？接下來拿出一個舊的香菸盒，並且將菸盒放在書桌上，每唸完十五分鐘英文，就放五十分尼到菸盒裡。

在初期時，三十馬克做為自我獎勵綽綽有餘。

從現在開始，這個菸盒也是你的學習工具之一，它就像書本、學習卡、紙筆一樣重要，而且盒子裡的錢是屬於你的，你可以自己決定要如何花這筆錢。

其他你保留起來的錢暫時還不屬於你，這些錢是預借的生意資本，不屬於你，是要先工作才會屬於你。

所以當你需要幾馬克買香菸時，你必須要先示好地唸個幾小時英文；當你唸完幾小時英文後，你就會感覺到賣香菸老板因為他的收銀機響了（賺了你的錢）而對你感到抱歉的歉意。

» ⋯⋯⋯⋯⋯⋯⋯⋯⋯
收銀機響的次數愈頻繁，就愈有樂趣。

這是工商業者努力的祕密之一：無數小店的老闆保留了收銀機的響聲，這個聲音常常為他們帶來「正面的強化作用」。相較於那些領薪水的職員而言，收銀機的響聲也許會讓他們好過些，因為這些商人做得是小本生意。收銀機每天響好幾次（即使是小小聲的）；薪水則是每個星期或是每個月才發一次。

有了這個放在桌上的香菸盒，從此以後你就

是自己的老闆和付薪水的人，你必須用資本主義的方式經營你的學習生意。

如果這種論件計酬的方法讓你的學習熱忱與效率提升的速度快過你可以動用的零用錢時，你就應該毫不猶豫地降低論件計酬的費用。

不過如果工會以罷工威脅要造反（就像一般現實可能會發生的情況），那你可以以資本主義的方式透過借貸自我幫助。

先挪用你的零用錢，或是向你太太、朋友，甚至是銀行借錢，但是一定要付薪水給那個為了你的未來努力學習的學習奴隸。

借錢是不道德的行為。

這當然沒錯，然而還是有為數不少的實業家與商人投入借貸的行列之中，為的是要能抵償他們的投資，而學習正是最好的投資。如果這項投資真的成功的話，那幾乎沒有比這還來得珍貴的事了。

> 如果你的工作熱忱與因此而賺到的報酬提高的太快時，你必須殘忍地降低論件計酬的費用。

> 在這種特殊的情況下，借錢就不屬於不道德的行為。

開始學習的信號

所有的行動和反應（包括學習在內）都必須要先有個開始，才能夠獎勵或強化。在這裡我們又有這些所謂「意志薄弱者」的另一個看法，這個看法常常讓學習半途而廢：初學者需要一個起而行的刺激、一個清楚的信號，一個召喚他馬上就定位開始學習的信號，光光只有下決心學習是不夠的。

如果他還是小孩和學生，這種刺激大部分來

自外在，來自父母親或是老師，他必須要乖乖地坐下來好好學習。

但高中生就不會再讓人這樣管束了，他必須要與自己「約定」好自發的刺激與開始學習的訊號，並且可以自己製造這個刺激與訊號。這點很適合兼職的學習者。如果一個人學得不好、學得太少或是根本不學習，那大部分一定是這個訊號系統沒有正常運作的徵兆。

» ....
給兼職學習者的撇步：這個訊號系統必須正常運作。

這個缺點也可以經由學習與練習來消除。所要學習的東西當然不是資料、公式或是單字，而是整個行為的過程。

不過，有時候也的確是如此。單字本上或是學習卡上的德文字就代表一個信號，一個嘗試說出一個外語單字的信號。「畢氏定理」這個詞是學生在黑板上寫下「$a^2 + b^2 = c^2$」的關鍵字。上課鐘聲則把學生叫回課堂上，否則這些學生不是不回教室就是很晚才進來。

如果我們是出於自願而不是被迫的學習，而且也不是真正的學生時，我們就絕對需要這種信號與「學習鐘聲」，我們必須習慣一直並立刻聽從這些信號與鐘聲。

這也是一種學習的過程，而且這種過程也是一種練習與複習。我們決定開始每天在某個特定的時間內學習，在這個情況下，指針、時間就是自動的開始信號，這個信號對我們而言是永遠的、一定的。

» ....
一個好的學習信號：每天在同一時間開始學習。

像指針一樣悄悄地微弱、無聲的信號並不是

對每一個人都有效。因此我們可以把信號做得大聲點、清楚點，我們可以用廚房做菜的計時器作為信號，不過刺激－反應、鬧鈴聲－開始學習的這個順序必須練習幾次，直到它被固定為止。

如果一開始就沒有馬上進行得很順利的話，也不能算是「意志薄弱者」：就連一個新的單字在經過三次學習之後也不見得就一定能牢記在腦海中，所以這名學生完全不是意志薄弱，他只是需要練習與不斷地重複而已。

因此下定決心就是第一個學習嘗試，就像是在學習新的單字一樣，這個嘗試必須一再被重複，直到成功，之後還要繼續練習直到完全熟練為止。

認為行為過程的學習完全不同於純粹的記憶資料，這種看法並沒有任何合理的理由，而且還認為重複練習的動作根本是多餘的。

再次證明這個看法是錯誤的。只要努力練習，並且不要被初期一些無法避免的失敗所動搖，甚至連個性和努力都是可以學習的。

在市立圖書館內尋求幫助

另一個阻礙學習的「意志薄弱」類型就是容易被事物轉移注意力。

現在電話響了。

現在媽媽、弟弟、太太都探頭進來聊天。

現在學習者的眼睛又不安地東瞄西瞄，目光落在床旁邊的床頭燈上，他突然想到，他老早就

> 準備一個廚房計時器，你可以買很便宜的廚房計時器，但條件是這個計時器必須要很吵。

> 下定決心已經是第一個學習嘗試。

> 甚至連努力都是可以學習的。

> 多可憐的人，總是被其他的事物阻礙他的學習。

想要修理這盞燈。

他又忽然想起他還有一封緊急的信必須要寫。他又想到他今天應該要去看電影，去欣賞一部新的、很棒的、得獎的大師級的大銀幕作品。他又想起他這期的《明鏡周刊》還沒看，一定要掌握最新的新聞……。

為了逃避這些誘惑，他試著躲到公園，想要在長板凳上繼續學習，然而他的注意力又被一位女孩的長腿、兩隻跑來跑去的小狗，或是一位碰巧經過心情愉快但目前失業中的朋友所移轉。

只要有漂亮的女孩在那裡，就算躲到公園還是沒用的。

對這種失敗的意志薄弱者來說，有一個近乎理想的避難所，也幾乎不需要花什麼錢，頂多幾分尼而已，而且十分安靜，也不會從外面傳來任何聲音，裡面人們連走路也是踮起腳趾輕輕地走，就算是要咳嗽也是壓低聲音；沒有一個人在說話，任何干擾都是惹人討厭的，那裡的桌子又大又空，是學習的最佳地點。

這個避難所就是公立的圖書館。

如果你到圖書館，雖然必須付一點點費用並且帶一本書才能進去，但沒有人會禁止你帶你的學習卡進去，不准你在那兒看你的學習卡。

你可以把書翻開攤在一旁，假裝你在看那本書。這麼一來，也不會有多疑的圖書館管理員懷疑你不是來看書的，而是像一個盲人不知道自己要做什麼。說得具體一些，你所做的是一個欺騙的行為，你根本不需要書本，只需要一個安靜的場所，不過這個欺騙行為不會傷害到任何人。

另一個建議：如果你想要學習，可以找朋友一起學習，這些朋友必須喜歡自己學習或是已經學了很多東西。

你要從這些朋友身上學習的不是他們已有的知識，而是他們的個性、毅力，以及他們良好的態度。品德與態度是人類應該學習的事物，在你的身邊就有一個活生生的典範讓你學習。

» ·········
找一些像你一樣也喜歡自己學習的真正的朋友。

萬一你很年輕、「很先進」、很反叛，又很厭惡所有的說教者，請不要對這裡所說的「品德」產生反感：如果這裡真的有所謂的品德，那也是指學習意願的品德，相較於其他品德，這是自我學習的首要先決條件。

一個後果非常嚴重的錯誤

這是逃避學習的最後一個、也是最糟糕的藉口，同時也會釀成災難：「我太老了」或是德國諺語：「小漢斯小時候沒學，長大後的漢斯永遠也學不會」。

» ·········
一個最可笑的偏見：「學東西？！我太老了！」

這個藉口常常會出自於一些二十五歲、三十歲的人的口中，他們自己甚至也相信是如此。

所謂的知識，經年累月以相當輕率的態度，助長了這個「長大後的漢斯永遠也學不會」的民間迷信。

比奈先生就是首批幫凶之一，他提出一個測驗公式算出人類的智力成長只到十五歲為止。

關於這個「漢斯理論」的最後一個幫凶出現在一九三〇年代。

當時學者瓊斯與康雷（Jones and Conrad）舉行一個大規模的測驗，檢查各個不同年齡層的美國人民的智力。測試的結果對於所有老年人的智力來說是一大批判：根據瓊斯與康雷的數據顯示，人類的智力在三十歲時達到高峰，之後它們就快速地衰退，如果想要試著迅速又清楚回答問題的人，這種人「衰退」的程度更快。

在篤信科學的美國，這個「知識」所造成的結果是相當可怕、嚴重的。

成千上萬四、五十歲的人被公司解雇，完全沒有考慮到他們之前的經驗與努力；他們生活陷入困境，他們的智力也被迫降級。

直到現在，還有人將光滑無皺紋的臉龐、豐厚的毛髮、聰明才智三者畫上等號，年輕崇拜在當時剛剛起步，但直到今天我們還是它的犧牲品：「絕對不要相信超過三十歲的人」。

今天我們已經知道，當初測驗的結果是經由一個非常荒誕的錯誤所得出的錯誤結果。

瓊斯與康雷這兩位先生在同一年（一九三三年）也測了各個年齡層，這次的測驗發現，三十歲年齡層的智力最好，年長的人不會因為年紀而變得不聰明。

年紀老了，真的會變得比較笨嗎？

當時的心理學認為，這項研究結果是不容改變的，是有科學根據的真理。

他們錯了。這只是一個假設，今天這個說法已經被駁倒了。

» ....
我們過了三十歲後就開始變笨了嗎？當然不是。

» ....
四、五十歲的人直到今天還因為一個荒誕的錯誤被認為是沒有工作能力的，並且被迫面臨困境。

由於瓊斯與康雷所測量的是不同年齡層、不同的人，而非同一批測驗對象在不同年齡時的智力，因此就產生了謬誤。

要在一年之內完成這個測驗也是不可能的；沒有任何一個人可以在十二個月內長大二十歲、三十歲。

在這個測驗結果發表的二十年後，另一位美國心理學家歐文斯（Owns）再度注意到這個問題，不過這次他所採用的方法較為恰當。

他找了一百二十七名男性，這些人三十年前曾在當兵時做過一份智力測驗，現在他讓這一百二十七位男性重新再做一次這份相同的智力測驗。

他的研究結果相當令人訝異，這個結果與之前科學界的認知完全不同。之前他們認為人類的智力不會改變，而且人類從三十歲開始會變得愈來愈笨；但這一百二十七位男性中的大多數人在三十年後所做的智力測驗結果明顯的比第一次要好的多了！

>>……………………
一個非常精確的實驗讓事實真相大白：隨著年齡的增長，人們會變聰明。

智力會隨著年齡增長

兩年之後，另外兩位學者貝利與歐登（Bayley and Oden）重新再做了一次歐文斯的長期研究，不過這次研究對象的層面更為廣泛。

他們從塵封已久的檔案資料中找出當年的試卷，這些試卷的主人是當時被分類為「天資聰穎」的人，然後他們試著找到這些試卷的主人。

他們找到了四百二十二名男性和三百四十六名女性，這些人又做了一次智力測驗，這次測驗的題目與之前的類似，難度也一樣，不過並非同一份試題。

這次的結果應該會讓那些研究聰明才智、且信奉人類智力不變的教條主義者痛哭流涕：不受年齡的影響，所有的受測者年齡平均增長了十到十五歲，他們的智力商數也相對地增加了十到十五分。

還有更值得注意的，智力增加最多的受測者是那些四十歲做第一次智力測驗，到了五十歲又做這次測驗的人；年紀最大的受測者是一位男士，他五十七歲時做了他的第一次智力測驗，七十歲時做第二次，這次測驗的成績比起十三年前要多了五分。

「這個結果非常不容易解釋」。美國學者克雷奇在他的著作《心理學要素》中抱怨（除了這一點之外，那是一本非常棒的書）。

他對所謂的過了三十歲智力就會完蛋的說法提出「說明」，他認為這個說法是針對一般人，只適用於一般大眾，而不是針對那些從一開始智力就高過別人的人。

「這種矛盾很可能是，」克雷奇寫道：「因為智力高的人與比較不聰明的人在天生的差異所造成的，或者是反映這兩個族群不同的生活經驗。相較於遲鈍的同伴，這名聰明、年輕的男性過著一個比較活躍的生活，而這種持續的活躍、

> 每增加一歲，智力商數就多一分。

刺激可能在他年長之後經由測驗的結果顯現出來⋯⋯」

「天生的」差異？

他對於這個無聊的理由沒有任何合理的解釋。

這個結果「非常不容易解釋」。

其實，這很容易解釋。同樣，這位克雷奇在前一頁寫道：「瓊斯與康雷之所以會發生錯誤，是因為他們將比較聰明的這群三十歲受測者與五十歲的受測者做比較，這兩個族群接受教育的時間相差了整整二十年之久，由此可知智力差異也有可能反映了教育水準的改變。」

他同時也引用另一個研究，這個研究是比較參與第一次世界大戰與第二次世界大戰士兵的智力程度。

這兩個受測族群都是同樣接受美國軍隊的心理學家、依照同樣的原則標準、在同一個年紀被測驗，然而參加第二次世界大戰的新兵的智力測驗成績明顯高出許多。

這難道是因為奇蹟或是突變，使得下一世代所有的人都換上了新的、比較好的腦袋？

當然不是，克雷奇認為。他認為這種差別可能是「世代的教育水準不同所造成的」。

他可以更簡單地說：一個族群比另一個族群接受教育的時間更長，所唸的學校也比較好，他們學得的東西相對也比較多。

至於為什麼那些聰明的年長者會有如此驚人

≫⋯⋯⋯⋯⋯⋯⋯⋯⋯
就智力而言，並沒有所謂「天生的差異」。

≫⋯⋯⋯⋯⋯⋯⋯⋯⋯
⋯⋯只要教育系統有任何改善，知識水準就會改變。

≫⋯⋯⋯⋯⋯⋯⋯⋯⋯
第二次世界大戰的新兵比第一次世界大戰的要「聰明」，因為他們接受教育的時間比較長。

的智力成長，克雷奇可以這樣說：這些人基於某些因素從年輕的時候就學得比較多、比較好，因為學習讓他們感到快樂，所以即使已經離開校園，他們還是繼續學習，一直到他們老了還是如此……。

但是克雷奇卻說「有可能」、「也許」，他說話的語氣非常小心。因為不想要觸犯到祖師爺比奈的禁忌（相信人類的聰明才智是不變的），又不想公開說出智力是可以學習的，所以他的用字遣詞非常地謹慎。

儘管如此，他還是說了，只是很小聲地說，就像是用手摀住嘴地說，當他談到（見上述）「生活經驗」、談到「活躍的生活」、談到「教育水準」等等。

所有這些都不再只是一個暗示、懷疑、一個假設。如果能真正的努力學習，那麼年齡並不會成為學習與智力成長的絆腳石。

每一個人都可以是個例外

還有其他的研究助長了所謂的「小漢斯理論」。

這些研究似乎證明了，人一旦過了三十歲不但生理機能走下坡，連智力也會下降，雖然老年人可以和年輕人學得一樣好，但是他們需要多一點的時間。

不過還是有許多實驗讓另一個相當有趣的事實真相大白：相較於年輕人，年長者需要較多的

年齡不會阻礙學習與智力成長。毫無疑問地，如果到了七十歲還在看《傻子的故事》，那就是自己的不是了。

時間才能完成任務，不過學的也更為紮實。超過四十歲後，學習所需要花的時間更長，然而在學習中所犯的錯誤也相對減少。

所有的實驗還說明了另一個事實，這個事實會讓統計學家們比較安心：即所謂的效率的「變化性」也在年長者身上持續地增加。

這種變化性（又被稱為「擴散作用」）不同於一般的專有名詞幽靈艱澀難懂，它非常貼切地說明從統計數據中所得出的結論，認為隨著年齡增長學習效率會降低與事實完全不符。

說的更具體些：有愈來愈多高齡者並非如同一般人所認為的學習效率會大幅下降，他們學習的速度快過應有的速度，甚至比年輕人還要快好幾倍。

毫無疑問地這些人是少數，不過這些人的人數還是多到足以證明這所謂的法則（高齡者不適合學習）是個謊言。

這也證明經由統計數據所得出的「規則」只存在於統計學家的想像之中，實際上例外才是大多數。

智力與在不同年齡層的學習效率的統計結果的價值最佳比喻就像是氣象專家的預測。他們預測德國明年的平均氣溫應該在攝氏十到十五度之間，因為長久以來德國的溫度就是如此。

早在一九三〇年代，高齡者學習心理學家桑代克就已經認為這種擴散效應會愈來愈大，他在當時就指出在同一個年齡層中的個體差異會比各

>> 過了四十歲後，學習所需要花的時間更長，但相對地錯誤也減少了。

>> 許多人在年長後學習的速度反而更快了——他們也證明了高齡者不適合學習的看法是無稽之談。

365 用功之道

年齡層間的差異要來得大。

只除了少數例外，大部分的學者都被這個結論嚇到了。

在結論中他說得很清楚：活力、推理能力、智力與學習能力並不是人生到目前為止的必然結果，它們本身就是學習的產品；重要的不是一個人活了幾歲，而是他曾經做過些什麼、練習過什麼和學了些什麼。

這就是會讓統計學者不知所措的效率差異。

之前認為應該佔大多數的效率不彰則相當容易解釋。大部分的人相信當他們從學校畢業之後，他們該學的都已經學會了，再也不必繼續學習，或是頂多只學習與他們的專業領域有關的東西。最佳的狀況，他們會變成「專業白痴」，但他們在其他方面的智力全部都萎縮、退化了。

這不是年齡的錯，這完全要歸咎於缺乏練習與怠惰，只想舒舒服服地躺著讓上帝把他變成一個很棒的人。

上述所謂統計數據的例外也是類似的情況。這些人以自己的力量、藉由個人的興趣保持腦袋的清醒與靈活，他們不斷地練習他們的求知慾與興趣，他們不會只專注於自己的專業，讓自己的大腦停滯不前。

他們顛覆了「長大後的漢斯再也學不會了」這句諺語。

美國發明家愛迪生從一個報童做起，七十歲還開了一間水泥工廠，並且發明了許多東西，譬

>> 重要的不是一個人的年紀，而是他曾經學了些什麼。

>> 智力衰退的原因不是年齡，而是完全要歸咎於大腦缺乏練習與怠惰。

如說灌漿程序。

舉世聞名的義大利畫家堤香，在八十五歲時創作出他的名作「聖殤」。

德國文學家歌德創作出《浮士德》的第二部時，已經超過八十歲了。

他們只是特例？當然。但是，決定權掌握在每一個人自己的手中。每一個人都可以是一個例外。如果不願意的話，沒有任何人必須要在統計所得出的規則中繼續墮落。

年齡不會讓人變得愚笨，它只會使人生病。人類的頭腦就和心臟、腎臟或是肝臟一樣，人類的頭腦也無法免於生病與退化，不過前提是必須經由不間斷的學習才能保持頭腦不退化。

本書謹以「學習永遠不嫌晚」這句智慧的話做為結束，不過這句話也可以如此詮釋：只要一個人不停止學習，一切永遠都不會太遲。

一個令人感到非常欣慰的認知：年齡不會讓人變得愚笨，因此學習永遠不嫌晚！

Passion 05
用功知道
So lernt man lernen

Sebastian Leitner , So lernt man lernen© Verlag Herder Freiburg im Breisgau 31 edition 2005

Chinese translation copyright© 2006 by Net and Books Co. Ltd.
Complex Chinese edition is published by arrangement with Verlag Herder Freiburg im Breisgau
All Rights Reserved.

作者：Sebastian Leitner
責任編輯：劉慧麗
封面設計：張士勇
法律顧問：全理法律事務所董安丹律師
出版：英屬蓋曼群島商網路與書股份有限公司台灣分公司
台北市 10550 南京東路四段 25 號 10 樓之 1
TEL：886-2-25467799　FAX：886-2-25452951
email：help@netandbooks.com
http://www.netandbooks.com

發行：大塊文化出版股份有限公司
台北市 10550 南京東路四段 25 號 11 樓
TEL：886-2-87123898　FAX：886-2-87123897
讀者服務專線：0800-006689
email：locus@locuspublishing.com
http://www.locuspublishing.com
郵撥帳號：18955675
戶名：大塊文化出版股份有限公司

總經銷：大和書報圖書股份有限公司
地址：新北市新莊區五工五路 2 號
TEL：886-2-89902588
FAX：886-2-22901658

製版：瑞豐實業股份有限公司
初版一刷：2006 年 1 月
初版十刷：2016 年 6 月
定價：新台幣 280 元
版權所有 翻印必究
Printed in Taiwan

國家圖書館出版品預行編目資料

用功知道／Sebastian Leitner. --初版 -- 臺北市：網路與書
2006〔民 95〕 面；公分. --（Passion：5）
ISBN 986-81623-5-1（平裝）
1. 學習方法
521.16　　　　　　　　　　　　　　　94023135